le Polene. 5

Aeham Ahmad
Il pianista di Yarmouk

Traduzione di Lucia Ferrantini

La nave di Teseo

Titolo originale: *Und die Vögel werden singen.*
Ich, der Pianist aus den Trümmern

Trascrizione di Sandra Hetzl e Ariel Hauptmeier

ISBN 978-88-9344-490-3

Prima edizione La nave di Teseo aprile 2018
Seconda edizione settembre 2018

Sommario

Alcuni nomi sono stati cambiati per proteggere gli interessati.

I tre uccellini

Le immagini non raccontano mai l'inizio delle storie. E su quello che viene dopo tacciono. Vale anche per la foto in cui sono seduto al pianoforte con una maglietta verde e canto in mezzo al mio quartiere ridotto in macerie. È uscita sui giornali di tutto il mondo e ancora oggi sento dire che è una delle foto-simbolo della guerra in Siria. Perché è più grande della guerra. Eppure se ripenso al momento in cui è stata scattata la foto, l'immagine che vedo è un'altra: sono tre uccellini. Ma l'inizio non è nemmeno questo.

Tutto cominciò all'alba. Come al solito ero andato a prendere l'acqua insieme ai miei due amici Marwan e Raed. Che significava uscire con il buio e spingere un carretto a tre ruote con sopra una cisterna da mille litri fino alla fonte di approvvigionamento più vicina – una delle poche condutture che ancora funzionavano –, riempirla e rispingere il carretto verso casa in un bagno di sudore.

Abitavamo a Yarmouk, un quartiere di Damasco. L'esercito di Assad ci aveva tagliato fuori da tutto: acqua, corrente elettrica, pane, riso. Erano già morte di fame più di cento persone.

Sistemata la cisterna, mi rimisi a dormire. Poco dopo mio figlio Ahmad, che allora aveva quasi due anni, mi svegliò borbottandomi qualcosa nell'orecchio e poi per gioco mi infilò un ditino nell'occhio. Un male cane. Saltai in piedi. Il sonno ormai potevo dimenticarmelo.

Anche il tè e il caffè non c'erano più da parecchio. Al mattino avevo preso l'abitudine di prepararmi una bevanda al gusto di cannella. Di cannella ce n'era in abbondanza dopo che una banda armata aveva preso d'assalto un magazzino di spezie. Ma a cosa poteva servire la cannella se non avevamo neanche il pane? A ogni modo, la vendevano a un prezzo ridicolo. Non essendoci nemmeno lo zucchero, alcuni avevano iniziato a usare come dolcificante la cera per depilarsi, bottino di un'altra banda armata. Caffè a base di cannella, zuccherato con cera depilatoria. Tanto in basso eravamo caduti.

Alcuni mesi prima io e alcuni ragazzi del mio quartiere avevamo iniziato a cantare per strada. Caricavamo il mio pianoforte su un carretto, lo spingevamo fino alle macerie e cantavamo a squarciagola contro la fame. Su YouTube ottenevamo parecchie visualizzazioni, ma alla gente del nostro quartiere non interessava granché. Io di certo non me la prendevo. Chi ha fame ha ben altre preoccupazioni.

A un certo punto, però, il coro si era sciolto. Alcuni dissero di non avere tempo, troppo presi tra le spedizioni per prendere l'acqua e le file infinite per un paio di chili di riso da quelli dell'Onu. Altri insistevano per cercare uno sponsor. Io ero contrario: non volevo farmi strumentalizzare da nessuno. E così eravamo rimasti solo io e Marwan. Marwan, il mio vicino, l'amico con cui andavo a prendere l'acqua ogni mattina.

Quel giorno, il giorno dei tre uccellini, avevamo appuntamento con un fotografo. Volevo cantare da solo davanti alle rovine. Non lo avevo mai fatto, ma era arrivato il momento. Volevo fare qualcosa. Dovevo.

Piccola parentesi: io e Marwan siamo amici, ma lui mi chiama "prof". O meglio: se si tratta di andare a prendere l'acqua sono Aeham, ma se c'è di mezzo il piano sono "il prof". Gliel'ho detto centomila volte di smetterla perché mi fa strano. Lui risponde sempre: "Va bene, va bene, ho capito... Aeham!" E cinque minuti dopo mi richiama di nuovo prof.

Tornando a quella mattina, andai a svegliarlo. "Marwan! Dai, muoviti che abbiamo un appuntamento!" gridai verso la sua finestra.

"Ehi, Marwan, allora?" insistetti. "Scendi o no per aiutarmi a spingere il pianoforte?"

Di solito lui per me è sempre disponibile, a qualsiasi ora. Fu la prima volta che per così dire colsi segni di malcontento. "Va bene, va bene, scendo" borbottò affacciandosi.

Così andammo al negozio di musica, spingemmo fuori il carretto con sopra il pianoforte da quattrocento chili e ci incamminammo verso casa di Niraz, il fotografo.

A Yarmouk lo conoscevano tutti. Portava il pizzetto e occhiali con la montatura nichelata, i capelli lunghi legati in una treccia. Un artistoide con una falce e martello tatuata su un palmo. Le sue foto venivano pubblicate da grandi agenzie, aveva fatto mostre perfino a Ramallah.

Non c'erano campanello né citofono, avevamo concordato un segno: dovevo tirare un sasso contro la sua finestra. Un sassolino, i suoi vetri erano tra i pochi nel quartiere ancora intatti. Forse era stata solo fortuna, ma Niraz ci era stato particolarmente attento: appena iniziavano a piovere bombe spalancava le finestre per non farle esplodere.

Lanciai il primo sassolino, piano piano. Un altro, un altro ancora: niente. Marwan iniziò a perdere la pazienza. "Perché non si sveglia? Questo tuo amico si crede un padreterno!"

Altra parentesi: prima della Rivoluzione Marwan era un bodybuilder. Ha i capelli rasati corti, il viso tondo e spalle piuttosto larghe. All'improvviso afferrò un pezzo di cemento e lo scagliò contro la finestra di Niraz. Il vetro si ruppe, i pezzi caddero all'interno della stanza tintinnando. Pochi secondi dopo Niraz si affacciò imprecando. Ci fece una scenata colossale, della serie: "Maledetto Dio che vi ha messo al mondo, che sia maledetto! Non abbiamo niente da mangiare, nemmeno un goccio da bere e voi..." E via dicendo. Ci vuole un attimo per arrivare al Profeta.

Niraz scese di corsa per avventarsi su Marwan. Che a sua volta si tirò su le maniche con aria bellicosa. Mi misi subito tra loro. "*Khallas!*" Basta!

"La tua maledetta finestra, te la ripago!" disse Marwan.

"Ah, sì? E con quali soldi?" gli sibilò Niraz di rimando. Alla fine, però, nonostante il pessimo umore tornò dentro e prese le sue macchine fotografiche.

Ci incamminammo. Il piano lo spingevamo io e Marwan. Cavolo se era pesante. Di solito su quelle strade scassate lo spostavamo in sei o sette. Mi sentii ancora più abbandonato. Niraz ci girava intorno e fotografava, Marwan sbuffava.

"Se gentilmente potessi darci una mano" disse a un certo punto. "Hai voglia a fotografare!" Ma Niraz non ci pensava nemmeno.

La casa di Niraz era alla periferia di Yarmouk. Da lì al fronte erano pochi minuti. Imboccammo Palestine Street, un tempo piena di negozi, ora completamente deserta. A un certo punto Niraz si fermò e gonfiando il petto disse: "Qui. Giriamo qui".

Lì la distruzione era particolarmente evidente. Carcasse di cemento s'innalzavano verso il cielo a mo' di enormi monumenti sepolcrali, l'interno delle case rovesciato verso l'esterno. Ovunque, dentro e fuori, antri pieni di tubi, cavi e persiane. Tra i detriti sparpagliati per strada crescevano erbacce.

Presi posto al piano e riflettei su che cosa cantare. Negli ultimi mesi avevo scritto decine di canzoni, musica che mi era sgorgata da dentro. Mi tornò in mente una poesia che un uomo mi aveva dato qualche giorno prima.

L'uomo si chiamava Ziad al-Kharraf e un tempo era stato il venditore di miele del nostro quartiere. Un uomo benestante, istruito. Io non lo conoscevo bene, ma possedeva un titolo di dottore, il miele lo vendeva per passione. Faceva escursioni in montagna, dagli apicoltori o in paesi lontani, per esempio nello Yemen, solo per provare varietà particolari. Prima della guerra, ovvio.

Di recente era venuto da me e mi aveva dato un foglietto. Aveva un aspetto terribile. Impotente, disorientato; le palpebre semichiuse, gli occhi stanchi e vuoti. E io, idiota, avevo letto e fatto il saputello dicendo: "È scritto benissimo, ma dubito che si possa cantare. Forse posso recitarlo come poesia, con l'accompagnamento del pianoforte... cantare non credo". Faceva così:

Ho dimenticato il mio nome,
le lettere e il senso,

ho dimenticato le parole
da cui solevo formare canzoni.

Ho dimenticato la mia voce
e la mia immagine,
il mio posto.
Ho dimenticato le fatiche del cammino,
verso il cielo, verso l'uomo,
verso la gloria di un tempo.
Palestinesi,
palestinesi.

E qui il tempo è fermo
davanti a una pagnotta di pane,
davanti a uno scatolone di aiuti umanitari.
Oh, Palestina,
mia gloria.
Palestina,
mia madre.

"Ti prego, Aeham, provaci" aveva insistito Ziad con un filo di voce. "È per mia moglie." E mi aveva raccontato la storia: la moglie, in stato interessante avanzato, aveva ricevuto un permesso per andare a partorire a Damasco. Arrivata al checkpoint, i soldati non l'avevano lasciata passare. Il nome sul documento era sbagliato. Tutti gli altri dati erano corretti, ma due lettere nel nome erano state invertite. I soldati non avevano voluto sentire ragioni.

La donna aveva aspettato per ore e ore che qualcuno correggesse il lasciapassare. In piedi, seduta, camminando. A un certo punto era crollata. In avanti, sulla pancia. Era morta durante il tragitto per l'ospedale. Il bambino era sopravvissuto. Nessuno, però, sapeva se sarebbe stato in salute.

Ziad l'aveva amata più di ogni altra cosa. Non era stato un matrimonio combinato, l'aveva sposata per amore. Sua moglie era stata anche la sua migliore amica. Avevano già tre figlie, quello era il primo maschio.

Davanti a questi occhi infinitamente stanchi io alla fine avevo balbettato: "Mi spiace, per favore dimentica quello che ho detto. Va bene, metterò queste parole in musica, farò una canzone per tua moglie." La stessa sera mi ero seduto al pianoforte e avevo pensato a una melodia.

Mentre Niraz ancora montava i suoi strumenti, all'improvviso arrivò una signora con un vassoio. Il fatto che qualcuno spuntasse in quel posto sconsolato con un pianoforte, ci spiegò, l'aveva esaltata, al punto da tirare fuori i suoi ultimi chicchi di caffè. Li aveva tenuti da parte per un'occasione speciale. E l'occasione speciale era arrivata: il suo ultimo caffè voleva berlo mentre mi ascoltava suonare. "Quello che fate è importantissimo" disse versandomene una tazza. Sorrisi riconoscente e mi godetti il gusto amaro.

Proprio in quel momento sentii un cinguettio: tre uccellini appollaiati sulla ringhiera di un balcone, al primo piano, dritto davanti a me. Un piccolo miracolo. Ogni granata, infatti, ogni sparo, per prima cosa fa sparire gli uccelli. E i pochi che perdendosi tornavano a Yarmouk venivano subito abbattuti, a causa degli stomaci vuoti. Appena iniziai a suonare gli uccellini ricominciarono a cantare.

Il cinguettio che non ascoltavo da tanto tempo, il profumo di caffè di cui sentivo la mancanza da mesi, la rabbia per gli stomaci vuoti, il mio occhio che ancora lacrimava per la ditata di mio figlio: tutto questo si mischiò con il sapore di cannella che avevo nella pancia, la stanchezza delle sfacchinate per l'acqua e lo sguardo vuoto di Ziad al-Kharraf. Chiusi gli occhi e attaccai:

Ho dimenticato il mio nome,
le lettere e il senso,
ho dimenticato le parole
da cui solevo formare canzoni.

Appoggiai la schiena alla sedia e cantai. Non ne potevo più, mi faceva schifo tutto, ero pieno di ansie e preoccupazioni. La storia di Ziad, i bambini denutriti, la scomparsa di mio fratello. Il pianoforte scordato, le mie mani rovinate. Cosa ci facevo lì da solo in mezzo alle rovine? Dov'erano finiti gli altri, perché mi avevano piantato?

La signora scoppiò a piangere. Le parole di Ziad fecero rimbombare lo smarrimento di tutti: la signora, i tre uccellini, Niraz, Marwan, io. Il mio canto fu il grido di una persona che sta precipitando in un baratro, la melodia del suo viaggio verso l'inferno.

Niraz deve aver scattato la foto in questo momento.

Oggi, in Germania, a volte la gente mi chiede: di che colore era la tua tenda, lì al campo profughi palestinese? Santo cielo, e chi ha detto che abitavo in una tenda? Avevo un appartamento di proprietà, grande e bello! Il nostro negozio di musica andava a gonfie vele. Fino a quando non è arrivata la guerra, che ha distrutto ogni cosa: una granata mi ha tranciato i tendini di due dita, una ragazzina è stata uccisa a due passi dal mio pianoforte, l'Isis ha bruciato il mio piano. Mi hanno sbattuto in una cella, sono riuscito a fuggire.

Quando scappi dalla fame e dalle bombe abbandoni il tuo mondo. E ti trasformi in uno di quei loschi figuri che hanno sempre vissuto nella miseria e adesso arrivano in Europa per prendere parte alla grande ricchezza. Così la vedono quelli che non capiscono chi siamo e da dove veniamo. Chi ha paura di noi. La mia storia, però, è diversa.

Cercherò di raccontarvela. Contro i falsi miti. Contro le semplificazioni. Contro le immagini. Immagini ingannevoli, nonostante il loro barlume di verità.

I miei occhi saranno i tuoi

Quanti anni avrò avuto... due? C'è mai stato questo momento, oppure la mia astuta memoria adulatrice lo ha composto unendo altri tasselli del mosaico? Chissà. Io posso dire solo una cosa: me lo ricordo. Me la vedo ancora davanti agli occhi, quella mattina. È stato in quel momento che è iniziato tutto.

C'era il sole, il mio letto era proprio sotto la finestra. Sopra di me, di traverso, c'era mio padre. Suonava il violino. La testa dello strumento premuta contro il materasso, l'altra estremità incastrata sotto il mento. L'arco veniva verso di me e si riallontanava di continuo. Nella stanza c'era profumo di gelsomino, la pianta che cresceva sotto la mia finestra, e alla musica ogni tanto si mischiava il *gru gru* dei piccioni nella voliera di fianco. Ascoltavo mio padre: ero piccolo, protetto, felice.

Mio padre era diverso dagli altri, lo capii quasi subito. Non aveva gli occhi, solo dei vetri scuri in cui mi specchiavo. Non usciva mai da solo, ma dentro casa si orientava benissimo. Di notte per risparmiare staccava la corrente e il nostro appartamento diventava nero come un tunnel; se dovevo andare in bagno lo chiamavo. Lui si alzava e mi accompagnava.

Non andava a sbattere da nessuna parte, non faceva cadere nulla, avanzava con passo tranquillo, sicuro. Ero io il cieco che lo seguiva senza vedere niente.

Un'altra cosa mi lasciava a bocca aperta: quando mia madre non riusciva a trovare una cosa – i fiammiferi, le presine, le forbici grandi – chiedeva a mio padre. "*Abu* Aeham, per caso lo hai visto?" E mio padre rispondeva: "Guarda nella mensola in cucina, quella più a destra". E lì mia madre trovava quello che cercava.

Mio padre possedeva almeno una decina di bastoni per ciechi ma si rifiutava di usarli. E dire che le strade del nostro quartiere erano piene di ostacoli per un non vedente: marciapiedi storti, automobili parcheggiate in maniera selvaggia, tombini che restavano aperti perché gli operai mentre li pulivano si allontanavano per ore. Una volta, molto prima della mia nascita, mio padre camminava per strada e tastando con il bastone non capì che mancava un chiusino e... cadde giù. Si ruppe un dente e restò lì sotto, sporco, dolorante e completamente spaesato. Fu l'ultima volta che uscì da solo.

A tre anni iniziai ad andare all'asilo, e da quel giorno fui io a guidare lui. Mi prendeva per mano e partivamo, io commentavo quello che vedevo: un auto da destra, una buca, un uomo che corre. Con il passare degli anni cominciammo a capirci anche senza parole. Bastava un leggerissimo movimento verso destra o sinistra perché lui andasse in quella direzione. Come se fossimo uniti da un filo invisibile. E i miei occhi fossero i suoi.

Così andavamo in giro per Yarmouk, uno dei quartieri più vivaci e affollati di Damasco. Le case grezze e senza stucco, le arterie principali intasate da macchine strombazzanti, le stradine laterali sempre più strette e tortuose, tanto che ci passavano a malapena i pedoni. Mentre camminavamo in questo labirinto parlavamo di tutto, e poi all'improvviso mio padre diceva: "A quest'angolo a destra". E aveva ragione! Sulla via per l'asilo non ci siamo persi nemmeno una volta. Spesso, giuro, mi sono chiesto se fosse davvero cieco.

Andavamo al chiosco a comprare le al-Hamra, delle sigarette strette e lunghe, mio padre ne fumava due pacchetti al giorno. Dalla sua sorella preferita, Amina, che all'università aveva studiato biologia e dalla quale adorava passare a bere un tè. In ospedale, una volta che gli era venuta la tachicardia. E ogni giorno all'asilo, appunto, alle otto di mattina. Mentre ero a scuola faceva visita a un amico che abitava lì vicino e poi alle undici mi veniva a riprendere e tornavamo a casa.

Verso mezzogiorno tornava anche mia madre, maestra elementare in una scuola del quartiere, e tutti insieme mangiavamo *labneh*, un formaggio cremoso, con pane e olio d'oliva. Oppure *shanklish*, un altro formaggio mediorientale piccante e speziato, a forma di palla. Oppure mio padre mi faceva un uovo al tegamino – questo fino al giorno in cui per poco non diede fuoco a casa. Aveva già acceso il fornello e versato l'olio nella padella, ma poi si era distratto ed era andato in salotto. All'improvviso sentì puzza di bruciato. Corremmo in cucina. La padella era in fiamme, il manico di plastica fuso. Nel panico mio padre fece quello che non si dovrebbe fare mai: gettò acqua sull'olio infuocato.

Ci fu una piccola esplosione seguita da un'enorme nuvola di fumo. "Va' a prendere il tuo cuscino!" mi gridò, io scattai in camera e glielo portai. Con il cuscino finalmente riuscì a soffocare l'incendio.

Uscimmo in strada tossendo. Arrivarono subito i vicini, avevano visto il fumo. "Tutto a posto?" chiesero, e ci diedero dell'acqua. Proprio in quel momento spuntò mia madre, capì cos'era successo e iniziò a strillare. "Ahmad, quante volte ti ho detto che per mangiare devi aspettare me?" tuonò. "Avresti potuto dare fuoco a tutta la casa!"

"*Khallas*" disse mio padre. "Torniamo dentro."

Iniziammo a sistemare. E a un certo punto mia madre disse: "*Abu* Aeham, andiamo a mangiare qualcosa fuori". Era di nuovo tutto a posto. Lo chiamava con il suo nome vero, Ahmad, solo quando era arrabbiata con lui. Di solito diceva teneramente "*Abu* Aeham", padre di Aeham.

Il più costernato per l'incidente era proprio mio padre, per il fatto che gli fosse successa una cosa simile. A lui che era un perfezionista. Che pianificava sempre tutto nei minimi dettagli. Che suonava il violino ai matrimoni e costruiva armadi. Sarebbe bastato mettere male la sega una volta e sarebbe stata la fine della sua carriera musicale.

Una volta si fece male davvero e lo vidi leccarsi il dito per ore. Come un leone con una spina nella zampa. Una spina che però non trovava. Così mi chiamò e mi chiese di dare un'occhiata al suo dito. Si era beccato una minuscola scheggia, che si era infettata. Gliela tolsi con le pinzette.

Anche i mobili di casa nostra li aveva fatti tutti lui. Erano massicci e solidi, solo i colori in alcuni punti erano un po' strani. Adoravo arrampicarmi in cima all'armadio di noce per nascondermi. Una volta era venuta perfino la televisione a immortalare il falegname cieco di Yarmouk.

Poi un giorno, mentre camminavamo per strada e io come

al solito lo guidavo verso destra o verso sinistra per evitare gli ostacoli, all'improvviso ci fu un botto. Mio padre era andato a sbattere contro l'imposta aperta di un negozio. Ero stato attento solo a quello che c'era davanti ai nostri piedi, non a eventuali ostacoli all'altezza del viso. Gli erano caduti gli occhiali e gli sanguinava la fronte.

"Papà, mi dispiace!" feci io, e scoppiai a piangere. Lui continuò a stringermi la mano per non perdere l'orientamento. Nel frattempo alcuni passanti si erano avvicinati, uno si chinò, raccolse gli occhiali e mi fulminò con lo sguardo. Mio padre si rimise gli occhiali. Una lente era incrinata. Gli passarono un fazzoletto e lui si asciugò il sangue. Io singhiozzavo. "Aeham, va tutto bene" disse lui, "andiamo a casa."

Una volta rientrati prese l'alcol puro e un batuffolo di ovatta, si sedette e si pulì la ferita. Non parlammo. Io lo osservavo timido. Era tutta colpa mia! Poi lui però si alzò, mi diede un bacio e disse: "Aeham, non ti preoccupare! Succederà un sacco di altre volte!"

In quegli anni il fine settimana spesso andavamo a Duma, alle porte di Damasco. Già all'epoca degli antichi romani lì si produceva vino, le uve di questa zona sono considerate le più succose di tutto il Medio Oriente. Le case erano nuove e noi possedevamo un piccolo appartamento. Lo stavamo pagando con un quinto dello stipendio di mia madre, ogni mese.

Una mattina, il sole era appena sorto, andai con mio padre nei vigneti. Prima lungo il corso di un torrente, poi su per le colline. D'un tratto un viticoltore ci chiamò. "Ahmad!" Lui e mio padre si conoscevano. "Vieni, beviamoci un tè insieme!" Così entrammo nel suo cortile.

Nel Corano si dice che Dio ascolta i ciechi. La gente di campagna è molto devota e mio padre a Duma veniva trattato con una gentilezza particolare. Quel mattino ci sedemmo sotto un pergolato nodoso. Il contadino versò il tè a mio padre, io mi appoggiai al tronco e mi rimpinzai di uva. I grappoli erano sopra di me e i raggi del sole del mattino facevano luccicare gli acini come cristalli. Mentre gli uomini parlavano di cose da uomini, io ammiravo tutto felice quelle scintille di luce. È una delle immagini più belle della mia infanzia.

Da piccolo, quando disegnavo mio padre, lo raffiguravo sempre come un omino con grandi occhiali neri. Io lo conoscevo solo così. Gli occhi, li aveva? E se li aveva, che aspetto avevano? Volevo saperlo. Così un giorno, quando andavo già alla scuola dei grandi, glielo chiesi. "Papà, ma cos'hanno che non va i tuoi occhi?" Lui restò sorpreso e poi proruppe nella sua risata profonda e rimbombante. Anche io risi, con la mia risata limpida da bambino. Lui un baritono, io un controtenore. "Davvero vuoi saperlo?" mi disse poi. "Se vuoi te li faccio vedere, ma devi promettermi che non ti spaventerai." Promisi.

Si tolse gli occhiali e piano piano ruotò il viso verso di me. "Papà..." feci io. Era terribile.

L'occhio sinistro era grigio e acquoso. L'iride, la pupilla e la cornea non si distinguevano più, erano una semplice palla indefinita. Al posto dell'occhio destro c'era un buco. Quando frequentava le superiori, scoprii, un altro ragazzo per sbaglio gli era finito addosso. E con un dito aveva centrato in pieno l'occhio con cui mio padre riusciva perlomeno a distinguere i chiaroscuri. Il bulbo oculare era così malridotto che avevano dovuto toglierglielo.

Restai scioccato. Mio padre, il mio eroe, aveva un occhio solo... e aveva pure un aspetto agghiacciante! Quasi scoppiai a piangere. "Io per te ci sarò sempre" balbettai. "I miei occhi saranno i tuoi."

Mio padre si rimise gli occhiali. Restammo seduti ancora un po', in silenzio. Poi la tensione salì al punto che fummo costretti ad allentarla parlando di una cosa frivola.

Oggi, quando nella mia casa di Wiesbaden ripenso a quel momento, mi si spezza il cuore. Non ho mantenuto la mia promessa. L'ho lasciato solo, a Yarmouk. Me ne sono andato.

Poi mi raccontò l'intera storia. Quando mio padre aveva otto anni gli s'infettò un occhio. Oculisti? Allora non ce n'erano. Non per una famiglia di rifugiati palestinesi in uno sperduto villaggio della Siria. Più bambini nel villaggio avevano questo problema, doveva essere un virus. L'infezione contagiò pure l'altro occhio. Mia nonna la curò con impacchi di erbe, ma mio padre non guarì. Allora lei lo portò da vari guaritori, che tentarono di risolvere il problema con ogni sorta di abracadabra. L'infiammazione peggiorò.

Mio nonno era uno di qui palestinesi che nel 1948 vennero cacciati dall'attuale Israele. Più di settecentomila persone furono costrette a lasciare la loro patria. La famiglia di mio nonno si accodò a questo flusso. Erano originari della zona di Safad, dove producevano fichi e albicocche, limoni e arance, e possedevano pecore e cammelli. Convinti che la guerra non sarebbe durata a lungo lasciarono tutto lì. Invece non ci fu ritorno. E finirono a mani vuote in un paesino del sud della Siria, Dili.

Dovettero vivere tutti in un'unica stanza. Fuori la casa era di pietra, dentro di fango essiccato, le donne andavano a prendere l'acqua a un ruscello lontano un chilometro bilanciando le giare sulla testa. I miei nonni si sposarono nel bel mezzo di questa povertà. Un anno dopo, nel 1952, nacque mio padre, il primo di dieci figli.

Lui sa com'è fatto il mondo. Ha potuto vederlo per ben otto anni. Poi arrivò l'infezione, un'infezione incurabile. Un gruppo di beduini tentò di guarirlo bollandogli la nuca con un ferro incandescente; la cicatrice ce l'ha tuttora. Mia nonna lo portò dagli zingari e loro provarono il kajal, insomma lo truccarono. Mio padre dice che è stata la sabbia contenuta in questa matita a distruggergli del tutto la cornea. Alla fine gli restò una capacità visiva del cinque per cento, riusciva a vedere solo le luci, i chiaroscuri. Dovette reimparare tutto da capo. Gattonava come un bambino e andava avanti a tentoni sbattendo da tutte le parti. Un buono a nulla.

Poco dopo al villaggio arrivarono delle infermiere per una campagna di vaccini. Raccontarono ai miei nonni di una scuola per non vedenti, a Damasco. Una settimana dopo in paese arrivò una macchina speciale: dentro c'era Radia al-Rikabi, la figlia di Rida Pascià al-Rikabi, il primo premier della Siria indipendente. Radia al-Rikabi aveva fondato a Damasco una scuola per non vedenti, ispirata dal fratello cieco che faceva l'università e suonava il violino in tv.

La signora Rikabi parlò con i miei nonni e si portò via mio padre. Lui aveva una paura matta, non aveva la più pallida idea di dove stessero andando. Aveva otto anni ed era cieco da poco, non era mai uscito dal paesino in cui viveva. Due ore dopo arrivarono alla scuola. Gli fecero la doccia, gli diedero dei vestiti nuovi e un letto appena fatto. C'erano tavoli e sedie, era tutto fresco e pulito. Per settimane, però, non smise di piangere. Gli mancavano i suoi genitori, aveva paura che loro non sapessero dove fosse.

Mio nonno gli faceva visita nel fine settimana, tutte le volte che poteva permettersi il viaggio. Ma un'educatrice gli proibì di parlare con il figlio, poteva solo vederlo da lontano. E dopo mio padre si chiedeva stupito chi gli avesse portato tutti quei dolci costosi.

Si sentì terribilmente solo. Fin quando un giorno mia nonna decise di accompagnare il marito e non resistette più: corse dal figlio e lo abbracciò, baciandolo come se non volesse più lasciarlo andare. Scorsero tantissime lacrime. Da quel giorno mio padre nei fine settimana poté tornare a casa.

In questa scuola speciale imparò quello che deve imparare un cieco: leggere la scrittura Braille, camminare in strade sconosciute, tessere tappeti e tovaglie, intrecciare sedie di paglia, confezionare scope e spazzole. Radia al-Rikabi trattava gli allievi come una madre, rammendava i loro vestiti e li prendeva in braccio. Ma era anche severa: ogni sera faceva il giro del dormitorio per controllare che tutti avessero i piedi puliti. Per chi non se li era lavati erano guai.

Mio padre era molto curioso, e con le mani tastava e ispezionava ogni cosa. Un giorno, con il permesso della direttrice, s'intrufolò nella falegnameria. Costruì un aereo, una piccola carrozza, un'automobile... tutto con il legno. La signora Rikabi vedendoli disse: "Ahmad, tu hai un grande futuro davanti". Per mio padre fu un enorme incoraggiamento, mi raccontò poi.

Un giorno a scuola arrivò un nuovo insegnante. Un maestro di musica. "Qual è il tuo strumento preferito?" chiese a mio padre. "Violino" rispose lui, gli piaceva il suono del violino. "Se i tuoi genitori te ne comprano uno ti darò lezioni" disse il maestro. Mio padre lo desiderava tantissimo, così il fine settimana successivo andò a casa e iniziò a tormentare i genitori perché gli comprassero un violino.

Loro però scossero la testa. Non solo perché erano poveri in canna. Un violino sarebbe costato quanto quaranta litri di olio d'oliva, calcolò mio nonno, tre mesi di stipendio. In generale non voleva che il figlio diventasse musicista. Per la gente di campagna i musicisti erano poveracci che suonavano per strada per raccattare soldi. "Vuoi diventare un vagabondo?"

Mio padre però non si arrese. La sua voglia di suonare il violino fu tale che ricorse a una bugia bianca. Disse al padre che tutti alla scuola per non vedenti dovevano suonare uno strumento, altrimenti venivano costretti ad abbandonare l'istituto. E mio nonno questo non lo voleva, per niente al mondo. Così cedette, chiese i soldi in prestito ai parenti e procurò a mio padre un violino. Made in East Germany.

Mio padre lo prese in mano e non lo posò più. Certi giorni si esercitava dodici, anche quindici ore. Iniziò a esibirsi, prima alla scuola e poi nei ristoranti. Così si poté permettere la maturità, e poi di studiare Letteratura araba all'Università di Damasco. Agli esami scritti si portava un amico cui dettava le risposte. I libri di testo se li faceva leggere ad alta voce e li registrava. Con il passare degli anni mise insieme una biblioteca di centinaia di nastri. Finiti gli studi li lasciò in eredità ad altri non vedenti. Girano ancora oggi, dicono.

Per alcuni anni provò a fare l'insegnante di arabo, ma non gli piaceva. La sua vita preferiva dedicarla alla musica. Decise che voleva costruire strumenti. Un cieco che pretende di costruire strumenti musicali? Lo presero tutti per pazzo. La falegnameria non è un posto per non vedenti! Martelli, seghe, trapani, pialle, raspe... erano attrezzi con cui si ferivano perfino le persone con due occhi sani!

Mio padre, però, è un gran testardo. Chiese aiuto ai fratelli e comprò del legno, andò a informarsi nelle falegnamerie, si procurò gli attrezzi e iniziò a costruire il suo primo oud, lo strumento arabo panciuto da cui deriva il liuto europeo. Non andò in porto. Comprò altro legno. Imparò a fare i tre fori di risonanza sulla tavola armonica con precisione. A incollare manico e tastiera. Continuò a sbagliare, ma a un certo punto, dopo tre anni, riuscì a confezionare il suo primo liuto.

E proseguì. Il giorno in cui la sua fisarmonica si ruppe decise di smontarla e scoprire come funzionava. Nel sistema tonale occidentale ogni ottava è divisa in dodici semitoni tutti uguali, mentre in quello arabo in diciotto quarti di tono. Mio padre armeggiò per sei mesi e alla fine riuscì a trasformare una fisarmonica occidentale in una orientale. Iniziarono ad arrivare da tutta la Siria per chiedergli di modificare l'accordatura di uno strumento. La persona più vicina capace di farlo era in Egitto.

Un giorno, era il 1985, si presentò una giovane insegnante e gli chiese di riparare la sua fisarmonica cinese. Alcuni giorni dopo tornò a riprenderla. Mio padre, però, non la lasciò andare via così facilmente. La coinvolse in un discorso e la invitò a prendere lezioni di fisarmonica con lui. La giovane insegnante era... mia madre.

Era maestra elementare di musica e arte e cantava nel coro, un soprano eccellente. Mio padre restò impressionato. Allora lui suonava in varie band, diverse donne avevano manifestato interesse ma lui aveva sempre detto di no. Proprio come mia madre, perennemente assediata dai colleghi. Mio padre la impressionò. Sapeva fare tutto, sembrava. Quasi dimenticò che fosse cieco. Suonando la fisarmonica insieme si conobbero meglio. Ed entrambi capirono di aver trovato la persona che stavano cercando.

Durante una lezione mio padre le chiese se voleva diventare sua moglie. Mia madre disse sì.

Poco dopo lui tirò fuori la sua camicia migliore e un paio di pantaloni stirati e andò a casa dei genitori per la richiesta ufficiale. Mio nonno non aveva niente in contrario, mia nonna invece sì. Così mio padre se ne andò senza aver concluso nulla. "Non puoi mica sposare un cieco!" disse mia nonna a mia madre. "Un handicappato! Vuoi fare l'infermiera a vita?"

Mia madre però insistette, idem mio padre... sia lodata la sua testardaggine! Un giorno prese il suo violino e suonò alla futura suocera una serenata, e alla fine si ritrovarono tutti seduti insieme ad ascoltare e cantare hit di Fairouz, la famosissima diva di Beirut. Due mesi dopo mia nonna acconsentì al fidanzamento.

Un anno più tardi, il 5 giugno 1987, i miei genitori si sposarono.

Dieci mesi dopo sono nato io.

Anche di mia madre ho un'immagine molto precoce, e incredibilmente nitida: siamo al mercato di Yarmouk, la mamma mi aveva portato a fare la spesa con lei, io sono nel passeggino. Le voci della gente, le grida dei commercianti, gli odori: fiori, pesce, spezie, frutta andata a male... in mezzo a tutto questo io, un principe sul suo minuscolo trono. Osservo mia madre che gira per i banchi, qui i peperoni migliori, lì il prezzemolo più fresco. Poi mi spinge verso una fontana – Damasco era famosa per le sue fontanelle a ogni angolo di strada –, prende un grappolo d'uva e lo lava con l'acqua fresca. Si china verso di me, mi mette in bocca un acino e, raggiante, dice: "*Habibi*", mio tesoro. Un altro acino. E poi un bacio.

La mattina, prima di andare al lavoro, spesso mia madre metteva su una cassetta di Fairouz, la sua cantante preferita. Duettava con lei, poi si metteva il velo e usciva. Dopo pranzo faceva musica insieme a mio padre. Gli ospiti dei matrimoni adoravano ballare al ritmo delle ultime hit, così mio padre al mattino le sentiva in cassetta e il pomeriggio le suonava con il violino. Mia madre cantava sempre: mentre lavava i piatti, mentre piegava i panni.

Nella musica orientale non ci sono semitoni fissi come in quella occidentale, le serie si possono modulare liberamente. Ecco, mia madre era bravissima a giocare con le melodie e improvvisare lo stesso motivetto in modi sempre nuovi. Cantava quando cucinava, perfino mentre dava da mangiare al nostro canarino: a volte lui inclinava la testa e si metteva a fischiettare con lei.

Mio padre un giorno ricevette una commessa per costruire un grande tavolo con tanto di sedie. Prima che lo consegnasse mia madre invitò i suoi colleghi a cena. Passò tutto il pomeriggio a cucinare: hummus, patate al forno, zucchine grigliate, *baba ghanush*, mousse di melanzane e sesamo, *tabulè*, *kafta*. Poi tirò fuori la preziosa tovaglia ricamata Aghabhani, suo padre le vendeva. Fu una serata fantastica. La mia prima cena seduto a un tavolo.

La sera, prima di andare a letto, mia madre mi leggeva qualcosa, i libri li prendeva in prestito alla biblioteca della sua scuola. Adoravo le storie di Aladino e la lampada magica e di Sindbad il marinaio. Mi piaceva anche il suono dell'arabo scritto, la lingua dei colti.

Quando avevo tre anni arrivò un fratellino. Pochi giorni prima del parto mia madre mi prese la mano e la posò sulla propria pancia. Io sentii i calci. "Lo senti quanto è forte?" disse mia madre, "diventerà un teppistello." E 'Ala lo diventò per davvero. Ancora non sapeva camminare che già si avventava su di me e mi mordeva come un leone. Poco più grande cominciò ad azzuffarsi con gli altri bambini del quartiere. I miei genitori non li ascoltò mai. Ah, se li avesse ascoltati.

Abitavamo in un palazzo con sei appartamenti: uno per il nonno, uno per noi e gli altri quattro per i fratelli di mio padre. Sopra di noi c'erano lo zio Mohammed e la moglie, zia Ibtihal. Lei e mia madre non andavano per niente d'accordo, non facevano che litigare. Bastava una sciocchezza e le loro voci si avvitavano verso l'alto e – *crescendo*, *crescendo*, come negli spartiti – scoppiava un litigio.

Noi stavamo al piano terra e spesso quando suonavano ero io ad andare ad aprire. "Così non si può andare avanti!" sbottò un giorno mia madre, "non possiamo sempre aprire noi per i lorsignori di sopra!" E salì subito a lamentarsi da zia Ibtihal. *Crescendo, crescendo*...

Un'altra volta i trucioli della falegnameria di mio padre, nella mansarda, sporcarono le lenzuola bianche della zia. Che venne subito da noi, e si ricominciò da capo. Oppure succedeva che una delle due avesse occupato tutti i fili per stendere e l'altra non potesse far asciugare il bucato. Un giorno litigarono al punto che zia Ibtihal prese le lenzuola di mia madre e le buttò di sotto, in strada. E lei ovviamente un secondo dopo fece lo stesso con quelle della cognata.

"Ehi, ma siete impazzite?" gridò qualcuno di sotto. Di sopra continuarono a prendersi per i capelli: indovinate un po' chi dovette scendere a recuperare i panni?

Quando iniziai a suonare il pianoforte a volte mi esercitavo la mattina presto, prima di andare a scuola. Una mezzoretta. A zia Ibtihal questa cosa non piaceva per niente, così prendeva il bastone della scopa e iniziava a batterla per terra. "Fi-ni-tela!" Mia madre non lo sopportava. Una mattina zia Ibtihal iniziò a picchiare e mia madre salì nera di rabbia. Si sentirono dei battiti di mani fortissimi. Mia madre riscese con capelli scompigliati e le guance arrossate. "Abbiamo chiarito una volta per tutte" disse. Davvero si erano prese a schiaffi?

Gli uomini della famiglia facevano finta di niente. Da noi c'è un proverbio che dice: quando le donne litigano, gli uomini devono sorridere. O perlomeno non immischiarsi. Possono solo peggiorare le cose.

Secondo me era lo stress a far uscire mia madre dai gangheri in questo modo. Aveva un miliardo di cose da fare. La mattina lavorava, poi doveva andare a fare la spesa, lavare, cucinare, sbrigare le faccende di casa. E poi preparare la lezione del giorno dopo. Aveva un marito cieco che restava a casa e si occupava di noi bambini, ma alcune cose non poteva farle. Quando mia madre era serena e rilassata era la persona più affettuosa e amorevole del mondo.

E comunque anche se le saltavano i nervi il giorno dopo le rivolevano tutti bene. Così succede da noi. Tutti i componenti della famiglia abitano nello stesso palazzo, perlomeno nella stessa strada, di sicuro nello stesso quartiere. Nessuno può prendere in considerazione l'idea di traslocare da un'altra parte. Nemmeno a causa di un litigio. La famiglia è tutto. Si fa fronte comune. Oggi io e zia Ibtihal oggi potremmo stare al telefono per ore.

Per questo a volte è così dura essere in Germania, lontano dalla mia famiglia. Per mia madre lo è ancora di più. Le piange il cuore a non avere i nipoti sempre intorno. Qualche giorno fa qui a Wiesbaden è venuta a trovarci una signora anziana di Colonia. Si è seduta sul divano e ha giocato con Ahmad e Kinan, i miei due figli. Ho fatto una foto e l'ho mandata a mia madre. A mo' di saluto, ma lei ci è rimasta male.

Poche ore dopo mi ha telefonato. "Così adesso avete una nuova nonna!" mi ha detto, la voce rotta dal pianto. Le ho chiesto scusa. Lei ha iniziato a singhiozzare, a maledire la guerra e le bombe e Assad, che le ha rovinato la vita, le ha portato via mio fratello 'Ala, ci ha divisi. "Questa guerra di merda!" ha ripetuto singhiozzando. "Questa guerra di merda!" Non ne voleva sapere di calmarsi.

A Yarmouk non c'erano parcogiochi. Del resto, era un quartiere che nessuno aveva mai pianificato a tavolino. Era sorto nel 1954, quando il governo siriano decise di sistemare in questa zona diecimila rifugiati palestinesi fino ad allora alloggiati in campi provvisori. L'Unrwa, l'Agenzia delle Nazioni Unite per il soccorso e l'occupazione dei rifugiati palestinesi nel Vicino Oriente, diede a ogni famiglia di rifugiati trecento sterline siriane per ogni camera da costruire, a volte anche tre sacchi di cemento e dieci pali di legno. Così l'insediamento diventò un grande quartiere patchwork. Anche la nostra casa nacque così: lo testimoniava la porta d'ingresso presa da un vecchio granaio, mio nonno l'aveva comprata da un robivecchi. In questa grande porta ce n'era inserita una più piccola. La casa crebbe, la vecchia porta rimase e cigolava ogni volta che aprivamo quella più piccola. Ogni due anni la imbiancavamo. Le porte bianche portano fortuna, dicono in Siria.

Da piccolo credevo che il battiporta fosse d'oro, poi ho scoperto che era in ottone. Comunque un pezzo di valore. Un giorno, mi ricordo, sentii uno strano raschio, aprii la porta e vidi un tizio correre via con una sega in mano.

Abitavamo a un incrocio. Davanti c'era un'arteria molto trafficata, piena di negozi di verdure, mentre nelle strade secondarie passavano solo pedoni. Appena uscivo di casa a sinistra c'era un chiosco che vendeva gomme americane, Coca-Cola, gelato e carte da collezione. Lì, ovvio, lasciavamo l'intera paghetta. Il chiosco si chiamava Istiqama, "onestà". Da bambini passavamo le ore a chiederci perché. Il padrone del chiosco, infatti, era tutt'altro che onesto.

A volte le gomme che ci vendeva erano così vecchie che quando le masticavi ti rompevi un dente. Noi bambini poi non sapevamo contare bene e lui se ne approfittava senza vergogna. Se avevi pagato per cinque caramelle potevi stare certo che in mano ne avevi solo quattro, e se glielo facevi notare lui negava. Una volta, però, andai da mia madre e le raccontai tutto. "L'uomo del chiosco mi ha fregato!" mi lamentai. "Come hai detto?" fece lei, e corse subito di sotto. Lo mise con le spalle al muro e tornò con una caramella in più.

I nostri giochi preferiti erano Dahhal o Tobbeh. Ci giocavamo per ore, per le scale o in strada. Dahhal era un gioco di biglie. Disegnavamo cinque righe per terra e chi era più bravo a lanciare le sue biglie lungo queste linee vinceva i pezzi più pregiati dell'avversario. A Tobbeh invece si faceva una pila di figurine per terra, tutte girate dallo stesso lato, e ci si premeva la mano sopra fortissimo, per poi tirarla via all'improvviso. Le figurine si sollevavano e si scompigliavano: quelle che atterravano girate dall'altra parte uno poteva tenerle. Giocavamo fino a farci venire male alle dita.

Per questo un giorno mia madre prese tutte le mie figurine e le buttò. Aveva paura che mi rovinassi le mani. Quanto mi arrabbiai! Il pianoforte, sbraitai, non lo toccherò mai più! Allora lei mi diede dei soldi e andai al chiosco a comprare altre figurine.

Ancora più bello, però, era andare in giro per il quartiere con la mia bici rossa insieme a Samir, il mio migliore amico. Un pomeriggio per strada vedemmo una cassetta degli attrezzi. Non c'era anima viva. A mio padre sarebbe stata utile, pensammo, e ciò che non appartiene a nessuno si può portar via. Così la caricammo sul portapacchi e partimmo.

All'improvviso spuntò un uomo. "Stop! Fermatevi! Quella cassetta è mia!" gridò, e ci corse dietro. Presto ci raggiunse. Era un operaio, stava lavorando dentro una casa.

“Come si chiamano i vostri padri?” sbuffò, “adesso andiamo da loro e gli raccontiamo che siete due ladruncoli!”

“No, per favore!” lo implorammo. “Si riprenda la sua cassetta e finiamola qui!”

“Non se ne parla!” fece lui. “Dove abitate? Ne vedrete delle belle!”

I ladri vanno in prigione, sapevo. Anche noi saremmo finiti dietro le sbarre? Avevo una paura matta. Andammo da mio padre.

“Aeham” disse lui dopo che l’uomo ebbe raccontato l’accaduto. “Come hai potuto fare una cosa del genere?”

“Ma papà, io l’ho presa per te!”

“Ecco” disse l’uomo, “eravate in combutta!”

Mio padre, sconvolto, ci mise tantissimo tempo a convincerlo che non era vero.

Oggi questa storia mi fa sorridere.

È incredibile: ogni volta che ripenso alla mia infanzia c’è sempre il sole. Non ricordo un solo giorno di pioggia. Ricordo il profumo del gelsomino, l’odore della saponetta all’olio d’oliva con cui mi lavavo la faccia ogni mattino. La calura estiva, i clacson delle macchine. Le grida dei commercianti al mercato, i colpi del pallone contro la parete di casa nostra.

Altri padri non avevano mai tempo per i figli. Lavoravano dalla mattina alla sera e il venerdì, la loro giornata libera, erano troppo stanchi per giocare con loro. Al mattino andavano alla moschea e dopo pranzo a passeggio tutti insieme. I padri incontravano amici, fratelli e cugini nei caffè e quando tornavano a casa i bambini già dormivano. Non c’è da sorprendersi che i loro ricordi riguardino solo le madri. I padri non li hanno visti quasi mai.

Mio padre invece c'è sempre stato. Mi dava il biberon, mi cambiava il pannolino, lavava i piatti, rassettava. Rispondeva alle mie mille domande. Papà, papà, perché siamo rifugiati? Papà, papà, perché siamo musulmani? Dio esiste? Più tardi mi parlò perfino di "quelle cose", anche se nel mondo arabo è impensabile che un padre parli di sesso con il figlio.

Gli altri ragazzi i padri li temevano. Temevano la loro severità e le botte. Io mio padre lo portavo in giro per il quartiere. Eravamo amici.

Il cuore del mondo

Più il giorno si avvicinava, più mio padre era agitato. "Ancora sessanta giorni" mi disse una mattina, "due mesi all'esame di ammissione alla Scuola di musica." Da allora iniziò a fare il conto alla rovescia: ancora trenta, venti, dieci. Fumava più del solito, segno inconfutabile che fosse agitato. Quando mancavano solo tre giorni il suo amico al-Khadra, il tastierista della sua band per matrimoni, lo passò a prendere e insieme andarono fino alla Scuola di musica statale. Mio padre non voleva lasciare nulla al caso.

Ogni anno, d'estate, a metà delle vacanze lunghe – a Damasco la stagione più calda, quando le strade e le case sono incandescenti e anche di notte non rinfresca quasi per niente, quando chi se lo può permettere va al mare e il resto delle persone passa metà giornata a sonnecchiare all'ombra – Solhi al-Wadi fissava le audizioni per l'ammissione alla Scuola di musica. Solhi al-Wadi, il famoso direttore d'orchestra! La calura infuocata gli andava più che bene: nella sua scuola voleva solo bambini zelanti, i più talentuosi e ambiziosi.

Al-Wadi aveva reso famosa la musica classica in Siria quasi da solo. Violoncellista diplomato alla Royal Academy di Londra, nel 1962 aveva formato la Scuola di musica statale di Damasco, l'"Istituto arabo". Nel 1970 Hafiz al-Assad, padre di Bashar al-Assad, salì al potere con un putsch. Il nuovo regime voleva aprirsi al mondo, e al-Wadi non aspettava altro. Nel 1990, due anni dopo la mia nascita, venne aperto il Conservatorio di Damasco, con al-Wadi direttore. Da quel momento in poi i giovani siriani poterono studiare pianoforte, trombone e oboe a casa loro, senza per forza andare a New York, Montpellier o Heidelberg.

Ogni anno per i cento posti disponibili alla Scuola di musica si candidavano più di mille bambini. In teoria venivano presi tutti quelli che superavano l'esame di ammissione; in realtà era una scuola molto elitaria, un ritrovo per figli di ministri, milionari, artisti e intellettuali. Mio padre però voleva provarci comunque. Per me aveva grandi progetti. Non dovevo suonare il violino ai matrimoni, bensì il pianoforte su palchi ben più grandi. Parlava di questo esame come del giorno in cui per me si sarebbero aperte le porte del paradiso.

Al-Khadra, il suo amico tastierista, lo conoscevo bene. Veniva da noi a farmi lezione con la vecchia tastiera Casio di mio padre da quando avevo quattro anni. Suonavamo le scale, piccoli *Studi*, i primi accordi, e poi ogni pomeriggio mio padre si sedeva con me per un'ora e ci esercitavamo.

Il giorno zero indossai una maglietta nuova, poi io e mio padre ci arrampicammo su un minibus e partimmo. Troppo presto. Il traffico di Yarmouk era intenso come al solito, anche al mercato di Midan le auto erano tutte ferme, e quando scendemmo per cambiare mezzo alla stazione dei pullman di Baramke il nostro minibus non arrivava. E non arrivò per mezz'ora buona. Mio padre diventava sempre più impaziente. Si massaggiava le mani, pestava i piedi.

"Dobbiamo prendere un taxi!" disse schiumante di rabbia. "Ma i soldi chi me li dà? Maledizione!" Non lo avevo mai visto così nervoso. Faceva scattare di continuo il coperchio del suo orologio per non vedenti per tastare le lancette.

Finalmente il minibus arrivò. Il viaggio proseguì. A singhiozzi.

"Papà, ma perché non continuiamo a esercitarci a casa?" dissi io. "La Scuola è troppo lontano, è solo una perdita di tempo. Tempo in cui potrei suonare la tastiera..." Lui tacque.

Guardai fuori dal finestrino. Era una zona in cui non ero mai stato. Le strade diventarono più larghe e meno rumorose, vidi stranieri passeggiare sul marciapiede, sempre meno donne con il velo. In un viale alberato finalmente scendemmo. Era tutto così silenzioso e pulito. Era il quartiere delle ambasciate, Jisr al-Abyad, una delle zone più eleganti di Damasco. Oltre recinzioni in ferro battuto si ergevano ville incredibili, circondate da arbusti di rose profumate.

Mio padre fece scattare di nuovo l'orologio e imprecò. Iniziammo a correre. Appena avvistai la Scuola di musica mi chiese se c'erano persone fuori. Io risposi di no e lui imprecò di nuovo: "Maledizione!" E così gli ultimi metri fino alla villa ricoperta di edera li percorremmo a tempo di record. Ci precipitammo su per i gradini, poi dentro... eravamo ancora in tempo.

La fila delle persone in attesa si snodava per tutto l'edificio. Madri e padri con bambini per mano. Ci mettemmo in coda.

Adesso ero io a essere agitato. Nonostante la fretta avevo visto una cosa sconvolgente: era arrivata una Mercedes nera, si era fermata ed era sceso uno chauffeur per aprire la portiera... a un ragazzino più o meno della mia età! In Siria solo gli dei guidavano Mercedes. Perché un adulto teneva aperta la portiera a un moccioso? Lo raccontai a mio padre, che disse: "Forse era il figlio di un ministro". E io smisi di capire il mondo.

Ce ne restammo in silenzio. Mio padre era troppo nervoso per chiacchierare. Iniziarono a chiamare, un bambino dopo l'altro. Finalmente, dopo quasi tre ore, arrivò il mio turno. Aprii la porta.

Al centro della stanza c'era un oggetto dalla forma sinuosa, che doveva essere un pianoforte a coda. Seduti dietro un tavolo, invece, tre uomini e una donna. Alla finestra un altro uomo con le mani in tasca. Doveva essere Solhi al-Wadi, il direttore d'orchestra. Lo trovai strano: non avrebbe dovuto tirare fuori le mani dalle tasche per darmi il benvenuto?

Fu uno degli uomini seduti al tavolo a parlarmi.

"Da dove vieni?" mi chiese.

"Da Yarmouk" risposi io.

"Suoni qualche strumento?"

"Sì, la pianola."

Si alzò e si sedette al pianoforte. Suonò un tasto e mi chiese di ricantare il suono. Ancora, circa una decina di volte. Poi con le dita batté dei tempi su un tavolo, io li dovevo ripetere uguali.

Tutto qui.

La donna mi guardò. "E tu abiti a Yarmouk?" chiese di nuovo.

"Sì."

"E suoni la pianola?"

E io annuii di nuovo.

"Mmm..." fece lei.

Cosa significava? Non ne avevo idea, ma non mi piaceva.

L'uomo mi accompagnò alla porta, la aprì... e mio padre quasi cadde dentro la stanza. Restò in piedi per miracolo. Non sopportando di essere escluso da quello che stava succedendo all'interno della stanza aveva incollato un orecchio alla porta. Che imbarazzo... La situazione si sarebbe potuta risolvere in maniera diplomatica, ma non in un posto del genere. "Ha origliato?" disse Solhi al-Wadi a mio padre in tono aggressivo. "Ma è vietato!"

"La prego, mi scusi... sono il padre di Aeham" replicò lui.

E tutti capirono che era cieco. Al-Wadi si tranquillizzò. "Va bene" disse, "non si preoccupi."

Mio padre chiese quando sarebbero usciti i risultati e poi iniziammo la lunga strada del ritorno verso Yarmouk. Mio padre restò zitto. Era preoccupato di aver rovinato tutto? Io invece ripensai a quello strano pomeriggio: gli chauffeur, il "Mmm" della signora, le parole brusche del direttore. E già decisi che quel posto non mi piaceva.

Alcuni giorni dopo – quasi nessuno, allora, a Yarmouk aveva un telefono – mio padre andò nel supermercato dall'altra parte della strada e telefonò alla Scuola di musica. La segretaria rispose che bisognava andarci di persona, i risultati erano appesi in bacheca.

E così il giorno dopo riattraversammo di nuovo la città in minibus. Accompagnati da al-Khadra, il tastierista. Uno doveva pur vedere che voto mi avessero dato. Io ai tempi non sapevo ancora leggere.

Ci avvicinammo alla parete con i risultati. Quell'anno avevano partecipato all'esame circa milletrecento bambini, era una lista infinita. Per chissà quale motivo i nomi non erano in ordine alfabetico. Al-Khadra cercò dappertutto, mio padre si agitò sempre di più. Per quanto era nervoso gli tremava un ginocchio.

"Allora?" chiese all'amico.

Al settimo o ottavo foglio finalmente al-Khadra mi trovò. "Aeham Ahmad: 60 per cento. Bocciato" lesse.

"Cosa?" strillò mio padre, così forte che si girarono tutti. Il cuore del mondo si fermò.

"Sei sicuro?"

Al-Khadra guardò un'altra volta.

"No, aspetta!" esclamò all'improvviso. "Avevo letto male! Aeham Hamada: 60 per cento. Aeham Ahmad: 99 per cento!"

Il cuore del mondo riprese a battere. Mio padre rise, la sua risata rimbombante. Che riempì l'atrio della scuola e salì per le scale, su fino al cielo d'estate. Si girarono tutti di nuovo. 99 per cento era un risultato incredibile. A un risultato del genere poteva aspirare solo il figlio del presidente, di certo non un lurido bambino palestinese di Yarmouk! Tornammo a casa al settimo cielo.

Mio padre comunicò la notizia a tutto il palazzo. "Aeham ha vinto!" disse esultando, "stasera si festeggia!" Appena si fece buio tutti gli zii e le zie e i cugini e le cugine dei dintorni si riversarono nel nostro piccolo appartamento. A ogni nuovo arrivato mio padre diceva: "Aeham ha vinto! Avremo un altro musicista in famiglia!"

Mia madre servì un gelato cremoso al limone e tè, mio padre in salone suonava melodie da matrimoni al violino, gli uomini e le donne seduti in cerchio intorno a lui cantavano e applaudivano e facevano strani balletti con le mani. Per la prima volta vidi gli occhi di mio padre sorridere. O forse me lo sono solo immaginato.

Francamente io non capivo tutta quell'eccitazione, ma certo ero felice. Il gelato mi piaceva da morire e quella sera non dovetti restare a casa a esercitarmi alla pianola. Mi fu concesso di scendere in strada a giocare a calcio con i miei cugini fino a notte fonda.

Le lezioni iniziarono in autunno. Iniziarono con solfeggio e canto di note. "Do, do, re, re, mi, mi" cantavamo spartito alla mano, in base al vecchio metodo francese. Solo al secondo anno avremmo cominciato con uno strumento.

Per il momento dovevamo comprare soltanto il libro di *Solfège*, importato dalla Francia e terribilmente caro. Costava 5000 sterline siriane (circa 140 euro),[1] la paga mensile di un operaio. Forse si poteva fotocopiare, chiese mio padre. No, non si poteva, risposero quelli della Scuola. E anche usato era impossibile da trovare. Così dovetti saltare le prime tre ore di lezione e aspettare la fine del mese, quando i miei genitori avrebbero ricevuto lo stipendio. Comprammo il benedetto libro.

[1] Per quanto riguarda il cambio euro-sterlina siriana, fino al 2011 si è preso come riferimento il valore indicato dalla Banca centrale siriana. Dopo il 2011, invece, il valore del mercato nero. Quando il Paese è andato in pezzi, è andata in pezzi anche la sua moneta. Nell'estate del 2017 il tasso di cambio euro-sterlina siriana era 1:590. L'inflazione, dall'inizio del conflitto, ha subito un incremento del 1000 per cento.

L'insegnante di solfeggio, una signora piuttosto anziana, era fantastica. Si chiamava Nadia. Eravamo quaranta, ma ci trattava tutti come una mamma. Mi piaceva la sua calda voce da soprano, e quando qualcuno si era dimenticato di fare i compiti per casa lei non lo rimproverava, gli chiedeva in tono gentile di recuperare.

"Canti bene!" mi lodò un giorno. Mi incoraggiò. E io riattaccai: *Do mi do mi do mi sol fa re do re mi re...*

Ogni tanto parlavo con Sham, una ragazzina che era in classe con me. Per il resto non conoscevo nessuno. La Scuola di musica statale era come un asilo per ricchi. I genitori accompagnavano i figli, aspettavano, e al termine delle lezioni risalivano tutti sul taxi o in macchina. Io e mio padre invece ci incamminavamo verso la fermata del minibus.

I giorni in cui non avevo lezione dopo la scuola mi esercitavo nel solfeggio con mio padre. Lui mi cantava un motivetto e poi su questa base improvvisavamo.

"Perché è così importante?" gli chiesi un giorno.

"Scherzi? È importantissimo!" replicò lui. "Da un tema semplice si possono sviluppare grandi pezzi, è la lingua della musica. Se la domini bene puoi prenderti qualunque libertà."

Dopo mezz'ora metteva su il tè. Mio padre adorava il tè nero, forte e zuccheratissimo. Cinque cucchiaini di zucchero per tazza. Usava le foglie, e il tè diventava scuro e amaro. Quando lo bevevi ti restavano pezzi di foglia sulla lingua. Di solito il tè nero mi era proibito. Ma nella pausa delle lezioni di canto me ne era concessa una tazza. Riprendevamo a cantare per un'altra mezzoretta e poi finalmente potevo uscire e andare dai miei amici per giocare con le figurine.

Alla fine del primo anno alla Scuola c'era un secondo test. Dovevamo cantare delle note e battere dei ritmi, e loro decidevano per quale strumento eri portato: chitarra, batteria, flauto traverso, violoncello, pianoforte. Stavolta l'esame era in presenza dei genitori. L'esaminatrice chiese a mio padre che strumento avesse in mente per me.

"Pianoforte" rispose lui senza esitazioni.

"Pianoforte?" replicò la donna. "Possedete un pianoforte?"

"Sì" mentì mio padre.

"Se suo figlio vuole imparare a suonare la pianola non c'è nessun problema, ma le lezioni di pianola qui non le facciamo."

"No no, ho detto pianoforte."

"Bene. Allora presto uno dei nostri insegnanti verrà da voi a dare un'occhiata al piano" disse la donna.

Mio padre annuì.

Non c'era più ritorno. Quando aveva estorto al nonno il suo primo violino, l'aveva costretto, per pagarlo, a sacrificare tre mesi di stipendio. Per un pianoforte mio padre dovette scucire la paga di un anno. Chiese soldi in prestito a un sacco di parenti, s'informò in giro su dove poter trovare un pianoforte a buon prezzo. Un amico di mio padre era sposato con una pianista ucraina la quale ci diede una dritta: una sua conoscente in cantina aveva un pianoforte Ukraina di fabbricazione russa. Ancora imballato dentro la cassa di legno del trasporto. Costava 2.500 euro.

Un nostro vicino aveva un pick-up e ci accompagnò a ritirarlo. Scendemmo in cantina in sei: mio padre, quattro zii e io. Gli uomini lo sollevarono... e imprecarono. Nessuno di noi aveva mai visto un pianoforte, meno che mai sollevato. Risalirono le scale strillando.

“Ahmad, tu sei pazzo! Cosa te ne farai di questa cassa che pesa un quintale?” esclamarono. “Stai buttando i soldi dalla finestra! Quanto hai detto che costa, questa specie di bara?”

“Non è una bara, è un pianoforte! Aeham lo suonerà!” li zittì mio padre. “Come ringraziamento per il trasporto suonerò il violino per voi tutte le volte che vorrete!”

Protestarono così forte che la proprietaria comparve in cima alle scale e chiese se fosse tutto a posto.

In un modo o nell’altro riuscimmo a issare la cassa a bordo del pick-up. Che calca davanti a casa nostra quando gli zii la scaricarono e la portarono in casa! Erano tutti curiosi di sapere cosa ci fosse dentro. La cassa però non passò per la porta della mia stanza. Allora mio zio Mohammed, che era muratore, sfondò l’intelaiatura e poi la risistemò.

Lo provai ma suonava da schifo. Non era mai stato accordato. Così il giorno dopo mio padre telefonò a un accordatore, uno dei pochi a Damasco. “No, a Yarmouk non ci vengo” rispose l’uomo scortese, “è troppo lontano.”

Mio padre odiava essere trattato dall’alto in basso. Ma strinse i denti e provò a convincerlo.

“Va bene” disse infine l’accordatore. “In via del tutto eccezionale vengo. Il mio primo appuntamento libero però è tra sei mesi.” E il suo onorario era di 50.000 sterline siriane (1.300 euro). A mio padre per poco non cadde di mano la cornetta. Tutti quei soldi non li aveva, e di certo non potevamo aspettare sei mesi. Riattaccò. Provò da altri accordatori. Nulla.

Allora mio padre fece quello che aveva sempre fatto in situazioni simili: imparò a farlo lui.

Piano piano svestì lo strumento del suo corpo di legno, iniziò a toccare i martelletti e chiese a un saldatore di forgiargli una chiave per accordatura. Lavorò di notte, quando in casa e per strada c'era silenzio. Sfiorava una corda con un'unghia, drizzava le orecchie, aggiustava. In quei giorni disdisse tutti i suoi spettacoli, bevve fiumi di tè nero. Io dormivo nel suo letto. Ci riuscì.

Non molto tempo dopo l'esaminatore della Scuola di musica annunciò la sua visita. Chi non conosceva Yarmouk poteva facilmente pensare fosse un posto pericoloso... con tutti quei pugni chiusi e le bandiere di Fatah e Hamas e degli altri gruppi palestinesi. Anche il signore della Scuola disse che la macchina preferiva lasciarla parcheggiata fuori dal nostro quartiere. Lo zio Amin lo andò a prendere.

L'esaminatore salutò mio padre, annuì verso di me e si sedette sullo sgabello davanti al piano. Suonò tutte le note: cominciò dai do, poi i re, i mi. Provò il pedale. Mio padre era sulla porta con le orecchie tese.

"Ottimo!" disse l'esaminatore alla fine richiudendo il coperchio. "È accordato benissimo!"

Mia madre aveva cucinato: *taboulè*, *maqlubè*, *kibbè*. Ci sedemmo sui cuscini in salone e il nostro ospite mangiò con gusto.

"Vi devo delle scuse" disse all'improvviso rivolto verso mio padre. "Io sono l'accordatore di pianoforti con cui ha parlato al telefono alcune settimane fa. Sono stato arrogante e scortese. Mi dispiace."

Mio padre sorrise. Come già detto: odiava essere trattato dall'alto in basso e si godette la sua rivincita.

"Il pianoforte è perfetto" aggiunse quindi l'uomo. "Ma chi lo ha accordato?"

Mio padre scrollò le spalle e sorrise di nuovo. Senza rispondere.

Così potei iniziare le lezioni di pianoforte. Tre volte alla settimana io e mio padre attraversavamo l'intera città per raggiungere la Scuola. Un'ora e mezza ad andare e un'ora e mezza a tornare. Quando filava tutto liscio. Mio padre mi lasciava da Rana Jneid, la mia prima insegnante, e poi più tardi tornavamo insieme in minibus.

Rana Jneid non mi piaceva per niente: non sorrideva mai, non mi lodava mai, non le andava mai bene niente di quello che facevo. Se arrivavo tardi perché eravamo rimasti imbottigliati nel traffico me ne diceva di tutti i colori. Se capitava a lei, e succedeva altrettanto spesso, entrava nell'aula tutta in ghingheri, come se dovesse andare a ballare, e diceva: "Inizia". Nemmeno una parola di scuse.

Portava ogni giorno un vestito diverso e sgambettava per i corridoi della scuola sui tacchi alti. Allora andavano di moda i cellulari Nokia, quelli in cui si potevano cambiare le mascherine, ne esistevano di tantissimi colori e disegni. Ecco, Rana Jneid aveva sempre il cellulare in tinta con il vestito. Vestito azzurro, mascherina azzurra.

Un pianista non porta mai le unghie lunghe perché disturbano quando si suona. Rana Jneid invece sì. Le sue unghie lunghe – azzurre, in tinta con il vestito azzurro – graffiavano i tasti.

Un giorno le suonai uno studio di Czerny. Carl Czerny, allievo di Beethoven e maestro di Liszt, aveva dato filo da torcere a generazioni di studenti di pianoforte. Me compreso. Rana Jneid era in piedi, alle mie spalle. D'un tratto sentii il *bip* di un cellulare, mi girai e vidi ciò che avevo immaginato: mentre io mi sforzavo di suonare bene, lei giocava con il telefonino.

Avevo fatto due ore di strada e la mia insegnante di pianoforte non mi stava nemmeno ascoltando. Suonai più forte per conquistare la sua attenzione, fortissimo...

Bussarono alla porta. "Prego" disse Rana Jneid. Entrò una ragazza di nome Sandybell. Era più grande di me, quasi una signorina. Portava un vestito e le scarpe col tacco. Suo padre, avevo sentito dire, possedeva un colorificio; Sandybell era una di quelle che arrivavano accompagnate dallo chauffeur. E una di quelle i cui genitori avevano l'ardire di chiamare i figli come i personaggi dei cartoni animati. *Hello! Sandybell*, infatti, era una rinomata serie anime.

In un attimo Rana Jneid diventò un'altra persona. Sorrise e con voce flautata disse: "Che bello vederti!" E poi si misero d'accordo riguardo alla prossima lezione privata di Sandybell.

La ragazza uscì e un secondo dopo Rana Jneid aveva già perso tutta la sua cordialità. Mi fece cenno di ricominciare a suonare. E lei tornò a contemplare lo schermo del suo cellulare.

Ci restai malissimo. Cosa le dava il diritto di trattarmi come un essere umano inferiore, una persona di serie b? Perché sfogava il suo snobismo su di me?

La bella Sandybell la rincontrai. Durante un'altra mia lezione con Rana Jneid, in un'aula più piccola. Stavo continuando a sbagliare e a un certo punto Rana Jneid perse le staffe. "Sei proprio un asino!" sbottò. "Non capisci niente! Sono do maggiori, non minori!" E poi prese lo spartito dal leggio e lo fece volare per tutta la stanza. I fogli veleggiarono e atterrarono sul pavimento.

Iniziai subito a raccoglierli. Mentre ero a quattro zampe bussarono alla porta. Sandybell. All'inizio vidi solo le sue costose zeppe. Lei non mi degnò di uno sguardo, era venuta di nuovo a chiedere della sua lezione privata. Uscì. Io nel frattempo avevo rimesso insieme il mio spartito, ma Rana Jneid pose fine alla lezione. "Fammi la cortesia di esercitarti di più!"

Mi ha tormentato per due lunghi anni. Dalla sua bocca non ricordo una sola parola di lode. Più volte mi disse che dovevo smettere, che non ero abbastanza bravo. Lo riferii a mio padre, che la volta successiva si presentò dall'insegnante con un piccolo regalo.

"La prego, sia comprensiva con Aeham" disse in tono sdolcinato. "Si eserciterà di più, glielo prometto." Ma anche questo mitigò la scortesia di Rana Jneid solo per poche lezioni.

La Scuola di musica mi rendeva infelice. Non ci andavo volentieri. Era un mondo di cui non mi sentivo parte.

Dopo due anni mio padre cedette e andò a parlare con il direttore.

"Non mi fraintenda" esordì, "Rana Jneid è senz'altro un'insegnante eccellente, ma in qualche modo lei e Aeham non si trovano. È possibile cambiare insegnante?"

Le lezioni alla Scuola di musica statale erano gratuite. Non si potevano mica avanzare richieste. Il direttore però rifletté.

"Glielo ripeto" insistette mio padre, "l'errore è nostro, sicuro. Mio figlio non la capisce, ma ci terremo a continuare con le lezioni."

Così mi assegnarono una nuova insegnante.

Si chiamava Cosette Bakir – forse dalla protagonista dei *Miserabili* di Victor Hugo? –, e non era meglio, per niente. Aveva studiato pianoforte in Francia ma suonava in maniera terribile, stentata, come un bambino. Ed era anche sprezzante e sgarbata. Una volta suonai un pezzo di Mozart e feci un errore. "Suonalo bene" sibilò lei. Feci lo stesso errore e lei disse: "Ma non capisci? Ripeti!" Sbagliai ancora. "Ma perché fai sempre lo stesso errore?" mi aggredì Cosette Bakir. "Sei forse un pappagallo?"

Meno male che ci fu Irina Ramadan. La pianista sposata con l'amico di mio padre, quella che ci aveva dato la dritta per comprare il piano. Prima di conoscere il marito e trasferirsi con lui a Damasco Irina aveva studiato all'Accademia musicale Čajkovskij di Kiev. Era alta, bionda ed elegante, non lavorava e non aveva bambini. Per questo, forse, mi trattò sempre come un figlio? "*Cchhabibi*" mi chiamava. Con tanto amore e un fortissimo accento russo.

Irina Ramadan mi fece capire cos'è la musica. Mi insegnò ad ascoltare davvero i pezzi, a percepire trasporto e malinconia. Grazie a lei dimenticai la passività delle mie insegnanti siriane che prestavano attenzione solo ai miei errori e mi toglievano qualunque gioia per la musica. Con lei le mie dita volavano sui tasti come un gioco. L'obbedienza incondizionata diventò leggerezza di cuore. Con Irina Ramadan suonavo in maniera quasi sfrenata, come una sonata di Mozart.

"Bach è come il pane" diceva sempre Irina. "La base di tutto. Senza Bach manca qualcosa."

“Beethoven non potrai mai farlo tuo” mi disse un altro giorno. “Cercherai di ascoltarlo per sempre.”

Oppure: “Chi suona Czerny impara a comporre”.

Un pomeriggio arrivai da lei e vidi che stava bevendo un succo rossastro.

“Irina, posso averne un sorso anch’io?” domandai.

“No” rispose lei. “Ai bambini non fa bene.”

“Allora tu perché lo bevi?”

“Perché mi piace. E adesso iniziamo.”

“Ma se non fa bene ai bambini non fa bene nemmeno agli adulti!”

“Basta ho detto, iniziamo.”

La mia curiosità però ormai era stata risvegliata. Continuai a chiederle di quel succo misterioso, e ogni volta lei evadeva le mie domande. Fino a quando la mia sete di sapere non fu così grande che domandai a mio padre. Lui scoppiò a ridere e disse: “Aeham, era vino... alcol!” Ah, quindi era alcol, quel liquido enigmatico che mio padre non toccava mai.

Per cinque anni andai da Irina ogni lunedì. All’inizio l’insegnante è tutto: se ti piace ti sforzi, se non ti piace ti passa la voglia. “Molto bene, bravo!” mi diceva Irina Ramadan, e mi premiava con un pezzo di cioccolata fondente russa. “*Cchhabibi*, mangiane un pezzo anche prima del tuo prossimo esame, ti renderà felice!”

Poi Irina tornò nella sua patria. Durante la nostra ultima ora di lezione aveva le lacrime agli occhi. “Promettimi che non abbandonerai mai la musica” disse. “La musica è una cosa meravigliosa, e ti accompagnerà per sempre, ovunque andrai.” Annuii.

“E che non mi dimenticherai.”

Cosa me ne frega di Mozart?

La mia scuola elementare era la stessa in cui lavorava mia madre. Per questo fin dal primo giorno fui un bambino diverso, e non mi piaceva. È vestito per bene, ha i capelli in ordine, ha fatto i compiti? Uff! Io volevo essere come gli altri, uno dei millecinquecento allievi della scuola, ma non era possibile. Se mi comportavo male la maestra diceva: “Vado subito a dirlo a tua madre”.

“Perché non va da mio padre?” replicavo io. “Come fa con tutti gli altri?”

Le scuole siriane allora erano come delle caserme. Chi si era dimenticato i compiti, disturbava la lezione o si comportava male doveva allungare le braccia e porgere i palmi, e il maestro li colpiva più volte con una bacchetta. Alla fine di ogni intervallo c’era l’appello, ci mettevamo tutti sull’attenti in lunghe file mentre il preside faceva il suo annuncio.

Un sabato mattina – allora in Siria l’inizio della settimana – tutti come al solito si radunarono per il saluto alla bandiera e il canto dell’inno. Io ero seduto sul mio piccolo palco a suonare la melodia con la tastiera. Da millecinquecento gole risuonò:

Le immense piane in fiore della Siria sono come fortezze insormontabili,
arrivano fino al cielo, al di sopra delle nuvole.
Una terra che fiorisce grazie allo splendore dei suoi soli,
che è come un cielo, o addirittura il Paradiso.

Era una musica che non mi piaceva. Una marcia militare, un pomposo *rum-tà-tà*. Ma cosa potevo fare? Io ero l'unico tastierista, il figlio della maestra, non potevo esimermi.

Una volta durante l'intervallo litigai con un altro ragazzino. Lui mi spinse, io risposi e lui cadde a faccia avanti. Si rialzò con il labbro sanguinante e mezzo dente in mano. Iniziò a piagnucolare e corse dal maestro più vicino.

Alla fine del secondo intervallo lungo noi allievi ci mettevamo in riga per l'appello. Quel giorno mia madre salì sul palco, agitò in aria il minuscolo pezzo del dente del mio rivale e disse: "Aeham ha ferito un compagno. Sapete benissimo che è mio figlio. Quindi lo punirò io stessa".

Feci un passo avanti con gli occhi pieni di lacrime. "Ma è stato lui a cominciare" dissi implorante. "Se qualcuno ti spinge vieni da me, non vendicarti da solo" rispose lei. E così dovetti allungare le braccia e mia madre mi bacchettò. Tre colpi secchi, davanti a tutti.

Tornai in classe disperato. Non mi aveva fatto molto male, ma mi sentivo umiliato. Mia madre... come aveva potuto farmi questo?

Il pomeriggio, a casa, glielo chiesi piangendo. "Aeham, dovevo farlo" rispose lei. "Altrimenti avrebbero pensato che ti tratto meglio degli altri. Che sarebbe stato un male. Per entrambi." Non capii.

Il sabato successivo andò tutto come al solito. Gli allievi cantarono, io suonai la pianola, venne issata la bandiera. Appena l'inno finì mia madre si avvicinò al microfono e disse: "Aeham ci accompagna con la tastiera da due anni, lo fa molto bene. Credo che dovremmo ringraziarlo". E cominciò ad applaudire. Millecinquecento ragazzini la imitarono.

Fu il primo applauso della mia vita. Me lo gustai? Non me lo ricordo più.

Finita la sesta classe passai alla scuola media. Il preside era un uomo terribile, chiassoso e collerico. Gli insegnanti avevano paura dei suoi accessi d'ira, gli allievi delle sue punizioni. Anche questa scuola era finanziata dall'Unrwa, e in teoria neanche qui c'era motivo di suonare l'inno nazionale siriano. Tuttavia il preside – uno di quei palestinesi ultraintegrati che si era persino iscritto al partito Ba'th del dittatore Assad – ci teneva. Così ogni sabato mattina pure in questa scuola gli allievi si mettevano sull'attenti in cortile e cantavano l'inno siriano, accompagnati da un trombettista, un percussionista e me alla tastiera. Il *rum-tà-tà* continuò.

Una mattina arrivai tardi. Mi ero fermato a comprare dei dolci vicino all'istituto senza badare all'orologio e all'improvviso mi ero reso conto che il portone era chiuso. Qualunque altro allievo avrebbe potuto arrampicarsi sul muro di cinta, scavalcare e accodarsi alle righe. Nessuno lo avrebbe notato. Nel mio caso, invece, era diverso. "Dov'è Aeham Ahmad?" disse subito il preside sul palco chiamando in causa il mio insegnante. Che ovviamente non poté far altro che scrollare le spalle. "Come osa arrivare in ritardo?" tuonò.

Questo perlomeno mi raccontarono i miei compagni. Io ero fuori a battere contro il portone. Finalmente arrivò il portinaio. “Sono il tastierista” dissi, “la prego, mi faccia entrare!” Seppur malvolentieri alla fine aprì e mi accompagnò fino al palco. Il preside mi squadrò mentre camminavo, gli occhi fiammeggianti di rabbia. “Ma come ti viene in mente di arrivare tardi?” mi aggredì. “Che sfacciataggine! Il nostro inno, il simbolo del nostro paese!”

“Questo non è il nostro paese” replicai io.

“Cosa hai detto?” sbottò allora il preside. Ma aveva sentito benissimo, e visto che i microfoni erano accesi forse lo aveva sentito anche qualcun altro. La seconda sfacciataggine di quella mattina. Attaccò con una conferenza infinita. Siria! Patria! Accettazione! Integrazione! E blablabla. Io nemmeno lo ascoltai. Concluse ordinando di cantare l’inno, e lui per primo si unì al coro a pieni polmoni:

Guardiani della patria, la pace sia con voi!
Mai verranno annichiliti i nobili spiriti,
la terra dell’arabismo è una sacra dimora,
un rifugio inespugnabile come le alte stelle nel firmamento.

Due ore dopo l’altoparlante annunciò: “Aeham Ahmad nell’ufficio del preside”. Corsi subito di sopra. Avevo paura? No. Cosa poteva succedermi? Nella peggiore delle ipotesi il preside avrebbe convocato mio padre per lamentarsi di me. Altri ragazzini avrebbero tremato, perché i padri dopo li avrebbero riempiti di botte. Io invece sapevo che mio padre sarebbe stato dalla mia parte.

Era già capitato. Una volta a lezione di musica mi ero rifiutato di suonare musica orientale. Quel pomeriggio avevo un esame alla Scuola di musica statale e per me era troppo, non potevo comprimere nello stesso cervello due sistemi musicali così diversi. Come già detto: nella musica occidentale un'ottava si divide in dodici semitoni, in quella orientale in diciotto quarti di tono. Per questo non si può suonare la musica araba tradizionale con un pianoforte o una chitarra. Pensai che quel giorno avevo abbastanza motivi per non voler suonare le armonie orientali. Il preside però convocò mio padre.

Poco dopo lui si sedette nell'ufficio del direttore e diede all'insegnante di musica ragione su tutto. "Sì" disse, "Aeham ha sbagliato. Non doveva rifiutarsi di suonare, non si ripeterà più. Grazie che gli insegnate la musica orientale."

Più tardi, quando ci avviammo verso casa, invece mi disse: "Fai come ti pare, basta che tu sia gentile con i tuoi insegnanti".

Questo sostegno era un lusso inaudito. La certezza che sarebbe stato dalla mia parte. La libertà di potermi permettere una mia opinione senza la paura che si arrabbiasse.

La mattina del ritardo trovai la porta dell'ufficio del preside aperta. Entrai e mi avvicinai alla scrivania. Non mi disse di sedermi, ovvio. Mi beccai la seconda conferenza politica della giornata, ancora più lunga della prima. Ospitalità! Gratitudine! Pace tra i popoli! Non ascoltai nemmeno stavolta.

Sulla scrivania del preside c'erano tre piccole bandiere: quella palestinese, quella siriana e una blu con delle stelle gialle al centro. Che bandiera era?

Dopo che il preside ebbe concluso la sua tirata glielo chiesi. "È la bandiera dell'Europa" mi spiegò. "La nostra scuola riceve fondi dall'Europa." Europa? "Fantastico!" dissi io. "Allora la prossima volta suonerò l'inno europeo!"

Lo avevo imparato a lezione di pianoforte, l'*Inno alla gioia* di Beethoven. Mi piaceva perché era davvero gioioso, ci si sentiva sollevare. Tutt'altra storia rispetto al *rum-tà-tà* militarista dell'inno siriano.

"Oppure potrei suonare Mozart" continuai in preda all'entusiasmo, "il *Rondò alla turca*!" *Sonata per pianoforte n. 11*, terzo movimento, la *Marcia alla turca*, gaia e spumeggiante, una delle melodie più famose della musica classica.

"Nemmeno per sogno!" obiettò subito il preside.

"Mi faccia provare" insistetti io. "Lo conosce il *Rondò alla turca*? È bellissimo!"

Il preside mi squadrò. Era arrabbiato nero perché lo avevo contraddetto. Per provocarlo, ovvio. Ma in fondo ero stato anche carino: avevo proposto di suonare Mozart. Europa! Classicismo! Non poteva certo biasimarmi o punirmi. Così mi mandò via.

Qualche sabato dopo lo feci davvero. Non resistetti. Gli allievi erano sull'attenti e noi tre musicisti intonammo la melodia – *rum-tà-tà rum-tà-tà* – dell'inno siriano. Salì la bandiera. Finita la marcia io semplicemente continuai a suonare: il *Rondò alla turca* di Mozart, appunto. Leggero e pieno di slancio. Molti miei compagni risero, li vidi rompere lo schieramento militare.

"Aeham! Smettila immediatamente!" mi sibilò il mio insegnante di musica. "Basta!"

Io ubbidii e smisi di suonare. Il preside se n'era accorto?

Non ne ero sicuro. Attaccò con il suo solito discorso d'inizio settimana. Ordine! Disciplina! Puntualità! Fece finta di niente.

"Io odio esercitarmi!"

"Questo maledetto pianoforte!"

"Perché non posso essere come gli altri bambini!"

"Sono palestinese, cosa me ne frega di Mozart?"

"Voglio andare a giocare a pallone!"

Succedeva sempre più spesso. Più crescevo meno voglia avevo di esercitarmi al piano. Un pomeriggio, ero già alle medie, sbottai e dissi: "Ho bisogno di più tempo libero! Non ho più voglia! Odio i miei insegnanti di musica, odio la Scuola di musica, odio la musica in generale! E questo maledetto pianoforte!"

Mio padre non disse nulla.

"Non sono mica una macchina!" insistetti. "Ogni giorno la stessa storia: suonare, suonare, suonare. Una volta tanto non puoi dirmi una cosa diversa?"

"Non parlarmi con questo tono" disse allora mio padre.

"Tu sei cieco" lo aggredii, "cosa puoi saperne? Non ci sai nemmeno giocare a calcio!"

"Così mi ferisci" rispose lui, "smettila."

"Io adesso esco e vado a giocare a pallone!"

Lui rifletté e poi disse: "Vengo anch'io".

"Come scusa? Vuoi giocare a calcio?"

Insistette. Scendemmo in strada. Alcuni miei amici stavano già giocando.

"Io mi metto in porta" disse mio padre.

E così fece. Tirai piano, lui all'ultimo momento ebbe un guizzo nella direzione giusta e... parò. Un tiro rasoterra... gol. Una palla a mezza altezza... la sentì arrivare e la prese. Parò diversi tiri. Non potevo credere ai miei occhi.

"Lo vedi?" mi disse alla fine della partita. "Sono cieco ma la palla riesco a prenderla comunque. A calcio ci sanno giocare tutti." Guardai abbacchiato i suoi occhiali scuri. "Non tutti, invece, sanno suonare il pianoforte. Per questo adesso risali su e continui a esercitarti." E io ubbidii.

Qualche mese dopo mi ritrovai di nuovo seduto al piano senza la minima voglia di provare. Tirai un pugno contro il piano. "Non voglio diventare pianista! Voglio essere un bambino normale! Chi ci va alla Scuola di musica statale? Ci vanno i figli dei ricchi, che arrivano con lo chauffeur. E io? A me nessuno mi si fila! Basta, mi sono rotto!"

Mio padre si alzò e uscì dalla stanza. Lo sentii scendere in strada. Dopo un po' tornò con i miei amici del calcio al seguito.

"Chi mi suona un pezzo al piano avrà da me dieci sterline!" annunciò.

Un ragazzino si sedette. "Zio, io non sono capace" disse. "Provaci lo stesso" lo incoraggiò mio padre. "Solo un pochino, dai!" Non aveva mai visto un pianoforte in vita sua, ma iniziò a strimpellare qualcosa. Provò il secondo. Mi avevano sentito suonare spesso, da lontano, però non mi avevano mai visto all'opera. Alla fine toccò a me e suonai *Per Elisa*, con una leggerezza incredibile, le mie dita sfrecciarono sui tasti.

Quando i miei amici se ne andarono mio padre disse: "Dovresti essere orgoglioso di quello che sei capace di fare".

Io restai zitto. La sua medicina fece di nuovo effetto. Almeno per qualche mese.

Poi prevalse di nuovo la malavoglia. “Cosa ci guadagno a imparare a suonare il piano?” sbottai un pomeriggio. “Qui Mozart non lo conosce nessuno!”

“È bene che impari una lingua che capiscono tutti” rispose mio padre. “Noi siamo rifugiati. Nella nostra patria non possiamo tornarci. Quindi tu devi essere internazionale.”

“Ma abitiamo a Yarmouk, in Siria!” Ne avevo le tasche piene. “Basta!” Mi alzai e chiusi il pianoforte.

Mio padre restò calmo. Come sempre rifletté e poi disse: “Stasera vieni con me, suoneremo insieme a un matrimonio. Tieniti pronto per le sei”.

Sì, come no, pensai io. Bello scherzo. Non gli credetti. Scesi dagli altri. Lui però alle sei venne da me e disse: “Andiamo”.

“Sono stanco, non mi va” feci io.

E lui alzò la voce. Fu una delle pochissime volte. “Adesso vieni e basta!” esplose. E io obbedii spaventato.

Ai matrimoni palestinesi donne e uomini festeggiano separati: da una parte lo sposo con i suoi amici e gli uomini della famiglia, dall’altra la sposa con amiche, zie e cugine. La *dabka*, ovvero la versione araba di una danza a girotondi diffusa in tutto il Mediterraneo orientale, la ballavano entrambi i gruppi. Le persone si prendono per mano oppure mettono la mano sulla spalla del vicino e iniziano a girare in tondo, avanti e indietro, e poi attraversano la sala a mo’ di trenino.

Il matrimonio di quella sera si teneva su una terrazza all’ultimo piano. Era maggio, una notte tiepida, erano presenti diverse centinaia di uomini. Montai la mia tastiera in mezzo agli altri membri della band. Per fortuna c'era anche al-Khadra, il mio primo maestro. Quando il gruppo fu pronto mio padre prese in mano il microfono. "Siamo orgogliosi di presentarvi il nostro nuovo tastierista, Aeham Ahmad" disse, e mi indicò. Alcuni batterono le mani, altri gridarono: "Ehi! Ma è troppo piccolo! Da quando ai matrimoni suonano i ragazzini?" Mio padre ghignò.

Le canzoni non le conoscevo, non c'erano spartiti, non avevamo mai provato insieme. "Non ti preoccupare" mi aveva detto mio padre, "quando ti faccio un cenno tu inizia a suonare la minore, do maggiore, la minore, do maggiore... sempre così, alternati. Le nostre canzoni si basano quasi tutte su questi due accordi. Quando ti rifaccio cenno smetti."

Iniziammo. Suonai la minore, do maggiore, la minore fino a quando mio padre non annuì. Mi fermai e guardai gli uomini che ballavano spensierati. Il mio primo concerto! Mi piaceva quella tensione, le attenzioni, era una bella sensazione vedere la gente che si muoveva al ritmo della mia musica. Un altro cenno del capo: la minore, do maggiore, la minore.

Verso mezzanotte io e mio padre ce ne andammo. Lui mi mise in mano 250 sterline siriane (6 euro), la mia paga. Mi illuminai. Gli uomini avevano applaudito, e io con la mia musica avevo guadagnato soldi! Decisi di comprarci un nuovo pallone da calcio.

Il fatto che mio padre avesse abbassato quasi a zero il volume della tastiera, in modo che non la sentisse nessuno, lo notai solo a fine serata. Me ne infischiai. Il concerto, suonare in una band, fare musica insieme... mi era piaciuto da morire.

Decisi che volevo diventare musicista da matrimoni. Nelle settimane e nei mesi successivi implorai mio padre di portarmi di nuovo con lui. “Sì, Aeham, buona idea, lo faremo” rispondeva lui, ma poi veniva sempre fuori un motivo per cui quella determinata sera non era possibile. La prossima volta però sicuro.

Non mi portò mai più, ma grazie a mio padre mi riconciliai con la musica, per l’ennesima volta. Il mio pianoforte lo odiavo un po’ meno. E continuai a esercitarmi.

In Siria anche i muri hanno le orecchie

Mio padre era diventato un accordatore di pianoforti molto richiesto. Aveva un orecchio infallibile, prezzi onesti, ed era disponibile prima di sei mesi. Spesso lo accompagnai: lo portavo dai clienti e quando aveva finito provavo il pianoforte. Così conobbi il mondo dei ricchi di Damasco, quel pianeta sconosciuto dove i siriani di ceto elevato si isolavano dal resto del paese.

Un giorno ci ritrovammo addirittura nel salone di persone i cui nomi, in Siria, possono essere solo sussurrati. Nella villa di uno di quegli uomini che svolgevano il lavoro sporco per Assad, sulle cui mani c'era il sangue di migliaia di innocenti.

Io allora ancora non lo sapevo. Notai solo che quel pomeriggio mio padre era particolarmente teso. Arrivammo a un incrocio fuori Yarmouk e lì ci venne a prendere una enorme BMW con i vetri oscurati. Mio padre salì davanti, io dietro. Partimmo. Non eravamo mai stati in un'auto così grossa.

Superammo il quartiere della Scuola di musica e iniziammo a salire. A Damasco, più sali più cresce il benessere. I più ricchi vivono in alto, ai piedi del monte Qasiyun. In cima c'era una delle ville di Assad.

Non ci ero mai stato. Le case erano sempre più lontane dalla strada, le proprietà diventavano più grandi e i prati più verdi. L'auto frenò. Un blocco. Un'altra cosa che non avevo mai visto: degli uomini armati ci fermarono. Chi erano questi uomini? Non sembravano né soldati né poliziotti normali. Lo chauffeur abbassò il finestrino.

"E questi chi sono?" chiese uno di loro, probabilmente il comandante. "Un cieco e suo figlio. Devono accordare il piano del capo" rispose lo chauffeur. Il comandante ci fece cenno di scendere. Prima mio padre: dovette togliersi la giacca, inginocchiarsi e spalancare la bocca. Risalì in macchina.

"E tu perché sei qui?" chiese quindi il comandante a me.

"Accompagno mio padre."

"Da dove venite?"

"Da Yarmouk."

"Non capisco" insistette lui, "perché sei venuto anche tu?"

"Suono il piano, sono venuto per provare il pianoforte."

Parve interessato. Mi chiese dove prendessi lezioni. "Sei palestinese?"

"Be', se lo è mio padre lo sono anch'io."

Ghignò. Mi fu concesso di risalire.

Poche centinaia di metri e trovammo un altro blocco, un altro strano gruppo di uomini armati. Stavolta noi restammo seduti, fu lo chauffeur a scendere. Venne perquisito, dovette aprire il portabagagli. Un soldato fece luce sotto la macchina con una specie di specchietto da dentista gigante. Ma lo chauffeur non era uno di loro? mi chiesi stupito.

Proseguimmo. Agli angoli della strada c'erano tizi con kalashnikov spianati in mano. Ci fermammo davanti a un portone in ferro battuto, due uomini armati aprirono dall'interno. Parcheggiammo e ci ritrovammo davanti a una seconda recinzione in metallo massiccio. Lo chauffeur ci accompagnò a una porta. *Clac clac clac*, gli scatti del chiavistello. Entrammo... e ci ritrovammo in Europa.

Due donne ci sorrisero. Una era bionda, entrambe portavano i capelli sciolti. Il prato era curatissimo, dietro si vedevano una piscina e un parcheggio con diverse BMW e Mercedes. Le due donne ci fecero strada e io presi mio padre per mano. Ci avvicinammo alla casa passando sotto archi di rose.

Mio padre era a disagio, come di pietra, lo sentivo benissimo. Ma ormai non c'era più ritorno.

Una delle due donne aprì l'ennesima porta. Entrammo. Un pavimento di marmo bianco, pareti piene di dipinti di paesaggi. A sinistra un bar, con bottiglie di alcol colorato, più oltre una statua con la mano rotta che sembrava vecchia di mille anni. Su entrambi i lati scale che salivano ai piani superiori. E davanti, al centro dell'ingresso, un pianoforte a coda.

Non ne avevo mai visto uno così grande. Era uno Steinway D, un pianoforte a coda da concerti, costava centocinquantamila euro, lo producevano ad Amburgo e a New York. Era questo lo strumento che dovevamo accordare. Mio padre aprì il coperchio e lo bloccò, io tolsi il panno dai tasti e suonai un pezzettino di Mozart. Aveva un suono preciso e squillante. Non c'era confronto con la mia cassetta strimpellante.

Successe qualcosa, le due donne si alzarono. Mi fermai. Un uomo stava scendendo le scale tenendo per mano una ragazzina dai capelli rossi in tuta. Baffi e capelli grigi, completo nero e camicia bianca.

Iniziò a battere le mani. "Bravo, bravo! Benvenuti! Come state?" Si avvicinò e mi porse la mano.

"Io sono Aeham Ahmad, e questo è mio padre" dissi in fretta. Mi metteva a disagio che il padrone di casa stesse considerando solo me.

"Dove hai imparato a suonare così bene?" mi chiese, e continuò a farmi domande, per poi finalmente rivolgersi a mio padre. Gli raccontai della Scuola di musica.

"Ma è fantastico!" esclamò. "Così giovane e già un pianista eccellente!" Finalmente diede la mano pure a mio padre.

A volte avevo l'impressione che mio padre non riuscisse a nascondere i sentimenti. Forse perché era cieco? Il suo viso era un libro aperto. In quel momento aveva paura anche se cercava di non darlo a vedere. Si era ritirato nel suo guscio come una tartaruga. Continuare, parlare il meno possibile, non commettere errori, uscire da quella villa incolumi: erano questi i suoi ordini silenziosi.

"Il pianoforte è già accordato benissimo" disse a un certo punto mio padre, con prudenza.

No, ci spiegò il padrone di casa, dovevamo fargli il favore di accordarlo di nuovo. E poi c'era un martelletto difettoso, anche quello dovevamo controllare.

"Le signore provvederanno a voi." Loro si alzarono e si avvicinarono all'istante.

Poi l'uomo si girò e risalì le scale. La ragazzina in tuta, probabilmente la nipote, restò. Si sedette su un gradino a osservarci.

Mio padre allora si mise al lavoro, in silenzio. Gli passai gli strumenti. Ormai il suo disagio mi aveva contagiato. Non avevo idea di chi fosse quell'uomo, ma doveva essere pericoloso se mio padre era tanto terrorizzato. Riparò il martelletto, iniziò ad accordare, fece vibrare le varie corde, ascoltava i suoni con la massima attenzione e li aggiustava con la chiave. La ragazzina dai capelli rossi continuò a guardarci. Ogni tanto anch'io la guardai, i nostri occhi s'incontrarono. Io li distolsi subito.

Mio padre armeggiò per tre ore. Una delle due donne ci portò succo d'arancia in calici di cristallo pesante. Rimettemmo insieme le nostre cose. La ragazzina si avvicinò.

"È il tuo pianoforte?" chiesi.

Lei annuì e prese posto.

"Dove vai a lezione?"

"Viene un insegnante qui da noi."

"E da quanto suoni?"

"Da un anno a mezzo." Attaccò con una canzone. Un'esecuzione un po' dilettantesca.

E io mi stupii di nuovo: un insegnante privato, un pianoforte tanto costoso... come poteva suonare così male?

Un attimo dopo rispuntò il padrone di casa: ridiscese le scale e si piazzò dietro la ragazzina. Mio padre gli spiegò quello che aveva fatto.

"Benissimo" disse lui. "Quanto le devo?"

"A posto così. Anzi, grazie per averci concesso di farle visita" rispose mio padre.

"Tu forse non ne hai bisogno, ma al tuo ragazzo sicuro fanno comodo." Tirò fuori il portafogli, pescò una mazzetta di banconote e me la diede. Sgranai gli occhi e la presi.

Ci congedammo. Ripetemmo il tragitto in macchina in

senso inverso. Non ebbi il coraggio di passare le banconote a mio padre, seduto davanti, per paura che lo chauffeur lo vedesse e poi lo raccontasse all'uomo della villa e lui magari si arrabbiasse perché i soldi li aveva dati a me, non a mio padre. Nel dubbio non feci nulla. Solo quando fummo di nuovo a casa, nel nostro salotto, consegnai a mio padre i soldi umidi di sudore. Mi aveva dato 20.000 sterline siriane (450 euro). Un piccolo tesoro.

Mio padre iniziò a tempestarmi di domande. Volle sapere tutto: che aspetto aveva l'uomo, com'era la casa, com'erano le due donne, i tizi armati dei blocchi, se avessi notato altro in particolare.

"È un uomo pericoloso" mi disse infine, "non raccontare a nessuno della visita di oggi. Nessuno, hai capito? Lo sai, in Siria anche i muri hanno orecchie."

Era un detto popolare. Tutti sapevano che i servizi segreti erano ovunque. Bastava parlare male di un membro del governo, foss'anche il meno influente, per rischiare di scomparire per anni nelle camere di tortura. Del presidente Hafiz al-Assad in persona, diceva un altro detto, "non avrebbe osato parlare nemmeno Dio".

Chiesi a mio padre come si chiamava il proprietario del pianoforte a coda.

"Un giorno te lo dirò, ma non ora" rispose.

Il nome lo scoprii anni dopo. Si chiamava Mustafa Tlass e dal 1972 al 2004 era stato il ministro della Difesa siriano, nonché uno dei collaboratori più stretti di Assad. Aveva diffuso teorie ripugnanti sull'ebraismo e fatto fortuna con il contrabbando di armi e pezzi d'antiquariato.

Quella visita mi intimidì, per mesi credetti che i servizi segreti ci tenessero d'occhio. Perché eravamo stati a casa del grande capo. Avevamo commesso errori? Eravamo considerati sospetti? Ogni volta che uscivo controllavo se ci fossero uomini appostati a spiarci. Ma non li ho mai beccati.

Una lezione per la vita

Mio padre mi accompagnò alla Scuola di musica statale per più di sei anni. Il minibus lasciava Yarmouk, attraversava il nuovo quartiere di Zahira, l'enorme mercato di Midan e le discariche della zona industriale di Sena'a. Alla stazione dei pullman di Baramke cambiavamo mezzo la prima volta. Si proseguiva attraverso il centro di Damasco, superavamo l'Università; al Jisr al-Ra'is, il ponte del Presidente, cambiavamo di nuovo, attraversavamo il fiume Barada, d'estate un ruscello e d'inverno un corso spumeggiante, e a bordo del terzo minibus iniziavamo a risalire la collina fino alla scuola, all'interno dell'elegante quartiere delle ambasciate.

Agli ingorghi e ai movimenti a passo di lumaca eravamo abituati. C'erano giorni, però, in cui si restava proprio bloccati, non si andava più né avanti né indietro. Per un incidente, chissà dove. I guidatori condannati all'immobilità si attaccavano ai clacson indemoniati. L'aria tremolava per la calura, noi seduti sudati nel nostro minibus, pigiati tra altre persone sudate che diventavano sempre più nervose perché avrebbero mancato il loro appuntamento. Anch'io già sentivo nelle orecchie gli improperi della mia insegnante di pianoforte. E i minuti volavano via.

Fin quando non decidevamo: fuori! Bisognava aggirare l'ingorgo. Aprivamo la portiera scorrevole del minibus e ci facevamo largo in un mare di macchine. A volte per raggiungere l'origine dell'imbottigliamento, ovvero l'incidente, ci voleva mezz'ora. Curiosi, macchine ammaccate, tizi che si gridavano addosso. Un vigile – che si schierava dalla parte di chi gli allungava una bustarella. Ogni tanto si arrivava perfino alle mani. Via veloci... a bordo del minibus successivo.

Alla Scuola alla fine di ogni semestre c'era una specie di esame, dove si poteva essere bocciati soltanto una volta. In queste occasioni io e mio padre cercavamo di essere particolarmente puntuali, di spaccare il secondo. Un giorno, però, se non ricordo male io avevo undici anni, il traffico fu di nuovo un inferno. Avanzavamo a passo d'uomo. Ero in ritardo. Schizzai fuori dal minibus e arrivai di corsa a scuola.

Per le scale incrociai una signora, che scendeva con eleganza. La riconobbi: era la scrittrice Colette Khoury, nipote di un ex primo ministro, famosa per i suoi romanzi femministi. Faceva parte del consiglio direttivo della Scuola.

"Ragazzo, ma dove corri?" mi disse quando le sfrecciai di fianco con la faccia paonazza.

"Ho un esame e il bus ha fatto tardi" risposi io ansimando.

"Ma sei senza fiato." Mi squadrò. "Così di certo non puoi suonare. Con gli insegnanti ci parlo io."

Entrò nella stanza dell'esame e disse che Aeham Ahmad – AA, in ordine alfabetico ero sempre il primo – oggi doveva essere chiamato dopo la lettera C. Mi sorrise e se ne andò.

Non furono molti i giorni in cui amai la Scuola di musica. Questo fu uno di quelli.

A undici anni mi assegnarono la mia terza insegnante di pianoforte. Si chiamava Irina anche lei, e veniva dalla Russia. Il nome completo era Irina Bolushuk. Dopo l'indipendenza del 1946 la Siria aveva relazioni molto strette con l'Unione Sovietica – e poi con la Russia: diplomatiche, militari, culturali. La signora Bolushuk mi piaceva, era una persona gentile. Parlava un arabo terribile ma mi sorrideva sempre e a volte mi chiedeva di scriverle delle frasi su un foglietto. Mi ringraziava con un pezzo di cioccolata russa. Proprio come Irina Ramadan.

Una delle sue prime trovate fu appendere un orologio sopra il pianoforte della sua aula. Non le piaceva la gente che arrivava in ritardo. Gli appuntamenti in Medio Oriente sono una faccenda un po' approssimativa: uno dice che ti viene a trovare nel pomeriggio e poi si presenta alle sei di sera. A me questa cosa non era mai piaciuta, e nemmeno Irina Bolushuk voleva rassegnarsi ad accettarlo. Ciò nonostante, quando il traffico di Damasco collassava e io arrivavo a lezione sudato fradicio, lei diceva: "Aeham, non ti preoccupare. Tanto per cominciare respira e dimmi come stai oggi".

Dopo una traversata simile infatti non era mica facile riprendersi. Suonare il piano è un compito difficile, anche per i più dotati, categoria in cui io peraltro non sono mai rientrato. Se sei teso non viene bene, le note risultano meccaniche, aride. Se hai le mani rigide incespichi tra le righe dello spartito e interpretare un pezzo diventa impossibile.

Quindi. Ricominciamo da capo. Calma. Respirare. Rilassare i polsi, ammorbidire le mani e farle fluttuare su quel paesaggio in bianco e nero, libere e rilassate. Alleggerire il tocco. Trovare il momento giusto e poi tuffarsi nella corrente della musica. Sintonizzare i toni con i propri battiti. Lanciare le dita sui tasti come un pittore butta il colore sulla tela.

Ormai avevo iniziato a suonare cose abbastanza impegnative. Per ben sei mesi Irina Bolushuk provò con me il *Preludio in do diesis minore* di Rachmaninov, un pezzo difficile. Ritmicamente molto complicato, attraversa tutte le tonalità e i tasti, dal basso al discanto. Le mani devono volare, all'improvviso e senza preavviso. Solo far atterrare il dito giusto sul tasto giusto è un'impresa. Un po' come centrare un cerchio saltando da un trampolino alto cinque metri.

Giorno dopo giorno, riga dopo riga, conquistai il pezzo. Prima bisognava cantare le note in solfeggio. Poi la mano sinistra, lenta. Un po' più veloce. Quindi la mano destra. Entrambe le mani, lentissime. Più veloci. Errore. Ricominciare da capo. Di nuovo: venti, trenta, cento volte. Seconda riga. Errore. Da capo. La prima pagina è andata. Le prime due pagine, un po' più fluide e musicali. Settimana dopo settimana, sempre su quest'unico pezzo. Come costruire un'enorme casa con dei minuscoli ciottoli di ghiaia.

Quando avevo tredici anni mio padre mi comprò una bicicletta. Una mountain bike da bambino, durissima e con le ruote piccole, da venti pollici. Dovevo guidarla quasi sempre in piedi. Iniziai ad andare alla Scuola di musica con questa, una decina di chilometri da un capo all'altro della città. A Damasco nessuno girava in bici. Era troppo pericoloso. Le macchine ti schiacciavano, i minibus sfrecciavano, io nel mezzo: era fantastico.

Così non dovetti più aspettare impotente e sudato dentro il minibus. Potevo darci dentro coi pedali, sapere quando sarei arrivato. Ci mettevo un'ora e quaranta. Mio padre continuava comunque a darmi i soldi per il tragitto in bus e io li mettevo da parte.

Solo una volta mancai la lezione: un minibus m'inchiodò davanti e io gli finii addosso. Il suo faro anteriore e la mia ruota posteriore erano da buttar via, ma io non mi feci nulla. Diedi al guidatore indispettito tutti i soldi che avevo in tasca e tornai a casa spingendo la bici. L'ora di pianoforte ormai era andata. A parte quest'incidente, con la bici arrivai sempre puntuale.

L'ultimo anno Vladimir Zaritzky mi chiese se volevo diventare suo allievo. Zaritzky insegnava al Conservatorio. Mi sentii onorato e dissi subito sì. Era un gigante biondo intorno alla sessantina, occhi verdi e statura da lottatore. Le camicie le portava sempre aperte, con la croce bianca dei cristiani ortodossi che gli ballonzolava tra i peli del petto. Aveva un debole per le donne. Ogni volta che la bella Sandybell gli sgambettava vicino sui suoi tacchi lui la guardava quasi sbavando.

Mi piaceva. Era un pianista eccezionale e una persona schietta, senza peli sulla lingua. Non faceva il doppiogioco, come molti miei connazionali che un giorno ti sorridono e quello dopo ti dicono le peggio cose alle spalle.

Con Zaritzky ricominciai a studiare i classici, sonate di Mozart e Beethoven. E studi di Czerny, ancora Czerny. Zaritzky rimpostò la mia tecnica. Suonammo di nuovo scale e arpeggi e lavorammo sull'articolazione. Meno staccato con la sinistra, dovevo muoverla come se stessi disegnando un arco. La mano bassa, ma tirare su pollice e dita per lasciare morbido l'avambraccio e non suonare dall'alto. Rendere il tocco più leggero. Lasciare che fossero le braccia a condurre, le mani le avrebbero seguite da sole. Cose del genere.

Una volta la lezione si tenne al Conservatorio. Sentii Zaritzky martellare sui tasti da lontano. Bussai. Il fortissimo continuò, forse non mi aveva sentito. Abbassai la maniglia, piano piano entrai e mi sedetti. Zaritzky stava suonando uno Steinway a coda, picchiava con passione, il pianoforte lo divorava e quando si chinava in avanti la sua croce di legno sbatteva contro i tasti. All'improvviso si sentì un sonoro *zing*: si era rotta una corda.

Si fermò, si girò verso di me e, come risvegliandosi da un sogno, mi disse: "Ciao Aeham". E iniziammo la lezione.

Un'altra volta dall'altoparlante arrivò un annuncio di Solhi al-Wadi, l'onnipotente direttore: tutti gli studenti dovevano andare subito nell'atrio.

Obbedii e mi misi in fila con gli altri. Al-Wadi era in piedi davanti a una parete su cui spiccava l'impronta di un piede. Qualcuno ci aveva appoggiato la suola di una scarpa.

"Chi è stato?" chiese al-Wadi fuori di sé. "Questa non è casa vostra, e nemmeno casa mia. È la Scuola di musica statale di Damasco! Nessuno vi dà il diritto di imbrattare le pareti... allora, chi è stato?"

Nessuno disse niente.

Così uno dopo l'altro gli studenti dovettero avvicinarsi al preside e mostrare la suola della scarpa: al-Wadi la confrontava con l'impronta sulla parete. E di fatto trovò il colpevole: un giovane violinista, che impallidì spaventato a morte.

Al-Wadi attaccò con un una lunghissima predica... e poi buttò fuori il ragazzo dalla Scuola. Per sempre.

Al decimo anno affrontai l'esame finale. Andò tutto storto, eppure alla fine me la cavai bene. Così bene che per me restò una lezione per la vita.

Il disastro iniziò con il fatto che nei giorni a ridosso dell'esame due miei zii ebbero un litigio epocale. Li sentivo strillare dalla mia stanza, non la finivano più. A zia Ibtihal comunque non piaceva quando mi esercitavo per ore. Non batteva più con la scopa, però scendeva le scale facendo più rumore possibile e apriva e chiudeva la grossa porta con un tale slancio che tremava tutto. Per poi, un attimo dopo, risalire di nuovo pestando i piedi.

Era estate. Gli esami erano sempre d'estate, quando spesso all'ora di pranzo, visto che tutti sparavano l'aria condizionata al massimo, la corrente saltava. In camera mia si spegneva la luce, il ventilatore si fermava. Gli autisti di minibus si mettevano intorno al collo fazzoletti imbevuti di acqua gelata. Io non potevo, mio padre me lo aveva proibito. Le gocce d'acqua avrebbero potuto rovinare il pianoforte.

E poi morì *Abu* Fathi, il vecchio falegname che abitava poche case più avanti. Il lutto durò tre giorni, durante il primo vennero piazzate centinaia di sedie di plastica sulla grande strada sotto casa nostra intorno alla salma avvolta in teli bianchi. Montarono degli altoparlanti e uno sceicco, un predicatore della moschea, lesse il discorso di compianto, arrivarono un sacco di vicini e amici per pregare. Il secondo e il terzo giorno una banda suonò sure del Corano, che riecheggiarono per mezzo quartiere. Disturbare il lutto con la musica era impensabile. Si suonava quando nasceva un bambino. Quando una persona moriva era irrispettoso.

Il quarto giorno mio padre andò dal figlio di *Abu* Fathi e gli spiegò la situazione. Ovvero che di lì a pochi giorni avrei affrontato l'esame finale alla Scuola di musica statale: in via del tutto eccezionale, non è che potevo esercitarmi al piano? Lui disse sì, però mio padre chiuse tutte le finestre e bloccò il pedale destro. Quindi provai con un piano smorzato, dentro una sauna. Come potevo esercitarmi nell'interpretazione? Era questo il fattore che influiva di più sul voto finale.

In altre parole: ero preparato da schifo.

Il giorno dell'esame partii particolarmente presto, ben un'ora prima. Non volevo arrivare alla Scuola sudato e senza fiato.

Per strada, però, mi saltò la catena. La risistemai con le dita, non avevo altra scelta. Saltò di nuovo. Ancora, per la terza volta. Così quando arrivai alla Scuola non solo avevo perso un sacco di tempo, ma avevo anche le dita sporche di olio.

La bici, come la solito, la lasciai qualche strada più in là. Non volevo che mi vedessero. Corsi verso l'istituto e mi imbattei proprio in Vladimir Zaritzky, il mio insegnante. Mi salutò e mi chiese se ero preparato bene. Scrollai le spalle. Il suo sguardo cadde sulle mie dita.

"Aeham! Mica puoi fare l'esame con queste mani! Vattele subito a lavare!" Mi diede un fazzoletto di carta.

Eh, proprio quello che stavo per fare! pensai. Dovevo esibirmi di lì a dieci minuti, come al solito uno dei primi. Corsi verso il bagno più vicino. Aprii il rubinetto... niente.

Anche l'acqua nei mesi estivi spesso per alcune ore veniva chiusa. Poteva succedere in qualsiasi momento. Disperato, presi il fazzoletto datomi da Zaritzky e mi pulii le dita con quello. L'olio però non andò via. E visto che non si può suonare il piano con le dita piene di olio e non potevo rovinare l'esame di tutti quelli dopo di me, iniziai a strofinarmi le mani sui pantaloni.

Altri studenti si presentarono all'esame freschi di doccia e in completo scuro. Io entrai sporco e sudato. Sei esaminatori mi stavano aspettando. Mi avvicinai al pianoforte a coda.

"Aeham, ma che è successo?" mi chiese il direttore. Sohli al-Wadi qualche anno prima aveva avuto un ictus. Il nuovo preside non solo gli assomigliava, era anche ugualmente severo.

"Niente" risposi io.

"Invece sì!" insistette lui arrabbiato. "Insomma, che è successo?"

E io confessai: che ero venuto in bicicletta, che mi era saltata la catena, che erano tre anni che attraversavo la città in bici.

Per un attimo ci fu silenzio. Poi il direttore si alzò e venne verso di me. Gli andai incontro, non avendo la più pallida idea di cosa mi aspettasse. Immaginai di tutto tranne quello che fece: mi abbracciò.

Il fatto che attraversassi la città da un capo all'altro in bicicletta per venire a lezione doveva averlo commosso. Aveva capito quanto mi costasse essere lì. Non ero certo il pianista più talentuoso, ma non mollavo. Per altri ragazzi le lezioni di musica erano scontate. Io e mio padre, invece, avevamo dovuto lottare. Forse era questo che aveva appena capito.

Anche io, comunque, mi commossi. Quante volte non mi ero sentito benvenuto in quella scuola. Quante volte mi avevano fatto capire che con quel mondo non avevo niente a che spartire. Perché non mi avevano abbracciato prima? La scuola... quanto l'avrei amata. E anche la musica.

Il direttore mi diede un pacchetto di fazzoletti. Mi pulii meglio le dita. E poi suonai i miei pezzi. Czerny, Beethoven, Mozart. No, non ero bravo, ma suonai. E alcuni giorni dopo scoprii di aver preso 80. Restai sorpreso. Altri, che suonavano molto meglio, avevano preso solo 65. Anche il mio voto finale era un benvenuto a posteriori?

Tornai verso casa in sella alla mia bici con l'umore alle stelle. E la sensazione che una cosa si fosse conclusa e stesse per iniziarne una nuova. Pedalai con slancio facendo lo slalom nel traffico. Mi sentii libero.

Musica con Aeham

Negli anni prima dell'esame finale, quando stavo diventando sempre più ribelle e avevo sempre meno voglia di esercitarmi, mio padre ebbe un'altra idea geniale: mi pagava per suonare.

I miei amici allora ricevevano intorno alle 75 sterline siriane (1,50 euro) di paghetta settimanale, abbastanza per comprare tre falafel. Mio padre mi dava la stessa cifra per un'ora di esercizio al piano. Come se fosse un lavoro. Se provavo tanto potevo arrivare a guadagnare anche 1.000 sterline siriane (20 euro) a settimana: la paghetta di un figlio di buona famiglia! I soldi mi allettavano, così ripresi a esercitarmi di più.

Avevo cambiato idea e volevo diventare musicista? No, allora non ci pensavo proprio. Volevo costruire una casa, sposarmi e metter su famiglia. Non so per quale motivo mi ero messo in testa di comprare un terreno a Dili, nel sud della Siria. Il villaggio natale di mio padre, il posto in cui mio nonno aveva preso in affitto il suo primo terreno dopo la fuga dalla Palestina. Eravamo degli sradicati, ma io volevo tornare alle mie radici.

"Con i miei risparmi vorrei comprare un terreno" annunciai una sera a mio padre, che restò sbalordito. Non rise, mi chiese di spiegarmi meglio. Rifletté e poi disse: "D'accordo. Allora andremo a Dili a dare un'occhiata agli appezzamenti".

Avevo messo da parte 25.000 sterline siriane (500 euro), le tenevo in uno scrigno. Uno dei weekend successivi le presi. Salimmo su un pullman per il Sud e due ore dopo scendemmo a Dili, poco prima di Dar'a. Per una mezzoretta camminammo verso l'interno su sentieri di campagna, tra olivi e arbusti spinosi. Mio padre aveva preso appuntamento con un uomo che voleva vendere un terreno.

Lo incontrammo. Meno male che mio padre non gli aveva detto che l'acquirente ero io! Sicuro avrebbe riso. No, mio padre si fece spiegare ogni cosa e trattò sul prezzo con la massima serietà. L'uomo scese a 150.000 sterline siriane (3.000 euro).

Ero senza parole. Era un pacco di soldi! Per un pezzettino di terra brullo e fuori mano! I miei risparmi sarebbero bastati al massimo per un paio di alberelli. Sulla via del ritorno restai in silenzio a guardare fuori dal finestrino. La terra arida che scorreva via. Mio padre cercò di farmi coraggio. "Continua a esercitarti al piano e a prendere buoni voti. Ho in progetto di aprire un negozio di musica. Lavoreremo insieme e ti comprerò un appartamento."

Ma che diavolo stava dicendo? Mica eravamo ricchi.

Qualche mese dopo mi chiese di accompagnarlo a vedere un locale per un negozio. Anni prima mio padre si era candidato come apprendista presso diversi falegnami, tra cui un certo *Abu* Nisar. Nemmeno lui aveva voluto un cieco nella sua bottega e l'aveva mandato via. *Abu* Nisar adesso era morto e la falegnameria era stata chiusa. I figli stavano litigando per l'eredità. Lo spazio era in vendita, per un niente rispetto al suo vero valore.

I prezzi degli immobili a Yarmouk erano esplosi. Il campo profughi di un tempo si era trasformato in un quartiere di negozi molto amato, perfino i siriani facevano a gara per aprirci un'attività. Ci abitavano intorno alle 650.000 persone e migliaia ogni giorno ci andavano a fare spese. In Yarmouk Street e Palestine Street ormai c'era un negozio dall'insegna lampeggiante appresso all'altro. Per comprare un locale di medie dimensioni bisognava sborsare trenta milioni di sterline siriane (615.000 euro), o un milione (20.500 euro) per affittarlo. Si davano a noleggio addirittura gli ingressi delle case, tanto era lucroso.

I negozi di tessuti chiudevano a mezzanotte, quelli di elettronica alle quattro di mattina, gli enormi negozi di dvd e gli innumerevoli ristoranti mai. Il *suq*, il mercato, era una mecca di spezie provenienti da tutto il mondo. I mercanti d'oro, in concorrenza tra loro, erano più di cento. E sopra la calca aleggiavano i fumi dei grill di strada. Questa era Yarmouk: vibrava e respirava e rideva e palpitava nel battito del futuro che si apriva.

Il locale che dovevamo andare a vedere era sull'altro pezzo di Yarmouk Street, in una zona di botteghe di falegnami, maniscalchi e fabbri. Incontrammo Nisar, il figlio di *Abu* Nisar, davanti a una polverosa porta scorrevole che non veniva aperta da anni. Aveva un enorme mazzo di chiavi in mano e ci mise un po' a trovare quella giusta. Si chinò, la infilò nel grande lucchetto a tendina... nulla di fatto. Di nuovo. Ancora niente. Il lucchetto era troppo arrugginito.

"Aeham, va' a prendere un po' di olio" mi disse mio padre.

Andai nella bottega di fianco, dove producevano infissi in alluminio, chiesi in prestito una boccetta d'olio e la portai a Nisar. Lui versò alcune gocce nella serratura, riprovò e *zac!* si aprì subito. La saracinesca salì sferragliando.

Mio padre sorrise. Lui vedeva con le orecchie, giudicava gli spazi dal rumore che facevano. E quello che stava sentendo pareva piacergli.

Era buio. Entrai e... inciampai. Non avevo visto i due gradini. Nisar mi superò e accese la luce. Sgranai gli occhi: era una sala enorme.

"Ma papà, questo posto è troppo grande per i miei 25.000..." iniziai a ciarlare.

Mio padre mi sibilò "Shhh!" e io mi fermai subito. Capii. Non erano affari di Nisar.

Facemmo un giro. I macchinari erano stati venduti tutti. In alcuni punti i trucioli arrivavano alle caviglie e le pareti erano annerite dalla fuliggine. Quando faceva freddo *Abu* Nisar accendeva un fuoco in un bidone di latta e lavorava in mezzo al fumo: non c'era da sorprendersi che fosse morto a soli cinquant'anni.

Mio padre avanzò lungo la parete di destra.

"Attenzione che la parete è sporca!" gli gridai io.

Ma lui proseguì comunque, tastò il muro, vi posò l'orecchio contro e ascoltò. Poi passò alla parete di sinistra e fece altrettanto. Sorrise di nuovo, un sorriso sornione. Ci congedammo.

Tornando verso casa mi spiegò: voleva verificare se si sentivano i vicini. Avrebbe significato che le pareti erano troppo sottili e che la nostra musica avrebbe rischiato di disturbare. Ma non aveva sentito nulla.

Qualche giorno dopo Nisar venne da noi per la firma del contratto. La metà della somma era da versare subito. I miei genitori, scoprii, mettevano da parte i soldi da parecchio. Li tenevano dentro una cassaforte di legno nascosta dentro l'armadio grande.

Così davanti ai miei occhi spalancati mio padre contò e posò sul tavolo 750.000 sterline siriane (15.000 euro) e mi pregò di firmare il contratto.

I soldi della seconda rata glieli prestò il suocero. Anche lui, come la maggior parte delle persone in Siria, non aveva un conto in banca, i soldi li aveva investiti in gioielli per la moglie. Diede a mio padre una collana d'oro del valore di 30.000 euro. Entro un anno ne rivoleva indietro una uguale.

Iniziammo i lavori di ristrutturazione. Mio padre ormai era al verde, quindi facemmo tutto da soli. Il pavimento era da buttare, e visto che mio padre non voleva perdere in altezza lui e zio Sadiq decisero di toglierlo del tutto. Anche zio Mohammed ci diede una mano ogni venerdì. Caricavano i calcinacci su una carriola e io e mio padre la spingevamo fino a un posto fuori Yarmouk dove la si poteva svuotare gratis. Ci voleva un'ora per ogni carico, e dopo due eravamo a pezzi.

Per circa sei mesi lavorammo ogni fine settimana. Mio fratello non aiutò quasi mai. A volte veniva e lavoricchiava malvolentieri per un'oretta, poi trovava un motivo per litigare con i miei e se la squagliava. Una volta vennero perfino dei miei amici, mentre mio fratello era seduto a giocare con il cellulare. Glielo feci presente, e lui scattò in piedi inviperito e mi spintonò a terra.

"Come puoi fare una cosa del genere?" sbottai. "Davanti ai miei amici?"

"Tu non ti devi permettere di dirmi nulla!" rispose. E se ne andò.

Quanto mi mancano, oggi, questi litigi.

Una volta portati via tutti i calcinacci mio padre installò l'impianto elettrico. Un elettricista ci avrebbe impiegato due giorni, lui ci mise diverse settimane. Era la prima volta che lo faceva. Le pareti le dipingemmo con i resti di vernice regalateci da un conoscente. Zio Mohammed piastrellò il pavimento di un granito chiaro, arrivarono la grande vetrina e per ultima l'insegna. Quanto mi sentii orgoglioso quando i due uomini la fissarono sopra l'ingresso: *Negozio di musica Aeham*. Visibile a tutti. Mio padre mi consegnò la mia chiave con un'espressione festosa.

La prima cosa che vendemmo, qualche giorno dopo, fu una *risha*, ovvero il plettro con cui si suona il liuto arabo. Per cinque sterline siriane (dieci centesimi). Anni dopo, quando il negozio brulicava di gente e avevamo ben cento allievi – e mio padre in un'altra bottega sorvegliava la produzione di quattrocento liuti al mese, i migliori dei quali venivano spediti a Dubai e da lì in tutto il mondo – a volte ci ripensavamo: tutto è iniziato con una *risha*.

Una stanza tutta per sé

E poi scoprii la musica. In tutti quegli anni il pianoforte era rimasto una cosa esterna a me, una cosa che voleva soprattutto mio padre. Io ubbidivo, volevo essere un bravo figlio. Sì, c'erano stati periodi in cui mi ero fatto prendere dall'ambizione e avevo cercato di essere un pianista eccellente. Ma non era mai stata una questione di cuore.

Invece a sedici anni mi svegliai. Ebbi un'illuminazione: io parlavo una lingua meravigliosa. E iniziai a esplorarla.

In generale per me fu un anno determinante. Ero passato alle superiori, allora il posto più terribile che avessi mai visto. Insegnanti incapaci, compagni violenti e ottusi che pensavano solo alle canne e al sesso. Tutte le volte che potevo marinavo le lezioni, mi arrampicavo oltre il muro di cinta, saltavo in bici e scappavo... scappavo al negozio. Al mattino ufficialmente era chiuso. Il negozio era un posto in cui nessuno mi avrebbe disturbato. Un lusso inaudito.

A Yarmouk, infatti, il quartiere più affollato e rumoroso del mondo, non si era mai soli. Il nostro appartamento era piccolo, dormivo in un letto a castello, sotto a mio fratello.

Quando suonavo mio padre era sempre lì con le orecchie tese e appena provavo qualcosa di diverso da Beethoven o Bach lui arrivava e diceva: "Aeham, questa roba non ti porta da nessuna parte, continua con i classici". Secondo lui, infatti, non suonavo per divertimento. Ogni nota era anche un esercizio, con lo sguardo puntato al futuro, ovvero l'esame di ammissione al Conservatorio, anche se dovevo aspettare un paio d'anni. Quindi dovevo suonare Beethoven e Bach, sempre e solo Beethoven e Bach. Il jazz? La musica orientale? Erano uno spreco di tempo. "Ragazzo mio, prima studia per l'esame. Il divertimento può aspettare" diceva.

Nel nostro negozio invece potevo suonare quello che volevo: pop, oriental, jazz; o anche tutte e tre le cose insieme: pop-oriental-jazz. O comunque si chiamasse quello che stavo scoprendo.

Fino a poco tempo prima mio padre aveva dovuto costringermi a esercitarmi. Addirittura pagarmi! Adesso non ne avevo mai abbastanza. Certi giorni suonavo anche cinque ore di seguito.

Il mio eroe di allora era Ziad Rahbani, mordace spirito libero libanese, compositore e grande pianista jazz. A sedici anni scriveva già canzoni per la madre: Fairouz, la stella d'Oriente, la grande diva di Beirut. Volevo essere come lui. Iniziai a sognare: e se davvero fossi diventato musicista? Su grandi palchi, inebriato da applausi scroscianti?

Quella scuola terribile, il nuovo amore per la musica... ma ci fu anche dell'altro: la Siria stava cambiando. Nel 2000, io avevo dodici anni, il vecchio Assad morì e il potere passò al figlio Bashar. La brutalità della dittatura restò invariata, le camere di tortura erano più piene che mai. Sotto alcuni aspetti, però, il regime diventò più permissivo. Ai tempi del vecchio Assad se montavi un'antenna sul tetto per captare le trasmissioni dei paesi vicini ti arrestavano. Bashar era meno duro: concesse ai suoi sudditi di guardare la tv satellitare, comprare telefoni cellulari e navigare su Internet. Anche se molti siti erano bloccati.

Nel 2003, quando di anni ne avevo quindici, la tv satellitare trasmise la prima serie di *Star Academy*. Un talent show musicale prodotto a Beirut e trasmesso in tutto il mondo arabo, dalla Mauritania all'Iraq. Per molti siriani la musica come hobby o prospettiva lavorativa era sempre stata una cosa poco seria o da vagabondi. Dopo *SuperStar* e più tardi *Star Academy*, appunto, un'intera generazione restò stregata da questo nuovo mondo: un sacco di ragazzini volevano imparare uno strumento... e all'improvviso guardarono me, il pianista, con altri occhi.

I miei voti a scuola, invece, erano in caduta libera. Fino a quel momento, seguito da mia madre, ero stato bravino. Le mie scuole precedenti erano gestite dall'Onu, gli insegnanti guadagnavano bene e quindi si davano da fare. Alle superiori, invece, gli insegnanti erano pagati una miseria, come in tutte le scuole statali siriane. Guadagnavano 5.000 sterline siriane (80 euro) al mese, che bastavano a malapena per vivere. Non c'era da sorprendersi che molti delle lezioni se ne infischiassero. L'impressione era che venissero a scuola solo per trovare allievi cui dare ripetizioni pomeridiane e arrotondare.

La scuola era un po' fuori Yarmouk e veniva frequentata anche da siriani. Anche quest'istituto assomigliava a una prigione. Durante l'intervallo c'era la libera uscita, dove vigeva la legge del più forte. C'era chi fumava hascisc, chi si attaccava a bottiglie di gin armeno, chi allo sciroppo per la tosse Simo, ovvero la variante siriana della codeina. I muri del cortile erano imbrattati di frasi e disegni osceni e al bagno, un paradiso della droga, in tre anni ebbi il coraggio di andarci una volta sola.

Al centro del cortile c'era un canestro. Era lì che il capobanda della mia classe eseguiva le punizioni. I suoi scagnozzi ti prendevano per le braccia e le gambe e ti sbattevano contro il palo del canestro con le gambe divaricate. Io cercavo di tenermi alla larga da questa gente, evitavo perfino di guardarli. Ma una volta è toccato anche a me.

"Ehi, Aeham, ma che ti guardi!" gridò uno di loro. E poi, al boss, disse: "Secondo me questo si merita una bella ripassata!"

"Ben detto!" rispose il capobanda tutto pimpante. Mi presero in due e mi trascinarono al palo. Ebbi fortuna, nessuno mi tenne le braccia, così potei ammortizzare un po' il colpo con le mani. Mi fece male per giorni.

Per loro era un gioco. Diventava una cosa seria solo quando tiravano fuori i coltelli, quando la lezione era sfregiare il nemico. Un insegnante che sorvegliasse il cortile o un preside che punisse questi atti di violenza? Nemmeno a pensarci.

È stato sempre il capobanda a darmi un soprannome. Mi chiamava "Ravanello", perché ero piccolo e smilzo. Allora lo usavano tutti e io lo odiavo.

Meno male che qualcuno aveva ricavato dei gradini nel muro di cinta, la via di fuga dall'inferno. Appena la situazione diventava critica, appena nessuno guardava, mi arrampicavo fuori, saltavo in bici e tornavo a Yarmouk. Alzavo la saracinesca del negozio, piano piano, aprivo la porta a vetri e poi la richiudevo. Accendevo la luce solo sul retro. Nessuno doveva vedermi. Mettevo su l'acqua e mi preparavo il primo "tre in uno": caffè solubile, latte in polvere e zucchero. Aprivo il piano e iniziavo il mio viaggio.

Non so come si sia insospettito mio padre, fatto sta che un giorno, insieme a Mohammed, il più severo dei miei zii, andò a cercarmi a scuola. Il preside li accompagnò fino alla mia aula e chiese di me all'insegnante, che scrollò le spalle. No, Aeham Ahmad non l'aveva visto.

E come avrebbe potuto... io ero in negozio a suonare il piano. Di colpo il mio cellulare squillò.

"Aeham, dove sei?"

"Ehm.. a scuola!"

"E dove, a scuola? Siamo qui con il preside davanti alla tua classe."

"Ahhh... sì, è che sono in bagno... Non mi sento bene!"

"Ma che succede? Vieni qui, subito!"

I miei pensieri iniziarono a vorticare. Dovevo tornare subito a scuola. Difendere il mio segreto.

"Non mi sento bene!" ripetei sospirando nel cellulare mentre chiudevo il negozio.

"Ma perché all'insegnante non hai detto niente?"

"Faccio il prima possibile."

Sfrecciai, bruciai i semafori, non rispettai le precedenze. Sette minuti, otto. Dopo dieci minuti mio padre mi richiamò.

"Aeham, ma dove sei?" sbuffò.

"In bagno! La porta non si apre!"

"Ma non è possibile!"

"Ecco, si è aperta! Arrivo tra due minuti."

Legai la bicicletta, corsi fino al muro, mi arrampicai e saltai giù... e mi ritrovai di fronte il preside. Mi guardò altrettanto sorpreso. Aveva iniziato a cercarmi in giro per la scuola e stava giusto attraversando il cortile quando ero spuntato in cima al muro. Si avvicinò battendosi la bacchetta sui palmi con aria bellicosa.

"Non ti sentivi bene, eh?" Mi prese per un orecchio e mi trascinò nel suo ufficio. Io avevo le lacrime agli occhi. È finita la pacchia, pensai. Ormai mi hanno scoperto, resterò chiuso in questo inferno per sempre.

"Suo figlio Aeham è un bugiardo" disse il preside a mio padre. "Non era in bagno. L'ho beccato che saltava giù dal muro."

"Perché ci hai mentito?" s'inalberò mio padre. "Dov'eri?"

Nella disperazione confessai ogni cosa. Ammisi di essere stato al negozio. "Voi non potete capire come funzionano le cose in questa scuola. La gente non fa altro che prendersi a botte e fumare hascisc. Cosa ci resto a fare?"

"E cosa hai fatto al negozio?" mi chiese mio padre.

"Ho suonato il piano."

"Lo fai spesso?"

"Sì."

Intervenne il preside. Non per farmi la predica, gli interessava questa storia della musica. "Che tipo di negozio è?" chiese a mio padre, e lui glielo spiegò. E in un attimo arrivarono all'argomento musica per matrimoni e scoprirono non solo di avere un amico in comune dai tempi dell'università, anche che di lì a due giorni sarebbero andati allo stesso matrimonio.

Il preside afferrò la cornetta del telefono che teneva sulla scrivania e chiamò il portinaio. “Porta del tè!” ordinò. “Tè per lorsignori!” E poco dopo ci ritrovammo a bere un tè nero zuccheratissimo, sigillo della fine delle ostilità.

“Sei un ragazzo cattivo” mi sussurrò all’orecchio mio zio mentre mio padre continuava a chiacchierare con il preside.

“Perché?”

“La scuola non si marina. Devi imparare.”

“Ma qui non s’impara niente!”

Mio padre e il preside si congedarono con abbracci affettuosi. Orami era ora di pranzo e io non dovevo più tornare in classe.

“Perché lo fai?” mi chiese mio padre sulla via di casa.

E io gli raccontai di nuovo tutto: dei compagni violenti, le droghe, gli insegnanti incapaci. Che quella scuola la odiavo con tutto me stesso.

“Non ti punirò” decise mio padre. “Ma tu a scuola ci devi andare. Da adesso in poi non devi più marinarla.”

Riflettei. Poi, con la maggiore diplomazia possibile, risposi: “Non posso prometterlo, ma ci proverò”.

Il tè ha bisogno di tempo

Iniziai una doppia vita. A scuola continuai a essere lo stupido "Ravanello", con cui i ragazzacci non se la prendevano solo perché li evitavo o gli sorridevo con tanta compiacenza che preferivano ignorarmi. Poi, appena giravo la chiave d'ingresso del nostro negozio, entravo in un nuovo mondo. Il mio mondo, in cui potevo scoprire me stesso.

La scuola continuai a marinarla, ovvio. Dopo che mi avevano beccato solo una cosa cambiò: feci più attenzione. Il preside, infatti, adesso passava a controllare che fossi in classe. Per fortuna, però, spesso non c'era, chissà dove se ne andava. Quindi dovevo solo passare davanti al suo ufficio e vedere se la porta fosse chiusa. Se era chiusa avevo campo libero, e iniziavo a muovermi verso il muro: arrampicata, bici, negozio, "tre in uno". E alla fine un bel respiro profondo.

A volte suonavo per ore e ore, solo per me. Come si chiama quest'accordo? Che succede se cambio quest'intervallo? Dove sono la settima, la nona e l'undicesima di questa tonica? Come suona quest'accordo se uno lo compone in maniera diversa?

A volte restavo semplicemente seduto, perso nei miei pensieri. Immaginandomi, per esempio, come sarebbe stato diventare simile ai miei compagni di classe: cedere alle pressioni sociali e fumare hascisc e correre dietro alle ragazze. O mi chiedevo come sarebbe stato fondare una famiglia. Sarei stato un buon padre? Immaginai pure di diventare un grande musicista, uno di quelli a cui gli uomini danno pacche sulle spalle e le ragazze fanno l'occhiolino. Rispettato perfino dai bulli della mia classe. Non mi avrebbero mai più chiamato "Ravanello"!

A volte ascoltavo musica, nient'altro. Il trio Taksim, tre incredibili musicisti di Istanbul che mettevano insieme il gipsy, la musica araba e il jazz. Marcel Khalife, il liutista e compositore libanese che diede a questo strumento una nuova energia e nelle sue canzoni condannava apertamente le ingiustizie. E il mio eroe, Ziad Rahbani.

Ziad Rahbani è una specie di incrocio tra Wolf Biermann, il poeta e cantautore dissidente della DDR, e Serge Gainsbourg: politico, poetico, sfrenato. Proveniva dalla famiglia di artisti più famosa del Libano. Suo padre e suo zio erano i Rahbani Brothers, amati per i loro musical e i loro film. E le hit della madre Fairouz ancora oggi sono il simbolo della visione della vita della generazione dei miei genitori. A dieci anni Ziad Rahbani scrisse le sue prime poesie e nel 1975, quando in Libano scoppiò la guerra civile, aveva già pubblicato tre album da solista. All'età di diciannove anni.

Ero stregato. Che uomo incredibile, un vero spirito libero. Un eccentrico che annullava concerti all'ultimo minuto perché non si sentiva dell'umore giusto. Uno che criticava il vociare delle chiese e delle moschee, uno che metteva alla berlina la gente disonesta. Una delle sue canzoni di critica sociale s'intitola *Shu hal ayyam*, "Che razza di tempi". Si può trovare su Spotify.

I ricchi danno i loro soldi ai poveri, dicono. Poi sono i soldi a distribuirsi in maniera impari, per questo uno si ritrova con una scoreggia e un altro con un patrimonio.

Quel tizio, dicono, i soldi se li è guadagnati col sudore della fronte! Ma come sono diventati milioni se non lo abbiamo mai visto sudare? È nella natura dei ricchi distribuire i loro bigliettoni. Non sono per niente avari, al contrario. Pensano molto a voi, brava gente.

La canzone finisce così:

E tutti questi soldi nascosti, che non si possono né contare né misurare, sono stati prelevati dalle tasche della gente. E lì devono tornare: nelle tasche della gente.

E chi vuole capire come mi sentissi in quegli anni, quanto fossi melanconico e permeato dalla musica deve solo cercare su Spotify *Bala wala shi*, il titolo della famosa canzone d'amore di Rahbani. "Senza niente", sottotitolo *Hub yasari*, "Amore sinistro".

Nel nostro amore non ci sono né soldi né sterline, né terreni né gioielli. Vieni, sediamoci all'ombra. L'ombra non appartiene a nessuno. Amami e pensaci.

Ti amo, amo solo te, senza niente. Senza i tuoi vestiti, i tuoi ghingheri, senza gli amici dei tuoi amici, i fastidiosi come i simpatici, senza ciglia, senza fanfare, senza ocaggini, senza tutte queste stupidaggini! Vieni, sediamoci all'ombra. L'ombra non appartiene a nessuno.

Quanto ho amato questa canzone. Rahbani era riuscito a unire in un genere completamente nuovo le canzoni popolari arabe, il pop e il jazz. Era quello che volevo fare anch'io.

E quando un giorno un conoscente mi passò una poesia che aveva scritto e mi chiese se mi andava di metterla in musica io mi feci coraggio e provai. Fu una sensazione incredibile.

Alla Scuola mi avevano insegnato che la musica era una cosa che incuteva profondo rispetto, che di fronte al genio eterno bisognava sentirsi piccoli. Prima di aver studiato per cinque anni composizione al Conservatorio non si poteva mica scrivere una canzone! Questo mi avevano insegnato. Ziad Rahbani mi aiutò a buttare a mare questa sciocchezza.

La mia prima canzone fu *Min illi allak*, "Ma chi te lo ha detto", una canzone d'amore. Riflettei per giorni sulla tonalità, poi pensai a una melodia e stabilii la sequenza di accordi: sol minore, do minore, re minore. Un'armonia in minore, direbbe uno che se ne intende, il tipo di armonia europea che si avvicina di più a quella araba.

Se mentre componevo entrava qualcuno, chiudevo subito il piano come se fossi stato colto in flagrante. Anche se non c'era niente da nascondere.

Quando il pezzo fu concluso lo suonai ad alcuni amici. A mio padre no. Immaginavo cosa avrebbe detto: che non mi avrebbe portato da nessuna parte, che era solo una distrazione dalla musica classica. Forse avrebbe riso, e io non volevo. Avrei perso ogni coraggio.

In quegli anni scrissi solo altri due pezzi. Dopo, durante la guerra, quando le canzoni mi sgorgavano da dentro da sole, capii che senza quelle ore di pace in negozio, senza questo periodo di semina, non sarei mai stato così produttivo in seguito. Allora assorbii una marea di suoni e idee, che impiegarono alcuni anni a risalire, rielaborati, in superficie. Quando già piovevano bombe.

In Siria c'è un proverbio che dice: il tè deve tirare. Ha bisogno di tempo. Solo se uno ha la pazienza di lasciare le foglie dentro la teiera per un po' diventerà un tè perfetto. Così è stato anche per me. Tuttora alcuni musicisti mi fanno i complimenti per l'originalità dei miei accordi e la freschezza delle mie melodie. Esse hanno tutte origine in questo periodo al negozio, quando ebbi la pace per trovare me stesso.

Allora, però, non cantavo. La mia voce non mi piaceva. Ero convinto che non fosse abbastanza buona. Le mie canzoni le facevo cantare ad altri, io li accompagnavo al piano. Anche nel periodo in cui componevo un pezzo dopo l'altro: preferivo accompagnare uomini con zero senso della musicalità piuttosto che levare la mia voce.

Solo dopo che queste persone, durante l'assedio, se ne restarono a casa depresse, quando non ebbi più nessuno da poter accompagnare, finalmente trovai il coraggio: spingevo il piano in mezzo alle macerie, chiudevo gli occhi e cantavo.

La mia maturità purtroppo fu abbastanza penosa. In Siria si chiama *Baccalauréat*, come in Francia. Tra il 1923 e il 1943, dopo la ritirata dei turchi, la Siria era stata un paese sotto mandato francese e il sistema scolastico era stato cambiato in maniera radicale.

Il massimo al *Baccalauréat* era 320 punti: io ne presi 118, tre in più del minimo. Insomma, superai l'esame per il rotto della cuffia.

Del resto non avevo mai seguito le lezioni. Avevo altri progetti, per fortuna.

Come già detto, la società siriana aveva iniziato a smuoversi al ritmo dei talent show musicali. *SuperStar* aveva aperto le danze nel 2003, seguita subito dopo da *Star Academy* e *Arab Idol*. L'eleganza, i vestiti, i muscoli, i capelli cotonati: all'improvviso la cultura pop del Libano sciabordò nei salotti di Damasco con tutti i suoi colori. Fece perdere la testa alla gente, minando costumi molto rigidi. Si diffuse l'illusione che chiunque con un po' di talento potesse farcela. Persino chi veniva dal nulla ed era sempre stato l'ultima ruota del carro."Ci vediamo a Beirut!" Il motto di un talent in pochi mesi diventò un detto popolare.

"L'hai visto, ieri, quel tizio di Gaza?" mormoravano il giorno dopo i miei allievi. Allora già lavoravo come maestro di musica. "È stato bravissimo, e adesso è in finale!"

"Perché la cosa ti colpisce tanto?" chiesi io.

"Be', nessuno di Gaza è mai arrivato in finale."

"Sì, e la prossima volta toccherà all'Algeria! Anche se certo, non spenderei mai dieci sterline per telefonare lì e votare."

Intendiamoci, a me i talent non interessavano. La musica era semplice e i testi banali. La nostra attività, però, trasse vantaggio da questo boom. Tutti quelli che seguivano *SuperStar* entusiasti il giorno dopo venivano da noi per avere lezioni. Ogni superstar deve iniziare dalle basi: solfeggio, le prime diteggiature, accordi. Aprire il negozio proprio in questi anni fu una gran fortuna!

Un giorno, avevamo aperto da poche settimane, si presentò un uomo e s'informò riguardo a lezioni di piano per la figlia.

"È fortunato" rispose mio padre, "qui da noi lavora un pianista professionista." E indicò me. "Prego. Questo è Aeham, il nostro maestro di pianoforte."

"Questo ragazzino?"

"Sì, ha frequentato la Scuola di musica statale ed è stato allievo di Vladimir Zaritzky." In effetti non suonava male.

"E cosa costa un'ora?"

"200 sterline" rispose mio padre. Quattro euro.

"Come scusi? Ma è carissimo!"

"Il prezzo normale sarebbe 300" iniziò a contrattare mio padre, come tutti gli arabi un mercante nato. "200 è un ottimo prezzo, sa quanto costa un'ora di lezione privata alla Scuola di musica statale? 500 sterline!" Ovvero 10 euro.

Discussero per un po' mentre io sgranavo gli occhi incredulo: come insegnante non avevo uno straccio di esperienza, perché mi voleva vendere per più di quello che ero?

"D'accordo, andata per 200" convenne alla fine l'uomo. "Ma la lezione deve farla a casa nostra."

"Impossibile" replicò mio padre. "Ho bisogno di Aeham qui in negozio." Ed era vero. Come poteva un cieco badare da solo a un negozio di musica? Mio padre era bravo e se la cavava quasi sempre, ma una cosa proprio non poteva farla: contare i soldi. Le banconote siriane non erano riconoscibili per i non vedenti. Lo avrebbero fregato in un attimo.

L'uomo però insistette che la lezione dovesse tenersi da loro e alla fine mio padre si arrese. "Va bene" disse, "vorrà dire che in quest'ora chiuderemo il negozio e io accompagnerò Aeham."

Andammo a casa loro tre volte, una mezz'ora a piedi. Quindi mio padre li convinse che era meglio esercitarsi su un piano vero – come quello che avevamo in negozio – che su una pianola.

Da questo momento in poi le cose girarono da sole. Grazie a quest'uomo vennero da noi altri sei allievi. A me insegnare piaceva. Tre mesi dopo avevamo diverse decine di ragazzi.

Mio padre dava lezioni di liuto, fisarmonica e violino, io di solfeggio e pianoforte. Per Yarmouk era una novità assoluta. Sì, c'erano negozi che vendevano violini e chitarre, ma né offrivano lezioni né riparavano strumenti.

Di lì a poco mi venne un'altra idea: riunire gli allievi in gruppi. La musica era ancora una cosa elitaria, per alcuni i costi delle lezioni erano ancora proibitivi. Per non parlare degli strumenti. Così iniziai a insegnare a gruppi di dieci. Ognuno pagava 500 sterline siriane (10 euro) al mese e aveva diritto a partecipare a otto lezioni. In più – la seconda novità – riceveva uno strumento a credito. Lezioni alla portata di tutti: fu questa la mia grande illuminazione.

Mio padre era contrario. Imparare in gruppo è inutile, diceva, la qualità ne risentirà. "La musica classica non è mica un minestrone di verdure."

"E se se la svignano con i nostri strumenti?" insisteva. Sì, a volte è successo. Alcuni allievi s'iscrissero a lezione di chitarra, ricevettero uno strumento e non si fecero più vedere. Ma io decisi di continuare, e nel complesso funzionò. Anzi, fu un grande successo. Nel giro di poco tempo ci ritrovammo con duecento allievi, tutti bisognosi di strumenti. Avevamo una montagna di lavoro da sbrigare e neanche un attimo di tregua.

Io continuavo a bere fiumi di "tre in uno". Il "tre in uno", pensai un giorno, era anche il mio principio di affari, il *business plan* che non avevo mai scritto.

Le lezioni di gruppo mi facevano risparmiare energie e ci facevano vendere più strumenti. Il numero degli allievi crebbe rapidissimamente. Ne valse la pena, guadagnavamo benissimo.

Musica per tutti! Sì, agli europei potrà sembrare un pensiero banale, ma noi vivevamo in un altro mondo, un mondo in cui la musica classica era uno status symbol dei ricchi, del due per cento della popolazione. Invece no: musica per tutti! Senza arroganza e snobismo di classe! Mozart per tutti! Mio padre mi aveva permesso di accedere a questo privilegio e io volevo trasmetterlo a più persone possibile. Era questa la mia rivoluzione.

Fu un bel periodo. Gli allievi mi adoravano e io mi ero ripromesso di essere diverso dagli insegnanti disfattisti che avevo avuto. Ridevo con i ragazzi, li contagiavo con il mio entusiasmo, cercavo di motivarli con lodi e riconoscimenti.

"Sei bravo!" dicevo. "Ma se ti esercitassi solo mezz'ora in più al giorno saresti ancora meglio, diventeresti bravissimo!"

Mio padre aveva un amico musicista, anche lui cieco. Forse il più grande esperto di tastiere in Siria. Appena arrivava sul mercato un nuovo modello lui se lo procurava e lo testava. Suonava in un sacco di gruppi. Aveva una figlia di cinque anni, Sara, e la mandò da me: dovevo aiutarla a prepararsi per l'esame di ammissione alla Scuola di musica statale.

Sara era piccola e carina e paffutella. La sua vera passione era la danza, suonare il piano la annoiava.

"Perché invece di esercitarci non balliamo?" mi diceva.

"Guarda come saltellano le mie dita sui tasti. In realtà stiamo ballando con le dita! Anche suonare il piano è una forma di danza" replicai un giorno io, e lei s'illuminò.

Una volta abbiamo guardato insieme *Amadeus*, il film hollywoodiano su Mozart. A tutte le scene di balli le dicevo: "Visto? Perfino un grande come Mozart ha composto musica per balletti!" Un'ulteriore motivazione.

Se non avesse avuto voglia sul serio non l'avrei mai costretta. L'avrei lasciata in pace e avrei parlato con la madre. Invece ai genitori consigliai di premiarla, con un pezzo di cioccolata o qualche banconota. Anche questo ebbe il suo effetto. Ogni volta che vedevo Sara non potevo fare a meno di ghignare: il suo papà non vedente con ambizioni smisurate, il disinteresse della figlia... mi ricordava qualcosa.

E Sara non mollò. Superò l'esame di ammissione, imparò il solfeggio e passò anche la prova del primo semestre. Nemmeno i suoi genitori mollarono e la misero sotto, con le giuste dosi di bastone e carota, obblighi e ricompense.

I bambini un giorno sognano di diventare astronauti e il giorno dopo dicono di voler fare la prima ballerina. Non ci si può orientare soltanto sulla loro volontà perché spesso non sanno cosa sia meglio per loro. I genitori devono indicare una direzione. Se si basano unicamente sulle voglie dei figli, questi ultimi non impareranno nulla. Per esempio, è giusto spingere un bambino a esercitarsi con uno strumento musicale. Quante gliene ho dette io a mio padre, eppure oggi gli sono così grato.

Le ultime notizie che ho avuto di Sara sono state che si stava preparando per l'esame di ammissione al Conservatorio. Sara al Conservatorio: quanto mi avrebbe reso orgoglioso!

Mohammed Munaf, un mio allievo adulto, era ancora più dotato. Un giorno si presentò da noi in negozio – alto, pienotto, simpatico – dicendo di voler imparare a suonare il liuto.

"Va bene. Allora iniziamo dal solfeggio" dissi io.

"Ma io voglio imparare a suonare il liuto, non a cantare le note" obiettò lui.

"Invece devi ascoltare il tuo insegnante" replicai io severo. Lui si rassegnò e facemmo la prima ora di solfeggio.

Pochi giorni dopo tornò per la lezione successiva. Non aveva fatto i compiti.

"Ti prego, non ti arrabbiare, ma io preferirei davvero suonare" mi disse.

Stavolta fui io a cedere. Mi piaceva. "Per me..." dissi. "Hai già un liuto?"

"No."

"Comprane uno usato, sono meno cari." Gli mostrai alcuni modelli. "Ma dove lavori, se posso permettermi di chiedere?"

"Faccio il commesso in un negozio di sport."

Era un lavoro pagato una miseria. Allora in Siria un commesso prendeva 4.000 sterline siriane (80 euro) al mese. Iniziammo a chiacchierare e lui mi disse del suo sogno di diventare musicista e fondare una band. Lo voleva da sempre. I suoi genitori però erano poveri, quindi aveva dovuto abbandonare la scuola e iniziare a lavorare in un negozio di scarpe da ginnastica.

Presi in mano un liuto a buon prezzo. "Ecco, prendi questo. Te lo presto. Ma non dire niente a mio padre, d'accordo?"

Mohammed Munaf se ne andò raggiante. Iniziò a provare. Secondo me si esercitò di continuo, giorno e notte, ed era anche portato. Assorbì lo strumento come la vitamina che gli era sempre mancata nella vita.

Il liuto arabo a manico corto non ha i tasti, come il violino, e azzeccare il tono è molto difficile. Un pomeriggio diedi a Mohammed un complicato pezzo di Riad al-Sunbati. Lui posizionò subito le dita nel modo giusto e passò alla riga successiva. Anch'essa quasi perfetta.

"Fantastico" lo lodai. "Vai avanti."

Finì il pezzo in mezz'ora, cosa che non avrei mai immaginato. Restava del tempo, così lo portai davanti al computer e gli feci vedere video di pezzi di Riad al-Sunbati degli anni Sessanta e Settanta. Munaf si esaltò: era proprio la sua musica. Gli spiegai i riferimenti dei pezzi.

"Maestro Aeham, fammi vedere altre cose di Riad al-Sunbati" mi disse. Tutti i miei allievi in genere mi chiamavano "maestro Aeham".

"Volentieri! Ma non chiamarmi più maestro. Siamo amici."

In un anno aveva superato tutti gli altri studenti di liuto. Malgrado fosse un adulto, e alla sua età sia molto più difficile che per un bambino abituare le dita pesanti agli agili movimenti richiesti da questo strumento. Ormai anche mio padre lo aveva preso a cuore.

Mi venne un'idea. "Senti, se fai sul serio potrei procurarti qualche allievo privato, così potrai licenziarti come commesso e avrai più tempo per esercitarti."

Lui per la gioia quasi mi saltò addosso. Gli trovai tre ragazzi. Con loro guadagnava quanto al negozio di sport... e aveva tutta la giornata libera per provare. Abbandonò le scarpe da ginnastica.

Il suo sogno si è avverato. Oggi Mohammed Munaf dirige un'orchestra tutta sua. Suonano musica tradizionale siriana. Una ventina di cantanti e altrettanti musicisti. Alla televisione siriana si vedono spessissimo.

L'orchestra di Mohammed Munaf è una sorta di spot: la prova di quanto sia meravigliosa la vita in Siria.

A un certo punto io e Mohammed perdemmo i contatti. Nel 2012, per l'esattezza. All'inizio della guerra. Fino ad allora restammo molto amici, in alcuni periodi veniva da noi in negozio tutti i giorni. Poi però i nostri mondi si allontanarono: lui in televisione, io a Yarmouk a fare la fame; lui in completo scuro sotto i riflettori a dirigere la sua orchestra, io ad accendere fuochi con le bottiglie di plastica per cucinare una pappetta di erbe per la mia famiglia. Dopo il 2012 ci rincontrammo solo una volta... e non fu bello.

Prima della guerra non avevamo mai parlato di politica. Nessuno ne parlava, era vietato. Venne fuori che Munaf stava dalla parte del regime. Con me non si fece più vivo.

Da Damasco a Homs

A diciassette anni mi iscrissi alla prova di ammissione per il Conservatorio di Damasco. In realtà finita la Scuola di musica statale volevo finirla anche con la musica classica. Per un periodo, allora, lo pensai davvero: *Goodbye Beethoven*. Il pianista da concerti Aeham non esisterà mai.

Invece poi decisi di continuare. Fui io a decidere, non mio padre. Avevo scoperto il mio amore per il piano e sognavo davvero una carriera da musicista. Volevo continuare a studiare. E poi la mia maturità era stata pessima, alla maggior parte delle facoltà universitarie non avrei potuto accedere comunque.

Così iniziai a seguire le classi preparatorie di Vladimir Zaritzky. Lo conoscevo già, proseguimmo da dove avevamo interrotto.

Il giorno dell'esame l'intero Conservatorio vibrava per l'eccitazione. I corridoi erano pieni di aspiranti nervosi, immersi nei loro riti di preparazione. I tenori cantavano sottovoce, i violinisti grattavano il violino, io mi accodai ai pianisti in attesa di scaldarsi con le loro partiture sotto il braccio.

Molti li conoscevo di vista, anche se non avevamo mai

parlato a lungo. C'era la bella Sandybell, impeccabile e fresca come sempre. Una donna con il velo, che era una cosa strana. La Scuola di musica statale di Damasco, infatti, veniva frequentata soprattutto dai figli delle famiglie cristiane e druse. Se portava il velo era senz'altro una ragazza sunnita.

Arrivò il mio turno. Entrai e presi posto sul palco allo Steinway D, un pianoforte uguale a quello che anni prima io e mio padre avevamo accordato a casa del ministro della Difesa. Uno strumento potente, capriccioso come un cavallo da corsa, difficile da dominare se si è abituati a un piccolo Ukraina. Mi scaldai per una decina di minuti.

In fila ero stato l'ultimo, ma avrei suonato per primo. Come al solito. Così restai seduto al piano.

Uno degli esaminatori entrò ed ebbe un sussulto. "Cosa ci fai già qui?" domandò irritato.

Gli spiegai.

"No, devi uscire. Quando ti chiamiamo rientri" disse in tono brusco.

E all'improvviso tutto tornò: l'arroganza e lo snobismo della Scuola, quel mondo di cieca obbedienza in cui io mi sentivo minuscolo, del Ricordati-che-sei-inferiore-a-me. Pensai a Ziad Rahbani. Dovevo di nuovo accucciarmi. Che odio.

"Perché?" insistetti. "Sono il primo, perché non posso restare seduto qui?"

"Perché così dice il regolamento."

"Me ne fotto, del regolamento!" mormorai io alzandomi.

"Come scusa?" sbottò lui.

"Niente." E uscii.

Ero arrabbiato nero. Quell'uomo non mi piaceva. Mi sentivo di nuovo uno gnomo, come con la mia prima insegnante di pianoforte. Cosa ero venuto a fare? Rimasi in corridoio, in piedi in silenzio. Gli occhi bassi. Mi chiamarono.

In platea, in prima fila, erano seduti i sei esaminatori. Salii sul palco e sbattei il mio spartito sul leggio. L'uomo con cui avevo discusso poco prima si arrabbiò.

"E questo adesso cosa significa?" domandò.

"Niente, sono fatto così" risposi io.

"Piuttosto... fammi vedere cosa sai fare con il piano."

Avevo preparato pezzi di Beethoven e Rachmaninov, una mazurca di Chopin e tre studi di Czerny. Iniziai con Czerny. Sfogai tutta la mia rabbia, suonai veloce, con violenza, marciai attraverso le righe di note, avanzai a fatica...

... e mi fermai. Non ce la facevo più. La mia rabbia fu più forte della mia volontà.

"Ho finito" dissi. Mi alzai e presi il mio spartito. Volevo solo uscire da quel posto. Gli altri membri della giuria mi guardarono sgranando gli occhi.

"Ma perché..." disse l'uomo.

"Perché sono arrabbiato" risposi.

"Solo il fatto di poter suonare su questo palco dovrebbe metterti di buon umore."

"Sì, è vero" dissi io. "Ma non è così."

"Adesso vada" disse lui.

Tornai a casa arrabbiato nero.

La classe preparatoria che portò a quest'esame infelice ebbe una sola cosa buona: trovai un nuovo amico. Ero in piedi in uno dei corridoi del Conservatorio ad aspettare non so cosa e scendendo le scale passò un uomo calvo, mi sorrise. Mi sorrise! A me! In quel posto del cavolo, pieno di gente arrogante! Sorrisi anch'io. Ci stringemmo la mano e ci presentammo: si chiamava Faisal Jamal.

Due settimane dopo ci incontrammo la seconda volta. Andammo a bere un caffè. Lui veniva da Aleppo, aveva una montatura scura in osso di tartaruga e occhi verdissimi. La cosa che non passava inosservata era la sua risata. Rideva come un bambino: spensierato, allegro, eccessivo.

Scoprii che aveva studiato pianoforte in Italia e che insegnava al Conservatorio da poco. Presto avrebbe suonato con l'Orchestra sinfonica siriana. Era uno dei migliori pianisti del paese. Anche secondo lui il Conservatorio era pieno di bellimbusti, mi confessò. Il modo in cui recitavano la loro parte da snob quasi lo divertiva. Risi, la pensavamo allo stesso modo. Ebbi l'impressione che potessimo diventare amici. Ci scambiammo i numeri.

Fino a quel momento avevo sempre avuto amici che di musica non capivano nulla. Grazie a Faisal le due sfere si fusero. Poco tempo dopo passavamo ore e ore nel suo appartamento ad ascoltare insieme cd, cd che lui aveva riportato indietro dai suoi viaggi. Concerti per pianoforte le cui registrazioni erano di una perfezione inaudita, fughe di Bach suonate con un clavicordo. Faisal mi fece scoprire il compositore finlandese Jan Sibelius, la cui musica arrivava ai confini dell'atonalità. Mi spiegò i rapporti tra pittura e musica moderne. Mi fece ascoltare cose che non avevo mai sentito.

A volte mi dava anche lezioni di piano. Mi mostrava come migliorare l'interpretazione, incoraggiandomi a suonare in maniera più emotiva. Dovevo avere il coraggio di palesare i miei sentimenti, di fare ciò che ritenevo giusto. Grazie a Faisal in me vibrarono corde del tutto nuove. Gli devo moltissimo. Come ringraziamento a volte io accordavo il suo piano.

Un uomo oltre la trentina senza moglie né figli? In Siria era una cosa sospetta. Iniziarono a girare strane voci. A Faisal piacciono gli uomini, mi mise in guardia un giorno un conoscente del Conservatorio, stagli lontano! Chissà cosa vuole da te!

Uff! La cosa non m'interessava affatto, riguardava solo Faisal. Ebreo o cristiano, ortodosso o ateo, gay o etero: erano cose cui non avevo mai badato. Io sapevo soltanto una cosa: Faisal era una persona fantastica.

A volte ci incontravamo in tre, insieme a un certo Flavio, un altro insegnante del Conservatorio. Andavamo a bere qualcosa, loro birra io Coca-Cola, oppure ci facevamo una pasta. *Al dente*, specificava sempre Faisal in italiano, un concetto che non avevo mai sentito. Andavamo fuori per il weekend, nella casa di montagna di Flavio, a Sahnaya, e ci godevamo il panorama.

Un giorno Faisal si comprò un'automobile. Imboccammo la superstrada e andammo a Homs. Anch'io avevo la patente, ma non avevo mai guidato al di fuori dello spiazzo dell'autoscuola. Di macchine non ne avevo e non avevo mai avuto il coraggio di chiederle in prestito a qualcuno. Con Faisal era diverso. Esitai, ma alla fine gli chiesi se potevo provare.

Lui lì per lì fu un po' scettico, ma poi accostò e scese. Mi spostai dietro al volante e partii. Era una macchina automatica, mi accodai al traffico senza alcun problema. Dopo qualche chilometro mi fermai, raggiante come un bambino.

Una volta Faisal tornò da un concerto con l'Orchestra sinfonica in Ucraina con nuovi cd. Li ascoltammo a casa sua. Forse potevo prenderli in prestito e masterizzarli? Lui scosse la testa: erano registrazioni molto rare. Se i dischi si graffiavano, lui poi come avrebbe fatto a procurarsene dei nuovi? Sorry, disse, stavolta è no.

Quella musica non mi uscì dalla testa. Settimane dopo gli richiesi in prestito i cd, dissi che li avrei trattati con la massima cura, li avrei duplicati e poi glieli avrei riportati subito. Lui scosse di nuovo la testa.

Va bene, pensai io. Mi rassegnai e dimenticai quelle registrazioni.

Poco dopo Faisal dovette andare ad Aleppo per alcune settimane. Mi chiamò. Forse per quel periodo potevo prendermi cura del suo appartamento e innaffiare i fiori?

Trasalii. In Siria era una cosa che non faceva nessuno. Non poteva occuparsene nessun altro?

"La mia casa è la tua" rispose lui un po' patetico. "Mi piacerebbe che lo facessi tu."

Alla fine acconsentii. Andai a casa sua e innaffiai le piante. Ovviamente non riuscii a resistere alla tentazione: presi i cd, li copiai e li rimisi a posto intonsi.

Un attimo dopo me ne vergognai. Come hai potuto ingannarlo in questo modo? mi rimproverai. È tuo amico, si fida di te, e aveva detto di no. Come hai potuto?

Da quel giorno fui tormentato dai rimorsi di coscienza. Ogni volta che lo vedevo pensavo: devi dirglielo. Ci provai diverse volte... non riuscivo nemmeno a terminare la frase.

Non potevo dirglielo, ma neanche nasconderglielo. Per settimane mi sentii combattuto, poi prevalse la sincerità.

"Faisal, ti devo confessare una cosa."

"Hai copiato i cd... ho ragione?"

"E tu.. e tu come lo sai?"

"Be', è per questo che ti ho lasciato le chiavi. Mi dispiaceva averti detto di no e volevo trovare un modo per farti avere comunque quella musica."

Era fatto così. E la nostra amicizia era semplicemente meravigliosa.

E poi la guerra frantumò anche questo, catapultandoci su pianeti lontani anni luce: Faisal Jamal era seduto al piano dentro l'Opera di Damasco ad accompagnare soprano famose in tournée in Siria; io ero a Yarmouk a spingere il mio pianoforte scordato in mezzo ai crateri delle bombe. La sua quotidianità proseguì. Il mio mondo andò in mille pezzi.

Faisal, però, non mi ha mai dimenticato. Ha continuato a telefonarmi per chiedermi come stavo. Correndo anche dei pericoli, magari il suo telefono era sotto controllo. Aveva molto da perdere, ma non gli importò. Io per lui ero più importante. Per questo non lo dimenticherò mai.

Che ci crediate o no, a diciott'anni riprovai a entrare al Conservatorio. Fu uno strano *déjà-vu*. I motivi erano simili a quelli della prima volta, più o meno: la maturità pessima, mio padre e il suo sogno incompiuto che diventassi pianista da concerti, la mia amicizia con Faisal Jamal.

Placai la mia rabbia, la inghiottii, mi motivai. Mi iscrissi di nuovo alla classe preparatoria di Vladimir Zaritzky. Mi esercitai, per quanto possibile con tutto il lavoro che avevo da fare.

Il giorno dell'esame io e mio padre ci alzammo alle cinque per prendere il minibus delle sette. Arrivammo al Conservatorio fin troppo puntuali. Così andammo in uno degli eleganti caffè lì intorno e ordinammo croissant e caffè italiano. Mio padre mi incoraggiò, mi lodò. Ero già arrivato molto lontano, era orgoglioso di me. Mancava un ultimo, piccolo passo e ce l'avrei fatta. Annuii.

Quando arrivò il momento tornai in Conservatorio, mi misi in fila davanti alla Sala grande, entrai e mi scaldai. Uscii e attesi la chiamata in corridoio.

"Aeham Ahmad!"

Entrai. In platea di nuovo la giuria a sei teste, tra cui l'uomo con cui avevo litigato l'anno prima.

"Ah, sei di nuovo qui?" disse subito.

"Sì" risposi io nella maniera più educata possibile. "L'esame si può provare più volte."

"Vedo che stavolta hai studiato il regolamento" disse lui alludendo alla mia osservazione sfacciata dell'anno prima. Non aveva dimenticato.

"Sì" risposi io. Non mi sarei agitato, lo avevo promesso a mio padre.

"Cosa suoni?"

"Due pezzi di Chopin, una sonata di Beethoven, il *Preludio in sol minore* di Rachmaninov e due studi di Czerny."

"Prego."

Iniziai. Mi sforzai. E forse fu questo l'errore. Azzeccai le note, ma suonai con un'emotività eccessiva. Ero troppo carico, troppo esaltato.

Alla fine raccolsi i miei spariti, annuii verso la giuria e uscii dalla sala.

Cinque giorni dopo io e mio padre riattraversammo la città per i risultati. Cercai il mio nome sulla lista. E lessi: "Aeham Ahmad: 60 per cento". Bocciato.

Tornammo a casa in silenzio, mi sentivo stanco e abbattuto. Mio padre era ancora più depresso. Non disse nulla. Per giorni. Il sogno che aveva da vent'anni era andato in fumo: suo figlio non sarebbe mai diventato un pianista da concerti. Percepii il suo dolore, e mi fece male.

Per fortuna c'era un piano b: nell'autunno del 2007 mi iscrissi all'Università di Homs. Lì avevano un corso di studi in Educazione musicale al termine del quale avrei potuto insegnare musica in tutte le scuole siriane. All'esame di ammissione incontrai una mia vecchia conoscente e quasi mi prese un colpo: Cosette Bakir, la mia vecchia insegnante di piano. Adesso dirigeva il dipartimento di Pianoforte a Homs. Avevo ancora nelle orecchie la volta in cui mi aveva dato del "pappagallo". Quel giorno, invece, mi trattò come un vecchio amico.

Superai l'esame con facilità. "Aeham è stato mio alunno alla Scuola di musica statale di Damasco" spiegò Cosette Bakir agli altri esaminatori. "Diventerà il mio studente modello." Ghignai. Allora non riusciva a suonare senza errori nemmeno il *Rondò alla turca* di Mozart, cosa poteva insegnarmi adesso?

Non volevo trasferirmi a Homs. Il nostro negozio prosperava, c'era bisogno di me. Non volevo perdere i miei allievi né la vicinanza dei miei genitori. E in tutta sincerità la vita da studente non mi attirava per niente. Molti miei colleghi suonavano in un gruppo e si credevano gli astri nascenti della musica pop. In effetti, nel passare la notte in bianco a festeggiare erano già bravissimi.

Era una vita a me estranea. L'hascisc non mi allettava, l'alcol ancora meno: in vita mia non ho mai fatto nemmeno un tiro di sigaretta. Cosa abitavo a fare a Homs? Preferivo restare a Yarmouk... e fare il pendolare durante il periodo delle lezioni. Da Damasco erano due ore di macchina.

Sì, era stancante. La mia sveglia suonava alle cinque, alle sei salivo sul pullman. Affondavo la testa nella giacca con gli auricolari nelle orecchie – Taksim Trio! – e mi riaddormentavo. La superstrada usciva da Damasco, iniziava a risalire il monte Qasiyun e poi oltre, verso gli altopiani. La strada saliva su per le pendici con ampi tornanti, tra rocce chiare, pini mughi e cipressi, le valli in controluce. Io mi giravo un'altra volta e riprendevo a dormire.

Arrivavamo a Homs intorno alle otto. Andavo all'Università, entravo nell'edificio principale... e venivo subito circondato dagli altri studenti. "È arrivato Aeham!" gridava uno, e accorrevano tutti. A Homs non c'erano negozi di musica, quindi ero io a rifornire gli studenti di archi per violino, pentagrammi, strumenti. E di corde. Chi suona il liuto o il violino ha bisogno di rifornimenti regolari. A Homs ero atteso con ansia, da compagni che magari non avevano potuto esercitarsi per giorni.

Una mattina poco prima di me arrivò il rettore. Nessuno fece caso a lui. "C'è Aeham!" gridò invece qualcuno appena entrai io, e tutte le teste si girarono. Compresa quella del rettore, che voleva capire chi godesse di tante attenzioni.

Le lezioni iniziavano alle nove. Storia della musica, Musicoterapia, Pedagogia e filosofia, Contrappunto e armonia.

Come secondo strumento scelsi le percussioni. Le ore di pianoforte con Cosette Bakir erano come quelle alla Suola di musica: lei era un'incompetente ed era sempre di cattivo umore. Mi assegnava pezzi difficili, io non avevo tempo di esercitarmi, lei mi sgridava e mi dava dell'idiota.

Tanto non poteva succedermi nulla. Alla Scuola di musica avrebbe potuto sbattermi fuori in ogni momento. Lì all'Università contava solo il voto finale. E fino ad allora la strada era ancora lunga.

Alla fine del primo anno vidi che cercavano un secondo insegnante di piano. Mostrai l'annuncio a Faisal Jamal. "Se vuoi mi candido" mi disse. Lo volevo eccome! Ottenne il posto, chiaro.

Andai da Cosette Bakir e dissi: "Voglio passare con Faisal Jamal".

"Non si può" rispose lei.

"Certo che si può, lui deve solo accettarmi come allievo." Le sbattei in faccia il regolamento.

"Perché vuoi cambiare?"

"Perché con lei non mi trovo bene."

Alla fine nonostante la rabbia cedette, e gli altri insegnanti se la risero. Una volta per caso in corridoio intercettai una conversazione.

"Ho sentito che il tuo studente modello ha deciso di abbandonarti" disse un collega a Cosette Bakir con voce piena di scherno.

"Sì, lui e Faisal sono amici. È per questo."

E così iniziai a fare lezione con il mio migliore amico. Una pacchia.

Le lezioni finivano alle due. Poi andavo alla stazione dei pullman e tornavo a Damasco. Alle cinque ero in negozio, a Yarmouk.

Nel 2009 mio padre aprì una fabbrica di liuti. Aveva comprato un secondo locale, ancora più grande. Un altro spazio inutilizzato da tempo offerto a un prezzo quasi stracciato. Quando tirammo su la serranda la prima volta saltò fuori un esercito di ratti.

"Ma cos'è?" chiese subito mio padre non riuscendo a classificare il rumore. Spargemmo diversi chili di veleno per topi e richiudemmo tutto.

Stavolta mio padre voleva fare le cose per bene, pensare in grande. Non come la volta prima, ci eravamo spaccati la schiena per portare via i calcinacci con la carriola. Mio padre sapeva come costruire un liuto come si deve e voleva produrli in serie. Insieme a un amico mise a punto i vari passi del procedimento e stabilì come razionalizzarli. E poi andammo a Darayya, il centro industriale più grande della Siria, e ordinammo seghe e macchine per piallare.

Mio padre lo fece anche per mio fratello. 'Ala, infatti, aveva mollato la scuola e preso un diploma da falegname. Tanto per cominciare, nel nuovo negozio si sarebbe occupato di porte e finestre. Allora 'Ala aveva diciotto anni, i capelli rasati e una montagna di muscoli. Portava magliette attillate alla moda e collanine di perle di legno. La sua vita era più sregolata che mai: scompariva per giorni, di sicuro aveva una ragazza. Anzi, di sicuro più di una.

La produzione cominciò. Gli operai tagliavano il legno,

la spina dorsale del liuto, mettevano insieme il guscio, il corpo a forma di ape, incollavano manico e coperchio. Poi entrava in gioco mio padre. Era seduto in una stanza perfettamente insonorizzata e provava i suoni. Bussava contro la cassa con i tre fori di risonanza e drizzava le orecchie. Bussava di nuovo, ascoltava di nuovo. Non so di preciso come, ma era capace di giudicare la qualità dei suoni con un grado di certezza assoluta.

I liuti migliori li confezionavamo su ordinazione. Il corpo in mogano, il manico di palissandro, piroli e cassa in ebano. I fori di risonanza erano decorati con intarsi a forma di rose o arabescati, la cassa con un truciolo abbinato al motivo dei fori. Il corpo veniva lucidato con la gommalacca, la cassa protetta con uno strato di cera; e poi l'oud veniva incordato con sei coppie di corde in seta di nylon.

Ogni mese producevamo fino a cinquanta pezzi di questi liuti pregiati. Li consegnavamo a un grossista libanese per 20.000 sterline siriane (400 euro) a pezzo. Lui li rivendeva in tutto il mondo: Berlino, Amsterdam, Los Angeles. Tuttora in Germania incontro gente con liuti che provengono dalla nostra officina.

C'era anche un modello economico non decorato, costava circa 50 euro. Per allievi o musicisti occasionali: infatti veniva ordinato da moltissime scuole di musica. La versione standard invece costava intorno ai 100 euro, aveva un suono migliore ed era un po' decorata. Per chi suonava già da qualche tempo. Questo tipo di liuti veniva venduto all'aeroporto di Damasco e nei negozi di souvenir di pregio.

Certi mesi sfornammo anche quattrocentocinquanta liuti. Venivano messi sul mercato con il semplice nome di "liuti di

Damasco". Anche se noi eravamo palestinesi, senza passaporto siriano. Mio padre decise di rinunciare a una vera etichetta e a un sito internet. Chi ci conosceva ordinava, faceva un bonifico tramite la Western Union e poco dopo riceveva la merce.

Il negozio, inoltre, era letteralmente preso d'assalto dagli allievi. Vendevamo dodici tipi di corde da oud e sei tipi per violino. Avevamo in offerta chitarre elettriche Fender, le pianole lunghe di Korg, decine di violini e chitarre, diversi pianoforti.

In alcuni mesi guadagnavamo 500.000 sterline siriane (10.000 euro). Un conto in banca? Ancora non lo avevamo. Mia madre infilava i soldi in una federa, sotto il cuscino su cui dormiva. Un grande classico. Poi mio padre investì in appartamenti, un tipo di sicurezza cui aspirano tutti i rifugiati. Come se una casa di proprietà potesse fargli mettere davvero radici.

Mio padre comprò un appartamento a Yalda, il quartiere a sud-est di Yarmouk, di ben duecento metri quadri. Finalmente io e mio fratello avevamo una stanza ciascuno, e in salone si poteva invitare gente. Costò sette milioni di sterline siriane (140.000 euro). E poi ne comprò altri due, più piccoli e meno costosi, per me e mio fratello.

Fossimo andati avanti così oggi sarei ricco sfondato. Sarei il proprietario di diversi negozi di musica, di una casa bellissima e nel fine settimana me ne andrei al mare con i miei figli. Invece no. Scoppiò la guerra e ci portò via ogni cosa.

All'inizio ci rimase la casa di Duma, alle porte di Damasco, vicino ai famosi vigneti della mia infanzia. Duma fu uno dei primi centri a ribellarsi al regime di Assad. Un'unità dell'Esl, l'Esercito Siriano Libero, si barricò nel nostro appartamento e un elicottero dell'Esercito governativo ci scaricò sopra un barile bomba. Un vicino ci mandò una foto: la nostra casa ridotta a un mucchietto di cenere.

Anche il nuovo appartamento dei miei a Yalda si beccò una bomba. Due camere rimasero intatte, ma inabitabili per il rischio crolli. I miei a un certo punto si rifugiarono nel mio appartamento, finito sotto tiro soltanto una volta. Le granate avevano aperto un buco in una parete, ma lo richiudemmo.

I nostri due negozi di Yarmouk invece sono murati. Un disperato tentativo di proteggere quello che c'è dentro. *In primis*, gli strumenti che siamo riusciti a salvare dalla guerra: 1200 liuti, 600 chitarre una ventina di tastiere e cinque pianoforti.

I combattenti dell'Isis sono ancora barricati a Yarmouk. Spero solo che non trovino mai il nostro tesoro. Loro odiano la musica.

Fu un vero colpo di fulmine

Ricordo che da adolescenti, a scuola, diventavamo ogni giorno più sbadati. I nostri pensieri iniziarono a ruotare intorno a un unico tema: le ragazze. Chi erano? Cosa pensavano? Come potevamo conoscerle, impressionarle? Hai visto quella? Cosa le devo dire? Sì, e poi?

Prima della scuola, dopo la scuola, durante gli intervalli: non parlavamo d'altro. E non vedevamo l'ora di arrivare all'ottava classe, in cui avremmo avuto lezione di "Educazione sessuale" e ci avrebbero spiegato come si facevano i bambini.

Mi lasciai coinvolgere anch'io, sebbene non capissi il motivo di tutta questa eccitazione. Per me le ragazze erano una cosa molto meno misteriosa. Mi capitava di incontrarle spesso: alla Scuola di musica, quando cantavamo insieme nel coro, mentre aspettavamo di essere chiamati a un esame.

La scuola femminile era nella stessa strada di quella maschile. La lezione finiva a mezzogiorno, e a mezzogiorno, quando ci riversavamo fuori dal portone con un gran baccano, iniziava la vita. Qualcuno usciva già senza la divisa marrone scuro per mostrare la maglietta con scritte divertenti che portava sotto; altri si mettevano il gel nei capelli. E poi cominciava la sfilata davanti alla scuola delle ragazze.

Loro uscivano altrettanto su di giri, chi con il velo chi senza, a seconda delle singole ragazze e delle famiglie. Alcune tiravano fuori lo specchietto, s'incipriavano e si mettevano il rossetto. Gel e rossetto erano entrambi vietati, a scuola.

I ragazzi fischiavano, le ragazze ridacchiavano. I più coraggiosi si avvicinavano e dicevano qualcosa, i coraggiosissimi si trovarono una fidanzatina. Che significava poterla accompagnare per un pezzo verso casa e chiacchierare con lei. Poteva succedere che cambiasse idea: prima andava con uno, poi con un altro; i due ragazzi si prendevano a botte e lei era felice di essere così desiderata.

Io questi ragazzi li ammiravo, ma proprio non ce la facevo a imitarli. Magliette stampate? Gel nei capelli? Io non ero così. I miei pantaloni e le mie camicie erano anonimi come la mia acconciatura: i capelli me li tagliava mio padre, tutti pari e sempre della stessa lunghezza. Ero come un asino in una strada piena di cavalli di razza.

Anche se... un giorno tornando a casa vidi una ragazza che mi piacque all'istante. Non era bellissima e nemmeno agghindata come le altre, non voleva essere notata a tutti i costi. Cosa che non mi dispiaceva, anzi, ebbi l'impressione che fosse come me. Era da sola, camminava con aria trasognata. I nostri sguardi s'incrociarono, lei si girò subito dall'altra parte. Il mio cuore iniziò ad accelerare i battiti. Dovevo osare? Era il momento giusto per parlarle? Presi il coraggio a due mani e andai da lei.

"*Marhaba*" le dissi, ciao. Lei guardò a terra intimidita, ma restò ferma.

"*Marhaba*" ripetei, e le porsi la mano.

"Mio padre dice che non sta bene dare la mano ai ragazzi."

"Sai, io vado alla Scuola di musica statale, dove ci sono classi miste, ragazzi e ragazze, insieme. Ci diamo sempre la mano, non c'è niente di male."

"No, invece non si può!" insistette lei. Si girò e se ne andò.

Tornai a casa con le guance paonazze. Avevo avuto il coraggio di rivolgere la parola a una ragazza carina per strada e mi ero beccato un due di picche. Una porta in faccia. Non ci ho riprovato mai più.

Con il passare degli anni, quando sognavo seduto al piano spesso sognai anche ragazze. Presto arrivarono pure i bambini. Sì, era così: quando sognavo una donna sognavo una famiglia. Le due cose per me erano inscindibili. Mi immaginavo insieme a mia moglie a giocare con i nostri figli.

Le allieve dei miei corsi di musica? No, con loro non flirtai mai. Le ragazze dell'Università di Homs che festeggiavano tutta la notte con i miei compagni di corso? Non mi piacevano. Ripeto, io volevo una famiglia.

Una sera, poco dopo il mio ventitreesimo compleanno, andai da mia madre e le dissi che mi volevo sposare.

"E perché?" fece lei sgranando gli occhi. "Sei troppo giovane."

"Non sono d'accordo. È ora che me la cavi da solo, voglio andare via di casa e fondare una famiglia."

"Aeham, ma hai ventitré anni! Sei troppo giovane per diventare padre!"

"Invece io penso che sia l'età giusta. E lo desidero."

Continuò ad avanzare obiezioni, e io a replicare. Andammo avanti così per un po'. Poi lei salomonicamente disse: "Riparliamone domani con tuo padre".

Il mattino dopo ci ritrovammo seduti in tre e io ripetei il mio proposito.

"Sai quante cose ci vogliono per sposarsi?" domandò mio padre, e attaccò con una miniconferenza: uno stipendio fisso, un appartamento di proprietà; bisognava stare coi piedi per terra, non abbandonare mai la retta via ed essere sempre una persona per bene.

"E io non lo sono?"

"Certo che lo sei, però..."

"Non è solo questione di soldi" s'intromise mia madre. "Il matrimonio è una cosa grossa. Con tua moglie devi andarci d'accordo, ascoltare le sue richieste. Devi andare d'accordo con la sua famiglia, essere un buon padre, prenderti cura dei tuoi bambini ogni giorno."

Cercarono di convincermi a desistere per diverse ore. Senza risultati. Rinviammo il discorso alla sera. Mia madre volle parlarmi di nuovo da sola.

Ci sedemmo insieme in cucina. "Sposarsi significa stare insieme per sempre" disse mia madre. "Divorziare è un'opzione non contemplata. E se uno si sposa troppo giovane o quando è troppo inesperto potrebbe commettere un errore irreparabile."

"Sarò un bravo marito, ne sono sicuro."

"Un matrimonio non ammette litigi."

"Allora tu non sei stata un buon modello" dissi io.

"In che senso?"

"Be', hai presente quando papà ha tirato fuori dalla credenza della cucina tutti i bicchieri e le tazze e li ha sbattuti per terra perché tu volevi farti trasferire a una scuola molto più lontana?"

"Oh... te lo ricordi?"

"O quando papà ha dimenticato la padella sui fornelli e stava per dare fuoco alla casa?"

"Aeham, queste cose non sono importanti. La cosa che conta è che tu riesca a metterti nei panni di tua moglie. Le donne sono diverse dagli uomini. Sono..."

E mi sorbii un'altra miniconferenza, un'altra sfilza di "devi". Smisi di ascoltarla. Alla fine mia madre disse: "Ci penserò".

Tre giorni dopo si presentò in negozio insieme a mio padre e a zio Mohammed. Bevemmo un caffè.

"Ci abbiamo riflettuto" esordì mia madre. "Hai ragione, sei grande abbastanza, e anche un ragazzo responsabile. Va bene, sposati."

Le gettai le braccia al collo. La parola ripassò a mio padre, per l'ennesima conferenza su cosa significasse essere un buon genitore. Zio Mohammed, seduto di fianco, annuiva e ogni tanto diceva: "Proprio come tuo padre". Anch'io annuii. Poi se ne andarono.

Mia madre passò all'azione e iniziò a informarsi tra le sue amiche: dove poteva trovare una ragazza adatta ad Aeham? Passò da diverse famiglie. Incontrò genitori, parlò con le possibili candidate, le vide senza velo. E decise.

"Ho trovato quella giusta" mi annunciò un mattino prima di andare al lavoro.

"E chi è?"

"Prima aspetta che vada a trovarla con tuo padre, poi vediamo."

Quando tornarono dalla visita mio padre era al settimo cielo. "Oh, avrai una moglie fantastica!" mi disse con aria trasognata.

"Come si chiama?"

"Tahani" rispose mia madre. "La sua famiglia viene dalla Palestina, come noi. E anche lei non vede l'ora di avere dei bambini."

M'illuminai. "E cosa fa?"

"Insegna educazione artistica in una scuola elementare."

"È carina?"

"Fidati, lo è" rispose mia madre esultando. "Io voglio dei bei nipoti, con gli occhi grandi e i capelli neri e lucidi!" Era orgogliosa della sua scelta, era evidente.

"Dove abita?"

"Non possiamo dirtelo, lo sai."

"Ma io la voglio conoscere!"

"Non si può, lo sai. Prima dovete fidanzarvi."

Sì, funzionava così. Ci si poteva conoscere solo dopo il fidanzamento ufficiale, nel salotto della casa della futura sposa. E poi potevo andarla a trovare una o due volte alla settimana per fare conversazione, in presenza del padre. Se io e Tahani non fossimo andati per niente d'accordo il fidanzamento poteva essere ancora sciolto, in modo abbastanza decoroso per entrambe le parti. Incontrarsi da soli prima del fidanzamento? Era proibito. *Haram*.

Io volevo rispettare la tradizione, comportarmi secondo gli usi della mia famiglia, ma cavolo... ero troppo curioso! Ogni giorno che passava tenere a bada la smania diventava più difficile. Più si avvicinava il fidanzamento, più mi agitavo.

Chi era Tahani? Che aspetto aveva? Mi sarebbe piaciuta? E io a lei?

Un giorno, mentre stavo lavorando in negozio, vidi una ragazza. Fuori, davanti alla vetrina. Spiava dentro con aria curiosa. Appena la guardai lei girò la testa, si alzò e se ne andò. Lì per lì non pensai nulla, magari le piaceva uno strumento. Molte persone guardavano dentro il nostro negozio.

Il giorno dopo tornò. Stavolta però superò la porta a vetri, entrò e venne verso di me.

"Io sono Tahani."

Solo questo. Mi sentii avvampare, poi gelare. Tahani, la mia futura moglie! Mi piacque fin dal primo istante.

"Oh" balbettai io, "prego, siediti."

"Non si può" fece lei.

"È fantastico che tu sia venuta. Sono proprio felice che tu l'abbia fatto."

Lo ero davvero, moltissimo. Era stato un gesto coraggioso. Anche lei quindi non era riuscita a tenere a freno la curiosità... e aveva deciso di fregarsene delle convenzioni. Doveva avere una volontà di ferro, mi impressionò. Tuttavia, la situazione restava delicata: da un momento all'altro poteva entrare qualcuno e riconoscerla.

"Ci diamo un appuntamento?" chiesi io. "Domani potrei passare a prenderti a scuola."

"Va bene, ma non aspettarmi davanti al portone. Aspettami all'angolo successivo." Ci congedammo. La guardai mentre usciva. Com'era bella, e anche coraggiosa!

Il giorno dopo come da accordi la andai a prendere. Era stupenda. Indossava un velo azzurro, una camicia bianca a maniche lunghe e dei jeans. Quando ci stringemmo la mano mi arrivò un'ondata del suo profumo: gelsomino, il profumo della mia infanzia.

Prendemmo un minibus e andammo in un caffè un po' fuori Yarmouk. Ci guardammo timidamente. Le raccontai cosa facevo, lei fece altrettanto. Le dissi del mio sogno di avere una famiglia. Che il mio più grande sogno, appunto, era diventare padre. Che avrei passato un sacco di tempo a casa e mi sarei occupato dei bambini.

"Mia madre diceva sempre: non credere a quello che dicono gli uomini" disse Tahani. E rise.

Mi raccontò del divorzio dei genitori, una storia che la metteva in imbarazzo. Sua madre abitava a Dubai e si era risposata. Non la vedeva da anni. Era stata sua zia ad avviare le trattative con mia madre.

Era bellissima, dissi io. Mi piace che tu sia venuto normale, senza gel e senza piega dei calzoni, rispose lei. Il traffico scrosciava intorno a noi, i passanti camminavano, ma noi restammo seduti a chiacchierare e dimenticammo il tempo.

All'improvviso le suonò il cellulare. "Mio padre!" disse lei spaventata, e rispose.

"Dove sei?" Lui stava letteralmente gridando nella cornetta.

"Ho dovuto sostituire una collega."

"Ti aspetto a casa... subito!"

Corremmo verso il minibus. Io scesi qualche fermata prima, in modo che non ci vedesse nessuno. Appena arrivai a casa andai dritto da mia madre.

"Tahani, la voglio sposare" dissi.

"Ma come te ne esci?" replicò lei stupita.

"Ci ho pensato, ho pensato a quello che mi hai raccontato di lei. Sì, è quella giusta."

"Be', meno male che devi aspettare ancora solo un paio di giorni!"

Ero così agitato che quella sera andai da mia madre due-tre volte per dirle che volevo sposare Tahani. Subodorò qualcosa?

Il giorno del fidanzamento i sessanta parenti più stretti si riunirono nell'appartamento del padre di Tahani. La sala da pranzo per le donne, il salotto per gli uomini. Davanti gli anziani, dietro i bambini. Mio nonno soffriva da anni di Alzheimer e continuava a dondolarsi sulla sedia con sguardo assente. Vidi zio Mohammed e zio Sadiq, i cugini Mayad e Tamer, con cui per tanti anni avevo giocato a Tobbeh e Dahhal. Sentii uno strano formicolio allo stomaco. Ero felice, e allo stesso tempo nervoso e incuriosito. Non avevo mai preso una decisione che avrebbe cambiato per sempre la mia vita.

Era venuto lo sceicco dalla moschea. Un uomo alto e grasso, con la barba lunga e la *jallabiya* bianca, odorava di incenso. Io ero seduto proprio di fianco a lui, sul divano. Lo sceicco diede il benvenuto ai convitati.

Poi prese la parola il nonno di Tahani, che aveva un occhio solo. "L'accordo era 125.000 sterline" disse, 2.500 euro.

Una somma più che appropriata. Tahani ci avrebbe pagato il suo corredo.

"Dovremmo scendere a 75.000" disse all'improvviso il padre di Tahani. 1.500 euro.

Si zittirono tutti. Lo sceicco trasalì.

"Riguardo alla cifra eravamo già d'accordo" disse mio padre con cautela. "Dovremmo tenere quella."

“No. 75.000. *Khallas*” insistette il padre di Tahani.

Tuttora non so perché l’abbia fatto. Fu un affronto. Una frase del genere può separare le famiglie. Aveva mancato di rispetto al proprio padre, contraddicendolo in pubblico. E anche al mio, rendendolo ridicolo. Le malelingue avrebbero potuto dire che aveva dato a intendere che noi non eravamo abbastanza ricchi. Che uscita sconsiderata! Meno male che nessuno se la prese.

“Va bene” fu lo stringato commento di mio padre.

La cerimonia iniziò. Lo sceicco tenne una breve predica, lesse passi del Corano, citò il Profeta, poi insieme recitammo la sura di Fatiha.

Poi chiese al padre di Tahani: “Darai tua figlia in sposa ad Aeham Ahmad?”

“Sì, gliela darò.”

Lo sceicco lesse il contratto di nozze. Che era un matrimonio stipulato davanti a Dio e tutti i presenti e che valeva per sempre. E che in caso di divorzio Tahani avrebbe ricevuto 200.000 sterline siriane (4.000 euro). Poi chiese: “Hanno sentito tutti? Siete tutti d’accordo?”

“Sì” mormorarono i presenti.

Lo sceicco si alzò e si avvicinò alla porta della sala da pranzo. Era accostata, e dietro stava aspettando Tahani.

“Sei d’accordo anche tu?” chiese lo sceicco.

“Sì” rispose Tahani, con una voce ruvida come la carta vetrata per l’agitazione.

Poi tre zii che non appartenevano alla cerchia familiare più stretta firmarono il contratto. Eravamo fidanzati! Tutti si alzarono ed esultarono e applaudirono e mi diedero pacche sulla spalla. “*Mabruk! Mabruk!*” Felicitazioni! E io risi.

Un ragazzo arrivò con un vassoio e offrì in giro succo d'arancia. Il nonno di Tahani, il monocolo, lo urtò e lo fece rovesciare. I bicchieri caddero sul pavimento di marmo e si ruppero. Mentre i presenti raccoglievano i cocci, io sgattaiolai in sala da pranzo. Funzionava così.

Le donne mi stavano aspettando. Si erano rimesse i veli, anche se un po' allentati. Tahani era seduta nel suo vestito a maniche corte blu scuro, era truccata e senza velo, per la prima volta vidi i suoi meravigliosi capelli. Mi sedetti vicino a lei e quasi non ebbi il coraggio di guardarla. Lei più o meno uguale. Ogni tanto alzavamo gli occhi e sorridevamo confusi.

Una donna si avvicinò e mi diede una *darbuka*, un tamburo di argilla.

"Aeham, sei musicista" disse, "cantaci qualcosa!"

Presi il tamburo e senza rifletterci troppo attaccai:

Stavi così bene da sola, mio cuore,
cosa ti ha reso così cieca?
Pensavo di essere felice,
poi mi sono ascoltato e ho capito quanto sei superficiale.
I tuoi modi mi ripugnano, sei così mediocre,
cavolo se stavo bene senza di te.

Questo cantai, con la massima serenità. Tahani mi guardò con occhi enormi e io solo in quel momento mi resi conto della gaffe. Per carità di Dio! Restituii subito alla donna il tamburo. Mia madre, troppo indaffarata a chiedere a zie e cugine notizie della famiglia, non si era accorta di nulla. Una signora prese in mano il tamburo, alcune donne iniziarono a ballare, altre restarono sedute a mangiare gelato, e noi continuammo a tacere e sorridere.

Dopo una mezzoretta le donne si prepararono e se ne andarono. Potevo restare da solo con Tahani per qualche minuto. Andammo nel salone di fianco, vuoto, e ci sedemmo sul divano.

Cosa si dice in un momento simile? Eravamo agitatissimi. Prima restammo zitti, poi le chiesi di nuovo cose che sapevo già da un pezzo: cosa faceva, dove lavorava, perché s'interessava di arte. Dopo un quarto d'ora entrò suo padre. Ci salutammo e io tornai a casa: confuso, curioso, felice. Mi ero fidanzato!

Pochi giorni dopo la andai a trovare per la prima volta. Sua zia servì succo d'arancia, suo padre prese posto su una poltrona, aprì un giornale e fece finta di leggere. Io e Tahani cercammo di chiacchierare, ma non ci riuscimmo nemmeno stavolta. Avevamo così tante cose da dirci. Ma di certo non sotto le orecchie tese del padre!

No, così non si poteva andare avanti. Alla visita successiva le passai di nascosto un fogliettino con il mio numero di telefono. Il giorno dopo lei mi scrisse un messaggio e decidemmo che sarei ripassato a prenderla a scuola. Successe spesso, nelle settimane successive. Lei chiedeva a una collega di sostituirla nelle ultime ore, prendevamo un minibus fino alla Città Vecchia e facevamo una passeggiata.

Le raccontai dello stravagante Vladimir Zaritzky e della cassetta degli attrezzi che mi ero portato via da ragazzino, di Faisal Jamal e delle strane ragazze dell'università, di Sara, la mia piccola allieva di pianoforte, e delle scappatelle di mio fratello. Parlammo di tutto. Le dissi che non l'avrei mai costretta a fare nulla, che sarebbe stata lei a decidere quanti figli mettere al mondo, se continuare a lavorare. Lei rispose che sarebbe stata felice di restare a casa con i bambini. La scuola la pagava una miseria.

E ogni sera, prima di andare a dormire, di nascosto ci telefonavamo e ci raccontavamo storie e segreti. Mia madre ci aveva visto bene: Tahani era quella giusta.

Presto iniziarono i preparativi delle nozze. Io e mio padre andammo in una stamperia per ordinare duecento inviti. L'uomo che componeva il testo mi mostrò il modello. Il succo, allungato da tante belle parole, era: La famiglia Ahmad è lieta di annunciare il matrimonio di "Aeham con l'adorata figlia della famiglia Munawwar".

"Perché c'è solo il mio, di nome?" chiesi io.

"Facciamo sempre così" rispose l'uomo.

"Non mi piace. Se c'è il mio nome allora dev'esserci anche quello della sposa."

"Così però ogni ragazzo del quartiere saprà che presto si sposerà."

"E allora?"

"Non si usa."

"Ma io lo voglio lo stesso."

L'uomo guardò mio padre. "Lei sarebbe d'accordo a scrivere sull'invito il nome della sposa?"

"Non ho niente in contrario" rispose mio padre.

L'uomo allora chiese il numero del padre di Tahani e lo chiamò. Anche lui era d'accordo a scrivere sull'invito anche il nome della sposa?

"No" rispose lui.

Niente da fare, quindi.

In fondo all'invito lo stampatore aggiunse: "Il paradiso dei bambini è la casa in cui abitano". Ovvero: i bambini siete pregati di lasciarli a casa. Lo facevano tutti, in modo che la sala non si riempisse di mocciosi esagitati.

Quando furono pronti, zio Mohammed distribuì gli inviti nel quartiere. Io e mia madre uscimmo a comprare un completo nero e una camicia bianca. Insieme a mio fratello e ai miei cugini preparai la casa in cui saremmo andati ad abitare. Portammo dentro un set di divani e un letto matrimoniale, un televisore a schermo piatto e un impianto stereo, un forno a gas e un enorme frigorifero; mio fratello costruì la cucina. E poi qualche giorno prima delle nozze arrivò la zia di Tahani con alcune valigie, controllò che fosse tutto pronto e sistemò i vestiti della nipote nell'armadio.

Il matrimonio? Fu un grande concerto. Io rimasi seduto su una imponente poltrona sul palco a guardare di sotto: la sala scura illuminata da palle da discoteca e riflettori, i camerieri che servivano gelato arabo con guarnitura di pistacchi e miele, succo d'arancia e tè. Di fianco a me suonarono per tutta la sera band di musica araba pop, tipo *I fiori*, gruppi rivoluzionari palestinesi tra cui gli *Speranza*; Mohammed Munaf suonò il liuto, mio padre il violino, io cantai alla tastiera.

Gli uomini ballarono per tutta la sera: si prendevano per mano, ondeggiavano, cantavano, avanti e indietro, in lunghe file, per l'intera sala.

Un parente di mio zio Mohammed fece da presentatore, lo aveva fatto spesso e parlava a cascata. Quando qualcuno si faceva avanti con un regalo lui lo travolgeva di lodi e ringraziamenti. "Che Dio ti benedica, *Abu* Ibrahim, per aver aiutato la nostra giovane coppia con 1.000 sterline!" Ovvero 10 euro. "Sia lodato il Profeta!"

Più alta era la somma, più arzigogolate erano le lodi. 3.000 sterline siriane, 30 euro: "*Abu* Said, che Dio protegga te e la tua famiglia per l'eternità, vegli sui tuoi affari e vi faccia vivere per sempre nella pace e nel benessere. Dio sia lodato!"

Intanto un altro uomo, di fianco, annotava con discrezione il nome del donatore e la cifra. In modo che sapessi quanto avrei dovuto versare, qualora la persona in questione un giorno si fosse sposata. Mio padre conserva questa lista ancora oggi.

Arrivai a mezzanotte con la testa che mi girava. Mio padre, mio suocero, due zii e io salimmo a bordo di una Kia piena di fiori e partimmo a colpi di clacson verso la sala della festa delle donne. Entrammo. Sembrava una discoteca, con la nebbia e le luci colorate. Sul palco, su una poltrona simile a un trono, c'era Tahani in abito da sposa. Appena entrammo le donne saltarono in piedi per salutarci. Avevano i veli allentati, erano truccate e indossavano abiti da sera. Le mie zie non le avevo mai viste agghindate in quel modo. Fu uno choc.

Andai da Tahani, le presi la mano e mi misi sulla poltrona di fianco alla sua. Le sussurrai che era bellissima. Poco dopo ci esibimmo nella danza del matrimonio, con tutti gli altri intorno a battere le mani.

"Sono fiero di te" mi sussurrò mia madre. "Avrete una vita bellissima." Poi abbracciò Tahani e le disse: "Da adesso in poi sei mia figlia".

Poco dopo attraversammo la città su cinque macchine strombazzanti e piene di fiori. Noi eravamo nella prima. "Tutto questo è... è bellissimo” sussurrai a Tahani, “sono così felice.” Lei sorrise. Arrivati davanti al nostro appartamento come da tradizione fummo accolti da una banda di percussioni: qui si trasferisce una giovane coppia, segnalava ai vicini. E poi tutti insieme salimmo le scale, io con il velo di Tahani in mano. Mia madre e sua zia ci prepararono qualcosa da mangiare – pane, hummus e un piatto di carne grigliata – e poi tutti andarono via.

E io? Io non ce la facevo più. Ero stanco, semplicemente stanco morto. Avevo stretto così tante mani, sorriso a innumerevoli persone, ricevuto una montagna di regali e risposto a un sacco di complimenti. D'un tratto la tensione colò a picco, sentii gli occhi pesantissimi.

“Mi stendo una decina di minuti” dissi a Tahani. Lei mi guardò irritata.

“Davvero, solo una decina di minuti. Ho bisogno di una pausa, non ce la faccio più.”

Mi misi sul pavimento davanti al televisore, le gambe in alto poggiate su una poltrona per aiutare la circolazione. Presi il telecomando e accesi la tv. Davano *Tom & Jerry*. Fantastico, era un cartone che avevo sempre guardato volentieri.

Tahani mi girava intorno e acciottolava le stoviglie. Percepii la sua crescente delusione. Che razza di uomo mi sono presa! stava pensando. Uno che la prima notte di nozze si corica per terra davanti alla tv e guarda *Tom & Jerry*!

E io mi odiavo da morire perché mi stavo lasciando andare in quel modo, sfinito sul pavimento. Mia madre me lo aveva spiegato cosa si faceva la prima notte di nozze: si accendevano le candele, si ascoltava la musica, ci si guardava negli occhi. Be', io non riuscivo nemmeno a tenerli aperti, gli occhi. Ridacchiavo in uno stato di dormiveglia davanti a uno stupido gatto che rincorreva un abile topo. I minuti scorsero via. Tahani acciottolava le stoviglie più forte, io ridevo di battute idiote, quasi mi addormentai...

... invece poi, non so come, il mio corpo fu attraversato da un ultimo quanticino di energia: saltai in piedi e andai in cucina, mi sciacquai il viso con l'acqua fredda, buttai giù un bicchiere di Coca-Cola e tornai in salotto. E sorrisi a Tahani.

Il mattino successivo vennero i miei genitori e la zia di Tahani e facemmo colazione insieme. Qualche giorno dopo tornai al lavoro. Per il pranzo tornavo, mangiavo insieme a Tahani, ancora in vacanza. A volte passava a trovarmi in negozio, anche per controllare che non flirtassi con le allieve carine. Non l'avrei mai fatto, nemmeno in sogno.

Qualche mese dopo prendemmo appuntamento dalla sua ginecologa. La dottoressa spostò la sonda dell'apparecchio ecografico, guardammo il monitor e si mosse qualcosa: per la prima volta vedemmo i contorni del nostro bimbo. Fu un vero colpo di fulmine.

Cosa non feci, da quel momento in poi, per Tahani. Ogni minuto libero lo passavamo insieme. "Hai preso le vitamine?" le chiedevo. "Oggi hai già bevuto il tuo *ayran*?" L'avevo sognata così a lungo, una famiglia. Il mio sogno stava per diventare realtà.

Il 27 giugno 2012 venne al mondo Ahmad... in un mondo terribile. Nel bel mezzo della guerra. Di lì a poco i soldati avrebbero chiuso le strade e tagliato fuori il nostro quartiere, e a Yarmouk sarebbero rimaste solo fame e morte. Implorai Tahani di andarsene, di portare in salvo lei e il bebè. Le donne, infatti, potevano uscire da Yarmouk, superare il checkpoint. Poche ore e si sarebbe ritrovata in un quartiere in pace. Molte lo fecero, si rintanarono nella normalità e abbandonarono i loro uomini a Yarmouk.

Tahani non ne volle sapere. “Sono stata con te quando le cose andavano bene” disse. “E resterò con te adesso che vanno male. Vivremo insieme... e moriremo insieme.”

Grido di libertà

Forse alla fine è giusto che la chiami così, "rivoluzione". Perché al di là della violenza bestiale e degli estremismi, in Siria ha ed ebbe luogo un'insurrezione popolare, un moto di disobbedienza civile, di indignazione collettiva di fronte all'arbitrio, le torture, le ingiustizie e la corruzione. Un chiaro e sonoro canto di libertà di volontari e insegnanti, medici e giornalisti, attivisti umanitari e artisti, nonostante tutto. Chi lo canta viene perseguitato. Il fatto che in Occidente il canto non arrivi è voluto, fa parte del programma. In Occidente arrivano solo i rumori della guerra.

In Germania, in riferimento alla situazione in Siria sento parlare spesso di "guerra civile". I siriani, soprattutto quelli che si definiscono neutrali, la chiamano "crisi". No, non è stata né l'una né l'altra: è stata una rivoluzione.

Per inciso, chi si definisce "neutrale" in realtà è dalla parte di Assad. Come allora, quando molti tedeschi fecero finta di non sapere nulla pur sapendo benissimo cosa stava succedendo. In Siria è la stessa cosa.

All'inizio di tutto, quindi verso la fine del 2010, io passavo l'intera giornata o quasi a lavorare. Gli affari andavano bene, ero ambizioso, studiavo e volevo sposarmi presto. Certi mesi avevo anche duecentocinquanta allievi. La sera tornavo a casa stanco morto e cenavo con i miei genitori e mio fratello nel nostro bell'appartamento di Yalda.

Mio padre quelle sere restava ore e ore davanti alla tv ad ascoltare il canale proibito di Al Jazeera, dal Qatar, che ormai Assad odiava come la peste. Ascoltava come in quella regione diversi regimi stessero vacillando, regimi che in Occidente venivano spacciati per "democratici" ma davanti al proprio popolo si proclamavano "eterni". Di lì a poco il mondo arabo fu scosso da una reazione a catena, un effetto domino che rovesciò un governo dopo l'altro.

Il 17 dicembre 2010 Mohamed Bouazizi, un fruttivendolo tunisino, si cosparse di benzina e si diede fuoco. La sua morte fu la scintilla che fece esplodere la Tunisia: nel giro di poche settimane proteste di massa spazzarono via Ben 'Ali, il presidente-tiranno al potere da due decenni che a ottant'anni suonati aveva ancora l'aspetto di uno slanciato sunnyboy.

"Questo anelito alla libertà investirà tutto il mondo arabo" mormorò mio padre mentre ascoltava la diretta delle proteste da Tunisi. Nella sua voce c'era speranza?

La Tunisia mi interessava ancora poco. Quando, però, all'inizio del 2011 l'ondata di protesta raggiunse l'Egitto anch'io la sera seguii la diretta da piazza Tahrir su Al Jazeera. Soprattutto i sit-in degli artisti, che durarono giorni. Quando passavamo alla televisione siriana vedevamo le accuse di congiura sempre più disperate del regime di Assad.

Prima dissero: "La Siria non è la Tunisia". E poi: "La Siria non è né la Tunisia né l'Egitto". E alla fine: "Il popolo siriano appoggia in tutto e per tutto la sua guida, la guida dell'illustre presidente al-Assad, l'unica persona capace di salvare la Siria da questa congiura universale".

Il presidente egiziano Mubarak abdicò, venne contagiato lo Yemen, e più tardi, quando le masse scesero in piazza in Libia e in Bahrein ci chiedemmo: succederà anche in Siria, nel "regno del silenzio"?

Poco dopo i canali satellitari trasmisero traballanti video girati con il cellulare di proteste sporadiche a Damasco. Una manifestazione studentesca davanti all'ambasciata libica per esprimere solidarietà alla rivolta contro Gheddafi. Un'altra davanti al Palazzo di giustizia: alcuni parenti chiedevano la liberazione dei prigionieri politici. Una manifestazione spontanea al mercato di Hariqa dove un poliziotto aveva picchiato un venditore.

Il 15 marzo 2011 invece circa centocinquanta dimostranti avanzarono compatti verso il mercato storico di Hamidiyeh gridando: "Dio, Siria, libertà... o niente!" Un riferimento alle marce organizzate dal regime in cui l'altoparlante intonava: "Dio, Siria, Bashar... o niente!"

I manifestanti erano esponenti della borghesia colta, nient'affatto islamisti barbari, una delle etichette con cui il regime da sempre bollava ogni tipo di protesta. Solo il posto scelto per la protesta diceva tutto: il mercato di Hamidiyeh era il luogo in cui negli anni Trenta era iniziata la rivoluzione contro l'occupazione francese. Scendere in piazza in un posto del genere aveva una valenza storica.

Fu questo il giorno in cui cominciò l'insurrezione popolare siriana? Oppure tre giorni dopo, il 18 marzo 2011, quando a Dar'a, nel sud della Siria, un gruppo di genitori marciò davanti a una stazione di polizia per chiedere la liberazione dei figli? Si trattava di adolescenti arrestati un mese prima dopo che uno di loro aveva scritto sul muro della scuola: "Il popolo vuole la caduta del regime". Una frase che sui canali satellitari sentivamo riecheggiare ogni giorno su innumerevoli bocche: per questo graffito i ragazzi erano stati torturati, avevano strappato loro le unghie.

I genitori erano fuori di sé. Centinaia di locali si unirono alla protesta e quando la Guardia repubblicana aprì il fuoco con vere munizioni e uccise quattro dimostranti, le persone si indignarono anche in molte altre città. Gli agenti riaprirono il fuoco. Solo nel primo mese di proteste morirono più di cento persone. E poi le masse diventarono inarrestabili.

I rappresentanti del regime di Assad smentirono tutto alla televisione pubblica. Prima negarono in generale che ci fossero manifestazioni. Poi che in queste manifestazioni fosse stata usata violenza. Alla fine sostennero che i dimostranti non fossero siriani. Se un corteo riusciva ad arrivare in tv, allora si trattava di "agenti stranieri del sionismo e dell'imperialismo americano", erano loro i responsabili dei disordini. Oppure curdi iracheni. O palestinesi. Oppure la "tv bugiarda" Al Jazeera aveva distribuito migliaia di pillole allucinogene per spronare la gente a scendere in piazza.

Quando, a giugno, ad Hama scesero in piazza contro Assad in centinaia di migliaia, la propaganda di Stato disse che le riprese, filmate da innumerevoli cellulari, provenivano da uno studio cinematografico del Qatar in cui piazza Oronte, la piazza di Hama, era stata ricostruita tale e quale. Al Jazeera, BBC, France24, CNN: tutti trasmettevano *fake news*! Tutti erano complici di una congiura mondiale contro la Siria!

A Yarmouk tutto arrivava con un certo ritardo. Noi eravamo palestinesi e dovevamo restare neutrali. Da bravi, continuammo a evitare tutto ciò che avesse a che fare con la politica siriana, come ripetevano sempre anche i miei genitori. I miei allievi parlavano di queste vicende come se stessero succedendo in un altro paese invece che davanti alla porta di casa nostra.

"Hai sentito di Dar'a?" diceva uno.

"Sì, cavolo che storia" rispondeva un altro.

E il discorso era già chiuso. Prendevano in mano i loro liuti e attaccavano: do, re, mi, fa, sol...

Molti palestinesi erano combattuti: da un lato si sentivano in obbligo nei confronti dello Stato siriano, che ci aveva accolti con generosità. Con più generosità rispetto agli altri paesi della regione, come non smetteva di ricordare la propaganda. Dall'altra, però, simpatizzavano con i manifestanti.

I nostri politici, a Yarmouk, ci intimarono di restare neutrali. "Teniamoci fuori da questo conflitto interno siriano" dicevano tutti, a destra e sinistra, da Fatah ad Hamas, al Jihad islamico. Tenersi fuori da un conflitto interno siriano... che buffa formula, considerato che vivevamo in questo paese da quasi sessant'anni.

Molti sapevano benissimo che noi rifugiati rischiavamo di essere chiamati in causa come capro espiatorio. Non era una paranoia da minoranza: a marzo la consulente mediatica di Assad aveva già detto che noi palestinesi eravamo "elementi stranieri" e che volevamo accendere una guerra civile in Siria. Così a Yarmouk l'accordo fu: non possiamo permetterci di schierarci contro il regime.

Il nostro quartiere, però, diventò un porto sicuro per gli sfollati. Arrivarono presto. A Dar'a e Homs dei palestinesi si erano uniti alle proteste... e l'avevano pagata cara. La Guardia repubblicana era piombata nei campi e li aveva "passati al tritacarne", come dissero i fuggitivi. Non si sono fermati davanti a niente e nessuno. Continuavo a sentire la storia dello sceicco Ahmad Sayasina, l'imam cieco di una moschea storica di Dar'a. Aveva offerto riparo ai dimostranti, e poco dopo erano entrati i poliziotti armati e – dentro la Casa del Signore! – avevano falciato diversi ragazzi.

Da noi trovarono rifugio diecimila persone. Vennero alloggiate nelle scuole dell'Unrwa e gli abitanti di Yarmouk cercarono di dare una mano. Donavano coperte e vestiti o accoglievano in casa intere famiglie.

Quanto a me, era ora che concludessi i miei studi. Continuavo ad andare in pullman a Homs per fare gli esami; gli ultimi furono nel luglio del 2011. Tuttavia, una mattina, avvicinandoci alla città trovammo mezzo esercito siriano schierato sull'autostrada. Il pullman fece lo slalom tra le motrici con sopra i carri armati pronti a sopprimere la rivolta.

Ci avvicinammo a un checkpoint. Trattenni il fiato: e se i soldati fermavano il pullman, controllavano i documenti e, scoprendo che non avevo fatto il servizio militare, mi trattenevano? O mi arrestavano in quanto palestinese sospetto che proprio in quei giorni da Yarmouk andava a Homs? Alla fine ci fecero cenno di passare. Il pullman nemmeno si fermò. Tirai un sospiro di sollievo. Fu l'ultima volta che andai a Homs.

Il mio compagno Mikha'il, un aspirante cantante lirico da cui all'inizio degli studi mi ero fermato qualche notte, una settimana dopo mi chiamò e mi raccontò del massacro della piazza dell'Orologio. Usò parole prudenti, qualora il suo telefono venisse controllato. "Abbiamo perso molti amici" disse.

Un altro compagno, un flautista, fu più chiaro. Mi scrisse su Facebook che i soldati avevano sparato sui manifestanti e "il sangue era schizzato sui muri delle case a fiotti". Poi erano arrivati i vigili del fuoco, avevano srotolato le manichette e lavato muri e strade. Due ore dopo era tutto di nuovo lindo.

Tornando a noi palestinesi, ogni anno il 15 maggio ricordiamo la Nakba, la "catastrofe": la cacciata nel 1948 di più di 700.000 palestinesi. Quell'anno, annunciarono su una pagina Facebook, non ci sarebbero stati solo i soliti comizi e cortei, si sarebbe andati fino alla linea del cessate il fuoco, sulle alture del Golan. Punto d'incontro: la moschea al centro di Yarmouk Street, ovvero il consueto ritrovo per le occasioni ufficiali e le manifestazioni pro Assad. Lì erano pronti dei pullman che avrebbero portato tutti al confine.

Pullman? Voleva dire che la faccenda era stata autorizzata da piani altissimi. Lo Stato siriano stava cercando di distogliere da sé la rabbia delle masse e di indirizzarla verso Israele? Sì, sarebbe stata una mossa tipica di Assad. Da sempre il regime giustificava la sua politica di oppressione con lo stato di guerra, dal 1963 una guerra fredda, con Israele. La guerra non era mai finita, quindi bisognava stare all'erta e guardarsi dall'astuto nemico sionista. Che significava divieto di riunione e stato di emergenza perenni.

Noi palestinesi evidentemente eravamo solo una pallina

da ping pong. All'estero in quei giorni il regime annunciava: senza stabilità in Siria non può esserci stabilità in Israele. Ovvero: stiamo provvedendo alla sicurezza in Israele. A casa propria, intanto, aizzava la gente contro la congiura sionista. Una doppiezza di un cinismo inaudito.

Quel 15 maggio da Yarmouk partirono centinaia di ragazzi. Raggiunto il confine a Qunaitra, i soldati siriani li lasciarono passare. I dimostranti superarono il filo spinato e corsero oltre la linea del cessate il fuoco sventolando bandiere palestinesi. Alcuni riuscirono ad arrivare fino alla cittadina di Majdal Shams, a due passi dal confine. E i soldati israeliani aprirono il fuoco.

I sopravvissuti tornarono a casa con gli stessi pullman. Le vittime erano state tredici, decine di ragazzi avevano le gambe spappolate da proiettili a espansione, quelli che esplodono solo quando sono dentro la carne. I feriti vennero celebrati come eroi e ricevettero cure sanitarie di primissimo ordine nell'ospedale statale al-Mujtahid, a Damasco.

E questo fu solo l'inizio. Il 6 giugno, tre settimane dopo, cadeva la Naksa, il "giorno della vendetta", in ricordo dell'inizio della Guerra dei Sei Giorni del 1967 con cui Israele aveva occupato le alture del Golan e tutta la Palestina. Ci fu un'altra convocazione per andare al confine israeliano. E stavolta fu chiaro come il sole: dietro questa chiamata c'era il "Comando generale".

Comando generale, ovvero: "Fronte popolare per la liberazione della Palestina. Comando generale". Il suo programma è semplice: la "lotta contro il nemico sionista" con ogni mezzo possibile. Quando l'Olp già contrattava con Israele, il Comando generale ancora ne chiedeva la cancellazione. Il quartier generale era a Yarmouk. Era da Yarmouk che il Fronte popolare organizzava i suoi attentati.

Gli Assad, prima il padre e poi il figlio, permisero che esistesse. L'odio nei confronti dello Stato di Israele tornava loro comodo, così lo attizzavano con forze siriane e forze palestinesi. Fin quando se la prendeva con Tel Aviv il Comando generale aveva mano libera. Ed era comunque pieno di spie siriane infiltrate.

Così centinaia di siriani e palestinesi s'incontrarono di nuovo davanti alla moschea e partirono in pullman per le alture del Golan. Di nuovo superarono il filo spinato e la linea dell'armistizio. Stavolta fu un bagno di sangue: trecentocinquanta feriti e ventitré morti, tra cui una ragazza. Di nuovo i pullman tornarono direttamente all'ospedale di Damasco, dove i feriti vennero curati e i morti esaminati dal medico legale.

Il mattino successivo verso le undici a Yarmouk si formò il corteo funebre. I cadaveri, avvolti in teli bianchi, giacevano in bare aperte, che vennero portate al cimitero in spalla. Lì non ci fu il solito ricevimento da eroi, il lutto si trasformò in indignazione. Da tempo la gente di Yarmouk si poneva una serie di scottanti domande: perché avevano mandato quei giovani al macello come pecore? Erano forse la carne da cannone con cui il regime di Assad cercava di distogliere da sé l'attenzione del paese per focalizzarla su Israele?

Presto le masse non scandirono più "Palestina! Palestina! Milioni di martiri!" ma "Libertà!", come nelle proteste di Dar'a e Damasco. Fu la più grande manifestazione che avessi mai visto a Yarmouk. Decine di migliaia di persone. Aizzate dai rifugiati provenienti da altri campi, che avevano trovato riparo da noi con lo zaino pieno di spirito rivoluzionario. Vecchi, giovani, uomini d'affari, operai, studenti e ovviamente sinistrorsi... soprattutto la generazione nata negli anni Ottanta e Novanta e cresciuta con le canzoni di Ziad Rahbani. La generazione di cui facevo parte anch'io.

Tra l'altro: Rahbani, il padre degli spiriti liberi che per decenni aveva addestrato il nostro sguardo a riconoscere le ingiustizie sociali e ci aveva incitati – con il jazz! – alla critica costante nei confronti dello Stato e del clero, con il passare degli anni era diventato sempre più cinico. All'improvviso lo ritrovammo dall'altra parte: dopo un lungo silenzio lontano dai riflettori, in un'intervista televisiva, con grandissima delusione e amarezza dei suoi proseliti, disse di essere dalla parte del regime di Assad e di Hezbollah. Tuttora non posso più ascoltare le sue canzoni senza considerarlo un traditore.

Quella mattina io ero seduto davanti al mio negozio. Il mio vicino uscì dall'officina di alluminio, saltò sulla bici e mi gridò che stava andando alla manifestazione. Preso dalla curiosità, chiusi il negozio e lo seguii. Appena svoltai sulla strada grande vidi un corteo infinito di bandiere sventolanti e sentii i megafoni, sopraffatti solo dallo sferragliare delle saracinesche dei negozi abbassate in tutta fretta. E poi in lontananza, dalle parti del cimitero, sentii tre spari.

Manifestanti arrabbiati, mi raccontarono poi, avevano iniziato a prendersela con Ahmed Jibril, il capo del Comando generale, bersagliando di rifiuti uno dei suoi compari. Era scoppiata una zuffa con le guardie del corpo, e alla fine una di loro aveva sparato in aria. E la gente si era agitata ancora di più.

"Cosa gli dà il diritto di sparare qui in giro?" gridarono. "Bisognerebbe punirlo!"

Jibril e le guardie del corpo tagliarono la corda e attraverso i vicoli si rintanarono nel loro quartier generale. Che presto fu circondato.

Così tutta la rabbia s'indirizzò nei confronti dell'intraprendente guardia del corpo. "Fatelo uscire!" gridarono gli uomini in strada. "Non ha nessun diritto di sparare sulle nostre teste! Non deve uscirne impunito!"

Prima volarono pietre contro l'edificio, poi molotov contro le finestre, quindi comparve il fumo. I manifestanti cercarono di entrare barricandosi dietro cassonetti di metallo. Altri spari.

Io ero forse a centocinquanta metri di distanza, davanti all'ospedale Palestina. Vidi i feriti portati via dalla linea del fuoco su delle coperte. La maggior parte era stata colpita al petto, la pancia, la testa.

Non potevo più restare a guardare. Arrabbiato nero, saltai in bici e tornai a casa. Per la prima volta ero stato testimone di violenze. Avevo visto con i miei occhi l'amarezza e la rabbia delle persone.

Nei mesi a seguire il fronte palestinese si divise. Le grandi milizie si schierarono più o meno tutte dalla parte dei ribelli e all'inizio restarono a Yarmouk. Ahmed Jibril, che a quanto pareva quel giorno sul tetto del suo quartier generale era stato tratto in salvo da un elicottero dell'Esercito governativo, comandava i suoi da fuori. Il Comando generale era ancora presente a Yarmouk, ma ascoltava sempre meno gli ordini del suo comandante in capo. Molti disertarono, spesso i miliziani si scontrarono con gli abitanti di Yarmouk che non capivano perché chi aveva un fucile in mano dovesse avere più voce in capitolo. "Guarda, lì c'è uno che agita una bacchetta" li prendevano in giro.

I più giovani avevano comunque già trovato altri eroi, diversi da Fatah, Hamas e il Comando generale. I loro idoli erano i ragazzi italiani, tedeschi, francesi e svedesi arrivati a Yarmouk per imparare l'arabo o per appoggiare la causa palestinese. I locali li imitavano. Il "teniamoci fuori" del Comando generale entrava loro da un orecchio e usciva dall'altro.

Eppure Yarmouk ritrovò la pace. Ricevemmo un'ultima dilazione. Ci sarebbe voluto un altro anno e mezzo prima che la guerra raggiungesse il nostro quartiere. In questo anno e mezzo la rivoluzione siriana diventò sempre più sanguinosa, ma la vita da noi continuò come al solito.

Per me quell'estate, l'estate del 2011, fu un'estate di felicità. Il 7 luglio, un mese dopo la grande manifestazione, festeggiai il mio fidanzamento con Tahani. Iniziammo a vederci di nascosto nella Città Vecchia, avevo occhi solo per lei.

Due mesi dopo, il 7 settembre, ci sposammo. E anche allora il mondo a Yarmouk era ancora in ordine. Il nostro matrimonio fu una festa serena e quando attraversammo il quartiere nel cuore della notte con la carovana di macchine fino a Yalda non trovammo nessun checkpoint.

Poco dopo Tahani restò incinta, e io m'infiammai d'amore. A tutto pensavo fuorché alla politica. Stavo per fondare una famiglia, volevo che i miei figli stessero bene. Il nostro negozio andava alla grande. A Yarmouk erano venute ad abitare un sacco di persone fuggite da altri quartieri di Damasco. Nelle strade di accesso comparvero i primi checkpoint: i rifugiati non potevano uscire nuovamente dal nostro quartiere come se niente fosse. Iniziarono ad annoiarsi, e io ebbi ancora più allievi.

Ricordo, per esempio, tre studentesse che appoggiavano la rivoluzione con le unghie e con i denti. Due erano cristiane, la terza ismaelita, una corrente minore dell'Islam. Non so perché lo so, probabilmente venne fuori durante una delle nostre lezioni. Di sicuro non glielo chiesi, in Siria chiedere a una persona la sua confessione religiosa è assolutamente tabù.

Durante il 2011 e il 2012 le tre studentesse affrontarono la sempre più pericolosa strada per Yarmouk per fare lezione di pianoforte con me. Una veniva da Bab Sharqi, il cuore della Città Vecchia; un'altra dal vicino quartiere di Zahira, dove tuttora la situazione è calma; la terza da Taqaddum, nel sud di Yarmouk, dove di lì a poco s'iniziò a combattere. Nessuna delle tre portava il velo, ovvio, ma jeans e magliette attillate. I ragazzi di Yarmouk se le mangiavano con gli occhi! E Tahani... quant'era gelosa!

Con i miei allievi non parlavo mai di politica, era troppo pericoloso. Non si poteva mai sapere da che parte stessero, rischiavo di confessare le miei opinioni alla persona sbagliata. In Siria può costarti la testa. “Tra due persone c'è sempre una spia” diceva un detto popolare.

“Perché continui a fare tutta questa strada, così pericolosa?” chiesi un giorno alla ragazza della Città Vecchia. Per comodità la chiamerò Rania. “Di certo ci saranno maestri di pianoforte anche nel tuo quartiere.”

“Perché tu sei un bravo insegnante” rispose Rania, “e anche economico.”

Che risposta sincera! Presi il coraggio a due mani e le chiesi: “Cosa ne pensi delle proteste di Damasco?”

Le si illuminarono gli occhi, e poi esclamò: “C’è urgente bisogno di un cambiamento! Se non ora, quando? Così senza dubbio non si può più andare avanti!”

Sentire queste parole mi fece bene. Delle solite lamentele che si sentivano in giro si capiva poco. Anche le altre due studentesse poco dopo mi confessarono quanto si augurassero questo cambiamento. La democrazia! La fine della paura e dello spionaggio e della corruzione dilagante! La libertà!

Oggi quando penso ai primi speranzosi mesi della rivoluzione siriana penso a queste tre ragazze: il simbolo della via che avremmo potuto prendere, lontana dalla dittatura e dal fondamentalismo.

Invece andò diversamente.

Poco dopo attaccarono il quartiere di Tadamon, a ovest di Yarmouk. I missili arrivavano dal monte Qasiyun, dall’aeroporto di Damasco o da quello militare di Mezze. Cadevano sulle case di Tadamon sibilando e poi saliva una colonna di fumo nero.

La rivolta di Tadamon fu armata fin dall’inizio. Forse perché lì abitavano molti soldati... che avevano disertato per difendere i dimostranti dagli spari della Guardia repubblicana. Così nacque l’Esl, l’Esercito siriano libero. Molti esponenti della buona società di Damasco, si diceva, compravano ingenti quantità di armi al regime per poi donarle ai ribelli.

Tadamon era un quartiere di nuova costruzione in cui vivevano sunniti, alauiti, cristiani, sciiti, murshidi, ortodossi e ismaeliti. Quando il quartiere venne travolto dai disordini i fronti non rispettarono affatto le confessioni. Non mi stancherò mai di ripeterlo: all'inizio la rivoluzione siriana non era una guerra di religione. Lo è diventata molto dopo.

Il Comando generale iniziò a innalzare checkpoint agli ingressi di Yarmouk, in rappresentanza del regime di Assad. I combattenti dell'Esl, però, erano sempre più vicini, i conflitti a fuoco tra i due gruppi diventarono più frequenti. E a questo punto Ahmed Jibril, il barbuto segretario del Comando generale, l'amico di Assad, commise il peccato capitale: chiese aiuto all'Esercito governativo.

Il 15 luglio 2012 il primo carro armato entrò a Yarmouk. Ancora me lo vedo davanti agli occhi: arrivava dal "Cocomero", come era chiamata la fontana sferica del grande incrocio in direzione del centro di Damasco. Imboccava la grande strada commerciale e andava verso l'ospedale Palestina. E poi tornava indietro. Era questo il tragitto. Dopo quel giorno, ogni volta che percorrevo la strada grande in bici le mie gomme crepitavano sui solchi lasciati sull'asfalto.

Io ero il padre più felice del mondo. Ahmad, il nostro primo figlio, aveva tre settimane di vita. Era nato il 27 giugno 2012 nella Clinica ostetrica al-Bassel, con un parto cesareo. Spendemmo un sacco di soldi perché Tahani ricevesse le cure migliori possibili. Un mattino salimmo su un taxi, che ci condusse alla clinica; il mattino dopo riprendemmo il taxi con il bebè in braccio e tornammo a casa.

Iniziò il meraviglioso periodo della genitorialità. In negozio facevo il minimo indispensabile per poter stare di più a casa, anche solo tutti e tre nel lettone. I miei genitori, poi, erano al settimo cielo. Il loro primo nipote! Mio padre tirò fuori il suo violino e iniziò a suonare per il piccolo Ahmad. In lui già vedeva un secondo Aeham.

Fino a inizio agosto restò tutto calmo. Potevamo mettere il piccolo nel passeggino e portarlo a spasso. Io entravo e uscivo dalla vicina Yarmouk senza problemi. Poi, però, successe tutto molto in fretta.

All'improvviso nella nostra strada comparvero dei soldati. Di giorno andavano in giro in macchina come pazzi, sgommavano e facevano rombare i motori per mettere in chiaro chi comandava. Iniziarono a perquisire le case in cerca di combattenti, armi e persone che avevano partecipato alle manifestazioni. Una sera toccò all'appartamento dietro al nostro. Io non c'ero, Tahani era a letto e strinse a sé il bimbo tremando. Una serata dell'orrore. Il giorno dopo scoprimmo che c'erano state esecuzioni di massa. Sempre più persone fecero armi e bagagli e lasciarono Yalda all'istante.

Serviva un piano b. Chiesi aiuto ai miei allievi e un pomeriggio spostammo centinaia di strumenti dal negozio alla fabbrica di liuti. Erano solo pochi minuti a piedi. Ci vollero più viaggi. Da quel momento in poi la fabbrica diventò anche negozio, in casi estremi avremmo potuto anche abitarci.

Allo stesso tempo caricammo tutti i macchinari, le seghe e le pialle su un rimorchio e li trasportammo nel vecchio negozio, molto più piccolo. Mio fratello avrebbe continuato a usarlo per i suoi lavori di falegnameria, per confezionare porte e finestre. La fabbrica di liuti languì: nessuno ordinava un nuovo strumento mentre piovevano bombe.

Avevo commesso un errore. Nell'euforia dello sposino novello alla fine del 2011 avevo accettato una grossa commessa da parte del nostro miglior cliente, il grossista libanese: aveva ordinato milleduecento liuti. Trattandosi, appunto, del nostro miglior cliente rinunciammo al pagamento anticipato. A lui non lo chiedevamo mai. Anzi, comprammo subito il legno pregiato. Per almeno 40.000 euro.

Poco dopo, e fu la seconda stupidaggine, comprammo una rimanenza di pregiate chitarre Yamaha, seicento pezzi a 100 euro ciascuno. Un affare... disastroso. Di queste chitarre – che in tutto valevano 60.000 euro! – non ci siamo mai liberati, le abbiamo tuttora. Idem i milleduecento liuti. Quando furono pronti per la consegna il grossista si tirò indietro: prima cercò di prendere tempo e poi annullò la commessa. Così allo scoppio della guerra possedevamo migliaia di strumenti, e neanche un soldo.

Il trasloco degli strumenti avvenne giusto in tempo. Il 4 settembre mio cugino Mayad, che abitava nell'appartamento sopra il nostro, festeggiava il compleanno. Tahani si era messa in ghingheri, stava per salire. Io ero ancora in giro con uno zio che possedeva un minibus per rimediare gusci da liuti. Quel giorno l'Esercito governativo fece partire un attacco di artiglieria contro Yalda.

Appena le prime case della nostra strada andarono in pezzi Tahani prese il piccolo Ahmad e, chissà perché, una busta di fichi d'india in cucina; mio padre afferrò lo zainetto dei risparmi, mia madre una busta di viveri... e corsero tutti e tre in direzione di Yarmouk, via dalla grandinata di bombe.

Io ero ancora in giro in macchina. Anche intorno a noi

piovevano granate. Sentivo il fischio e poi – *woosh!* – atterravano a qualche centinaio di metri di distanza. Le strade si riempirono di macerie.

"Ma in che razza di pericolo ci stai mettendo!" mi gridò contro mio zio. "Cosa diavolo ci faccio qui?"

"Dio ci proteggerà" risposi io. "Accelera, veloce!"

Io ero al telefono con Tahani da un pezzo, mi stava dicendo dove fosse. Nello specchietto retrovisore vidi crollare una casa. Mio zio continuò a sfrecciare a colpi di clacson verso Yarmouk, io alzavo preghiere al cielo.

Finalmente li trovammo. Saltai giù dal minibus e abbracciai Tahani. Sopra le nostre teste ululavano granate dirette a Yalda. Proseguimmo verso la vecchia fabbrica di liuti.

Era tardo pomeriggio. Avevamo portato in salvo la nostra vita... nient'altro. Non avevamo nemmeno dei materassi. Un vicino, il caro *Abu* al-'Abed, vedendoci entrare di corsa venne a chiederci come stavamo. Ci procurò lenzuola e due grandi materassi. Ci mettemmo a dormire con i vestiti che avevamo addosso.

Il mattino dopo, quando ci svegliammo stanchi morti, il piccolo Ahmad aveva un bubbone sulla mano: lo aveva morso un ragno.

Uscimmo per rimediare lo stretto indispensabile: biancheria intima e spazzolini da denti, ciucci e pannolini. La zia di Tahani ci prestò delle pentole. Era uno spazio alto almeno sei metri, i muri spogli, il pavimento in cemento. Avevamo alzato due pareti aggiuntive. Davanti c'era il negozio con il bancone, le pianole, i pianoforti e centinaia di liuti appesi come grappoli d'uva. Oltre il muro si trovava la nostra unica stanza, piena di custodie per violini e scatoloni di chitarre. In fondo c'era la cucina provvisoria, divisa da un bagno alla bell'e meglio.

Ogni giorno speravamo di poter fare un salto nel nostro appartamento a Yalda a prendere qualcosa. La situazione, però, non ne voleva sapere di calmarsi. Prima di un anno fu impossibile tornarci. La trovammo con tutte le finestre saltate, mentre della casa dei miei era rimasta in piedi la metà.

Iniziarono tempi difficili. Non andavamo d'accordo. Io ero appena andato via di casa e mi toccava vivere di nuovo con i miei in un'unica stanza. Dormivamo su materassi buttati per terra pigiati come sardine. Io ero irritato, e Tahani stava ancora peggio. Era una giovane madre, allattava, le sue notti erano brevissime. E di giorno doveva sopportare il vociare e i rumori dei miei allievi. Vita privata? Non l'avremmo più avuta per parecchio.

Intorno a noi le persone continuavano a vivere nei loro appartamenti, noi invece eravamo già sfollati. Cercammo disperatamente di creare una sorta di normalità. La mattina mia madre metteva su musiche di Fairouz, la cui voce ci infondeva fiducia e chiarezza. Come aveva sempre fatto, come ai vecchi tempi. Mia madre, però, non cantava più.

L’esodo

Il 16 dicembre 2012, verso l’ora di pranzo, ero seduto in negozio a suonare il piano. All’improvviso ci fu una violenta esplosione. Vicina. Poi un’altra. Il negozio tremò, uno dei vetri si ruppe... ed esplose. Corsi fuori. Eravamo ormai abituati al rumore dell’artiglieria, negli ultimi mesi i bombardamenti aerei avevano riportato all’Età della pietra intere strade dei quartieri vicini. Yarmouk era stata risparmiata, ma queste esplosioni erano più vicine. Sentii un caccia che si allontanava.

Saltai in bici e controllai il cielo in cerca di colonne di fumo. Neppure il fumo, però, era attendibile, verso Tadamon ce n’era tantissimo. La gente gridava che un MiG aveva sganciato un missile sulla scuola Mansura: la mia ex scuola media! Ci andai... e mi ritrovai in guerra: macchine in fiamme, aria densa di fumo nero. Il missile era atterrato nel giardino vicino al cortile. Tutte le finestre della scuola e degli edifici circostanti erano distrutte, i muri erano pieni di schegge.

Appena arrivai dissero che un altro missile aveva appena centrato la Clinica ostetrica al-Bassel, l’ospedale in cui era nato nostro figlio. Spinto dalla mia maledetta curiosità andai anche lì. Morti e feriti erano già stati portati in strada, vidi un medico arrivare di corsa per capire se c'era ancora qualcuno da salvare.

"Portatelo dentro" gridò, e quattro tizi sollevarono una coperta con sopra un uomo con la faccia dilaniata, si vedeva solo sangue.

Poi arrivò un altro ragazzo di corsa e cercò di spostare una coperta con sopra una donna.

"È morta!" gli gridò qualcuno.

"Sto cercando mia madre!" rispose il ragazzo. Rimise a posto la coperta, mandò una giaculatoria in cielo – "*Alhamdulillah*" – e corse via.

Vidi il mio amico Thaer, il regista, in giro con la sua telecamera. Stava tremando. Da queste riprese sarebbe nato il suo corto, *MiG*.

Anche la moschea Husseini, dove avevano trovato riparo un sacco di sfollati, era stata colpita. C'erano persone che gridavano, superstiti che vagavano in mezzo al fumo in cerca di parenti, ambulanze che arrivavano a tutta velocità, sangue dappertutto.

Non ce la feci più. Mi sentivo impotente. Me ne tornai a casa.

Quella sera restammo seduti insieme a lungo. Raccontai a mio padre quello che avevo visto.

"Ma perché Yarmouk?" disse lui preoccupato. "Noi volevamo restarne fuori, e adesso ci bombardano."

E perché avevano preso di mira una scuola, la moschea, un ospedale, l'Anagrafe? Posti in cui al massimo c'erano sfollati, di sicuro nessun ribelle. Quanto alla moschea, la bomba aveva centrato il seminterrato in cui vivevano decine di famiglie. Erano morte più di quaranta persone. Andammo a letto angosciatissimi... o meglio, ci stendemmo sui materassi appiccicati come sardine e restammo svegli.

Il mattino dopo ci alzammo presto, alle sei, io e mio padre volevamo andare in centro. Dovevamo superare una serie di checkpoint, quindi era meglio partire di buon'ora. A mezzogiorno, quando il sole diventava impietoso, i soldati s'innervosivano, e chissà cosa poteva capitarti.

La settimana precedente l'Unrwa aveva ritirato i suoi dipendenti da Yarmouk. Perché non poteva più garantire per la loro sicurezza, perché le scuole gestite da loro ormai erano piene di sfollati e le lezioni erano l'ultimo dei pensieri. Come servizio sostitutivo, aveva annunciato che ci avrebbe dato dei contanti. Ogni palestinese avrebbe ricevuto 3.000 sterline siriane (30 euro) al mese. Pagate da una banca nel centro di Damasco. Era lì che volevo andare quel giorno, insieme a mio padre.

Era ancora presto, ma attraverso la vetrina vedemmo i nostri vicini che spostavano bauli e valigie nell'ingresso.

"Ma dove state andando?" chiesi.

"A trovare dei parenti per un paio di giorni."

Portarono via anche lenzuola e materassi. No, non sembrava una visita breve. Io e mio padre uscimmo. Ci prendemmo per mano, come avevamo sempre fatto, e ci incamminammo.

Quando svoltammo in Yarmouk Street ai miei occhi si aprì una vista che mi fece gelare il sangue: un flusso continuo di persone avanzava verso Damasco camminando in mezzo a una coda altrettanto interminabile di macchine. Era presto, ma erano almeno diecimila persone. Cariche fino all'inverosimile: buste, valigie, carriole, passeggini, ceste sulle biciclette e materassi dentro i portabagagli delle auto. La Nakba, l'esodo di massa dalla Palestina del 1948, doveva essere stato una cosa simile.

Mi avvicinai e chiesi dove stessero andando.

"A trovare dei parenti" rispose uno.

"Ancora non lo sappiamo" disse un altro. "Basta andarsene da Yarmouk."

"E perché?"

"Non lo hai ancora sentito? Su *Yarmouk-News* stamattina c'era scritto: il regime chiede a tutti gli abitanti di Yarmouk di lasciare immediatamente il quartiere. Che Dio ci aiuti. Chissà cosa hanno in mente..."

No, non lo avevo letto. *Yarmouk-News* era una delle tante pagine Facebook gestite da giornalisti improvvisati. Dall'inizio del movimento di protesta ne erano state aperte tantissime, per tutti i gusti politici. Alcune erano inutili quanto i media di Stato siriani, altre invece svolgevano un lavoro giornalistico certosino ed erano una valida alternativa alle fonti d'informazione classiche. Perlomeno a livello virtuale, Facebook permetteva di aggirare il divieto di riunione che in Siria vigeva dagli anni Sessanta. Il regime continuava a sabotare la piattaforma, ma ormai quasi tutti avevano imparato a eludere la censura.

I due MiG del giorno prima, l'ultimatum dell'Esercito governativo. E poi uno dei fuggitivi mi sussurrò: "Mio zio lavora per la Guardia repubblicana e ha detto che Yarmouk verrà messa sotto assedio." Mi sentii morire.

Ci mettemmo in coda. Di solito per uscire da Yarmouk ci volevano meno di dieci minuti. Quel giorno ci impiegammo tre quarti d'ora.

Il cellulare di mio padre squillò. Zio Mohammed. Dove eravamo? Anche noi stavamo per andarcene da Yarmouk? Doveva passarci a prendere?

"No" rispose mio padre. "Per adesso restiamo, aspettiamo di vedere che succede."

Discutemmo e alla fine decidemmo di prendere quel giorno come una prova di fuga. Se si fosse rivelato fattibile, anche noi ce ne saremmo andati. Prima di finire maciullati dalla guerra come profetizzava la gente.

Osservai le persone esagitate intorno: la maggior parte si era rifugiata da noi negli ultimi mesi da altri posti – quando avevano sparato nelle loro città e bombardato le loro case. Non c'era da meravigliarsi che si fossero rimessi subito in viaggio. Non avevano niente da perdere.

Superammo l'incrocio del Cocomero e poco dopo attraversammo il ponte verso Zahira Nuova, una zona costruita da poco con strade curate e case in granito chiaro, non di cemento come quelle di Yarmouk. Ai lati dei viali c'erano macchine parcheggiate e negozi aperti... nel mezzo, il flusso di sfollati. I primi erano stati accolti dalle scuole e dalle moschee di questa zona. Adesso però Zahira brulicava di persone bloccate che non sapevano dove andare a sbattere la testa. Alcune erano sedute sul ciglio della strada e dicevano: ci hanno cacciato tutti, nessuno ci vuole.

Una scena deprimente: da una parte le schiere di fuggitivi, dall'altra gli abitanti di Zahira che uscivano di casa di corsa con le chiavi in mano per chiudere i portoni. In modo che ai disperati non venisse in mente di dormire nelle scale.

Non sono dei mostri, ma vedendo la fiumana di gente devono aver avuto una paura folle. Zahira non doveva rischiare di fare la stessa fine di Yarmouk. Yarmouk aveva accolto un sacco di sfollati e l'aveva pagata cara.

Riflettei sulle varie opzioni. Davvero volevo fare una cosa del genere a mia moglie e al mio bimbo di sei mesi? E abbandonare il nostro negozio? Di cosa avremmo campato? Agli sfollati gli appartamenti venivano affittati a prezzi stellari, che noi non potevamo permetterci. L'unica possibilità, quindi, era alloggiare in una scuola o in una moschea. Dove le retate sarebbero state all'ordine del giorno.

Io non avevo fatto il servizio militare grazie all'università. L'interrogativo, adesso, era se grazie al matrimonio e a mio figlio sarei stato ancora esentato dal servizio. In realtà in Siria ci si poteva sposare soltanto dopo la leva. Mio padre, però, conosceva un tizio che conosceva un tizio che in cambio di una bustarella mi aveva messo il timbro dell'autorizzazione alle nozze sul documento militare. La verità era che pur con moglie e figlio potevano beccarmi in ogni momento. In quei giorni le regole di un tempo non valevano più.

Se i soldati non mi beccavano durante una retata in un centro di accoglienza per rifugiati, certamente l'avrebbero fatto a uno dei checkpoint, che ormai erano ogni cento metri. Un movimento sospetto e loro sparavano, ormai lo avevamo imparato. No, i presunti quartieri sicuri al di fuori di Yarmouk per me erano tutt'altro che sicuri.

Proprio in quel momento uno dei soldati sul ciglio della strada mi disse: "Ehi tu! Fammi vedere i documenti!"

Glieli diedi.

"Dove state andando?" chiese.

"In banca, a prendere i soldi dell'Unrwa." Restai calmo. Ero con mio padre, cieco, e avevo il libretto familiare nello zaino. Non mi avrebbero creato problemi.

"E poi dove andrete?"

"Torniamo a Yarmouk."

Lui ghignò e mi restituì il documento.

Proseguimmo abbastanza rapidi. Era il tragitto che io e mio padre avevamo fatto così tante volte per andare alla Scuola di musica. Il ricordo mi fece venire la malinconia. Quante ore avevamo passato lì, seduti nei minibus, a parlare di Dio e del mondo. Quante domande gli avevo fatto, da piccolo, e lui mi aveva sempre risposto con pazienza. Oppure le volte in cui ero passato di lì in bicicletta, quando il futuro sembrava ancora così lontano e infinito.

E adesso? La nostra casa era un materasso e il futuro arrivava a malapena al prossimo checkpoint.

Arrivati alla banca ci mettemmo in coda. Com'era normale la vita nel quartiere di Malki! La guerra che imperversava a pochi chilometri di distanza pareva solo un brutto sogno. Arrivò il nostro turno, mostrai il mio documento d'identità e ricevetti le 9.000 sterline siriane per me, Tahani e Ahmad. Ci rimettemmo subito in viaggio verso casa. Erano le undici passate, il sole era alto, dovevamo sbrigarci. Camminammo in silenzio, ogni tanto però mio padre chiedeva cose tipo: "Cos'è stato?", "Cosa vedi?"

Più ci avvicinavamo a Yarmouk più soldati c'erano per strada. La paura saliva e acceleravamo il passo. Come ci era venuto in mente di andare in centro? C'erano un sacco di macchine della polizia, camioncini, veicoli corazzati. Due escavatori si dirigevano verso il Cocomero. Quello stesso giorno avrebbero innalzato terrapieni su tutte le strade di accesso. Successe esattamente quello che aveva profetizzato l'uomo per strada: Yarmouk venne chiusa, iniziò l'assedio.

Ci fermò un altro soldato. "Dove state andando?"

"Torniamo a Yarmouk."

"Siete pazzi?"

Scrollammo le spalle e lo superammo in fretta. Sentimmo il rumore dei kalashnikov che venivano caricati. La battaglia poteva iniziare da un momento all'altro. Ovunque c'erano i cecchini, già appostati. Evitammo le strade piccole... e quando attraversavamo correvamo abbassando la schiena.

"E tutto questo per 9.000 sterline?" imprecò mio padre. "La prossima volta te le do io."

"Mi spiace" dissi io. "Mai avrei immaginato che sarebbe stato così brutto."

Mio padre fumava parecchio e non era abituato a camminare tanto. Sudava e aveva il fiatone.

"Papà, resisti" gli dissi sentendomi in colpa. "Dobbiamo farcela! Siamo quasi arrivati!"

Sì, i blocchi ormai li avevamo passati tutti. Le strade di Yarmouk erano vuote, i negozi chiusi. Nessuno era tornato, solo noi. Percorremmo la strada principale deserta. Per ben dieci minuti non incontrammo anima viva.

E poi li vedemmo: i guerriglieri dell'Esl, l'Esercito siriano libero. Stavano risalendo la strada, non ci guardarono nemmeno. Avevano fazzoletti neri in faccia e parlavano tra loro in maniera animata. Uno brandì la sua arma e gridò: "Dai che stasera siamo a Damasco!" E gli altri esultarono.

Finalmente arrivammo al negozio. Tahani e mia madre quasi mi presero a pugni, tanto erano arrabbiate. “Ma cosa ti è venuto in mente?” tuonò mia madre. “La prossima volta che decidi di rischiare la vita fallo da solo, il tuo vecchio padre lascialo a casa! Siamo morte di paura!”

Tahani aveva le lacrime agli occhi per il sollievo.

Aveva ragione. Fu l’ultima volta che lasciai Yarmouk. Che restava comunque il posto più sicuro.

Mio padre era stanco. Si era sforzato tantissimo. Aveva fumato una sigaretta, bevuto una tazza di tè e si era messo a dormire.

Accendemmo la tv per vedere il telegiornale. L’Esercito governativo, scoprimmo, aveva iniziato l’offensiva contro i “terroristi che avevano occupato Yarmouk”. Parlarono degli sfollati, che erano stati sistemati tutti benissimo, e maledissero i terroristi.

Non era così, e io ne sono testimone. Avevano svuotato un quartiere e poi attirato lì dentro l’Esl. Per ingabbiare meglio i guerriglieri. E i locali che erano rimasti.

La granata all'angolo dei falafel

Così adesso il nostro quartiere era chiuso. Alle uscite erano appostati i cecchini dell'Esercito governativo, aiutati dalle milizie del Comando generale. Yarmouk diventò un quartiere fantasma. Le grida dei venditori, le risate dei bambini, le urla delle mamme, i ragazzi che fischiavano dietro alle loro coetanee, le ragazze che facevano finta di innervosirsi e accelerare il passo, *Abu* Mohammed con il suo narghilè all'angolo, *Abu* Balila che vendeva i suoi ceci cotti urlando a squarciagola... tutti via. Come anche i miei allievi di musica, i miei clienti, i miei amici. Fino a pochi giorni prima a Yarmouk aveva abitato mezzo milione di persone, adesso ne erano rimaste al massimo cinquantamila. Come se un virus letale avesse decimato l'umanità.

Vagavo per strada senza meta. Non avevo niente da fare. Ero depresso. Torturato dalle domande. La mia famiglia era rimasta per causa mia. Era stata la decisione giusta? Dovevamo fuggire anche noi, sperando di attraversare la guerra illesi? Cosa ne sarebbe stato di noi?

Yarmouk era nelle mani dell'Esl. Vedevo ogni giorno i guerriglieri con il loro fazzoletto nero in faccia. Non volevano essere riconosciuti, magari a Damasco avevano moglie e figli. Prima di raggiungere il fronte, ovvero l'incrocio del Cocomero, a bordo delle loro malridotte macchine da Mad Max uno teneva un discorso, alla fine del quale gli altri agitavano i kalashnikov e gridavano: "Dio è grande!" E poi, tutti ringalluzziti, partivano. Meno male che il nostro negozio era all'altro capo di Yarmouk.

Mese dopo mese, il blocco diventò più rigido. Donne e anziani potevano ancora passare i checkpoint, ma solo a determinati orari e dopo perquisizioni approfondite. E nelle loro sacche potevano trasportare sempre meno cose. Prima dissero: "Cinque chili a persona"; poi: "Solo il fabbisogno giornaliero", e questo fabbisogno venne razionato sempre di più.

Sapevamo cosa era successo a Homs, Dar'a e Duma: centinaia di migliaia di persone erano state intrappolate dall'Esercito governativo ed erano morte di fame. Si erano ridotte a mangiare piante di lotus e foglie. A Yarmouk sarebbe toccato lo stesso destino? Ma noi eravamo palestinesi neutrali, dissero poi, rifugiati fedeli del 1948! Perché il governo siriano, roccaforte della resistenza contro l'occupazione sionista, doveva far morire di fame proprio noi?

Alcuni negozi vendevano ancora scorte di magazzino. Le madri rimaste con le pentole vuote potevano ancora andare a Damasco a comprare riso o olio... e conservarne una parte come provviste. Tuttavia, settimana dopo settimana diventò tutto più caro, e gli stomaci restarono vuoti.

Tutti i nostri parenti avevano lasciato Yarmouk in fretta e furia, compresi zio Mohammed e zio Sadiq. Questi ultimi possedevano piccoli spacci in cui vendevano fagioli e riso, tè e zucchero, ceci e spezie. Una mattina zio Sadiq superò lo sbarramento e mi portò le chiavi in negozio.

"Quello che è rimasto nei nostri spacci... vendi tutto" mi disse, "ma a prezzo normale, non più caro! Sarebbe *haram*." Insomma, non volevano fare strozzinaggio con il cibo. Lo spaccio dello zio Mohammed lo trovai quasi vuoto, negli ultimi tempi non era andato tanto bene. Da zio Sadiq, invece, c'erano otto tonnellate di cibo: sette di lenticchie rosse, comprate come mangime per piccioni.

Annuii. Sì, venderò tutto. Ma poi all'inizio non feci nulla. Mica ero un mercante di lenticchie!

A febbraio, però, per caso ci ripassai davanti e vidi la saracinesca dell'ingresso tutta storta. Sfondata da una granata. Lo spaccio doveva essere aperto da giorni, chiunque sarebbe potuto entrare e saccheggiarlo. Bisognava agire subito. Spostare le cose di giorno, però, era impossibile. Se un soldato ci avesse visti ci avrebbe sequestrato tutto.

Così tornammo di notte: io, mio padre e mio fratello. Caricammo i sacchi su un carretto che trovammo dentro e partimmo. Restammo in giro tutta la notte, per diverse notti. Di giorno stavamo attenti e appena calava il buio ripartivamo con nuovi carichi per le strada deserte. Solo una volta ci capitò di incontrare qualcuno, un uomo. E come vuole il diavolo... proprio in quel momento un sacco cadde e si ruppe.

"Di chi sono queste lenticchie?" chiese.

"Di mio zio" risposi io, "e le venderemo."

"Dalle a me."

"Le venderemo a un prezzo onesto, un po' per ciascuno. Passa!" Gli spiegai dov'era il nostro negozio e lui se ne andò.

Cosa dovevo fare? Passavo le giornate a girarmi i pollici, così iniziai a vendere lenticchie e fagioli. Per un mese e mezzo, ogni giorno, dall'una alle quattro, ero al negozio di musica a vendere riso invece che corde di violino, farina al posto delle chitarre. Un chilo di zucchero costava 25 sterline siriane (20 centesimi). Di lì a poco sarebbe arrivato a 2.500 sterline. Probabilmente fui ingenuo, ma proprio non riuscivo a immaginarmi quanto potesse essere totale un assedio. In mezzo a una grande città come Damasco.

Presto la notizia dei miei prezzi buoni si diffuse. Quando aprivo il negozio, all'una, trovavo già dieci persone in fila. Per essere sicuro di non approvvigionare strozzini feci molta attenzione a dare a ogni cliente la stessa quantità. All'inizio due chili a persona al giorno. Poi un chilo. Alla fine mezzo.

Le persone in coda controllavano le mie razioni con avidità. Avevano tutti il terrore di morire di fame. C'erano dei litigi, qualcuno si lamentava e diceva: "A lui hai dato di più!"

"No!" rispondevo io, "guarda, ho una bilancia. Lo stesso per tutti."

A maggio era tutto finito: zucchero, riso, scatolette di tonno, bulgur, burro. L'unica cosa di cui non ero riuscito a liberarmi erano le lenticchie rosse. Non le voleva nessuno. Solo una volta era venuto un idiota e mi aveva fatto una proposta: "A casa ho una piccionaia. Le lenticchie dalle a me, per i miei uccelli". Dissi di no. La gente pativa la fame e le lenticchie dovevano finire in bocca a dei piccioni? Nemmeno per sogno.

Mi venne un'idea migliore. "Sai cosa, papà? Visto che questa storia delle bombe per il momento pare continuare, le lenticchie... potremmo usarle come barricate!" E così impilammo i centoquaranta sacchi da cinquanta chili davanti al nostro negozio-casa. Se fosse caduta una granata, le schegge sarebbero rimaste conficcate nel muro di legumi. Si sperava.

L'unica luce in questi giorni bui era il piccolo Ahmad. Che lanciava gridolini e rideva e borbottava e cresceva. Presto avrebbe iniziato a camminare. Avevamo rimediato un girello per farlo andare in giro in negozio in punta di piedi. Adorava toccare i sacchi di lenticchie con i suoi ditini. Ogni giorno me lo mettevo sulle ginocchia mentre suonavo il piano, e lui sbatteva con le manine sui tasti. Anche mio padre suonava il violino per suo nipote, e mia madre ogni tanto cantava. Così piano che nessuno la sentiva.

'Ala, mio fratello, continuava a lavorare come falegname. Aveva parecchio da fare, Yarmouk era diventata un paradiso per rapinatori e saccheggiatori. C'erano interi palazzi vuoti. I portoni venivano scassinati e poi i proprietari, magari passati un momento a controllare, chiamavano mio fratello. Oppure riparava finestre danneggiate dalle esplosioni. 'Ala abitava nella sua falegnameria, ovvero il nostro ex negozio di musica. Lì si cucinava anche e la sera usciva con i suoi amici. Da noi passava di rado.

Lavorava ancora anche a Jaramana, un quartiere di nuova costruzione a est di Yarmouk dove abitavano molti suoi amici. Passava il checkpoint la mattina presto, costruiva porte in vari cantieri e restava a dormire da qualcuno. Dopo qualche giorno tornava e a volte ci portava pane e pomodori.

Mio padre gli disse che doveva smettere. "Ti prego, 'Ala, qui a Yarmouk hai abbastanza lavoro" lo implorò, "i checkpoint sono troppo pericolosi, non uscire più!"

“Basta, taci” lo zittiva mio fratello. “I soldati non mi fanno paura. Cosa può succedermi?” Be’, in fondo lui il servizio militare lo aveva fatto. Subito dopo la scuola, per due anni. Ma non era stato chiamato. Cosa poteva succedergli?

“Può succedere a chiunque” insisteva mio padre. “Lo sai benissimo! Le storie che girano le avrai sentite... possono incolparti di qualsiasi cosa!”

Mio fratello scrollava le spalle. I nostri genitori non li aveva mai ascoltati in vita sua. Perché avrebbe dovuto farlo proprio in quel momento?

Il 22 giugno 2013, un sabato, andò via da Yarmouk al mattino presto per passare il checkpoint verso Jaramana. Era passato a salutarci la sera prima.

Verso le undici venne un uomo.

“Ho bisogno di parlarvi” disse a me e mio padre. Eravamo al bancone, in negozio. “Però dovete giurarmi che non farete il mio nome. Mai, per nessun motivo.”

Giurammo.

“Hanno preso ‘Ala.”

Mio padre crollò. Come se il suo corpo si fosse svuotato di ogni soffio d’aria. “Cos’è successo? Ti prego, racconta!”

“Stamattina al checkpoint hanno arrestato una decina di uomini. Me compreso. Ci hanno buttati dentro una camionetta. Io però per fortuna ho uno zio al Comando generale, e lui ha subito chiesto al comandante di lasciarmi andare. Così l’ho scampata. All’ultimo momento ‘Ala mi ha gridato di avvertire i suoi genitori.”

Mio padre tremava. “*Umm* Aeham, vieni, sbrigati!” chiamò verso il retro.

Umm Aeham, ovvero mia madre, sbucò fuori dalla tenda. "Che è successo?" chiese annodandosi il velo.

"Hanno preso 'Ala."

Ci mise un attimo a capire. Poi cominciò a singhiozzare.

"Andiamo subito al checkpoint!" esclamò mio padre. "Forse possiamo fare qualcosa!"

Partimmo in quattro, di corsa. Strada facendo scoprimmo che a puntare il dito contro mio fratello era stato l'uomo con il passamontagna.

L'uomo con il passamontagna nero: ormai ce n'era uno a ogni checkpoint. Osservava le persone, ne indicava una e i soldati la portavano via. Poteva significare di tutto: che da quel momento in poi eri sospettato di far parte dell'Esl; che dovevi combattere nell'Esercito governativo; che saresti scomparso nelle camere di tortura. Sì, poteva essere anche una sentenza di morte. L'uomo con il passamontagna era allo stesso tempo giudice e boia.

Sotto questo passamontagna poteva nascondersi chiunque: un uomo dei Servizi, un traditore, un semplice prigioniero. Se l'erano lavorato un po' con le scosse elettriche e poi gli avevano ficcato in testa un pezzo di lana con due buchi per gli occhi e lo avevano piazzato allo stesso posto di blocco in cui era stato catturato. E lui indicava persone a caso per raggiungere il suo numero quotidiano. Purché la smettessero di torturarlo.

L'uomo con il passamontagna aveva indicato mio fratello e aveva detto: "Quello è 'Ala". Quindi lo conosceva. E come? 'Ala si era preso a botte con un sacco di ragazzi a Yarmouk. Chi aveva raccontato cosa sul suo conto? Chi si era vendicato in maniera così becera?

Accompagnai i miei genitori fin dove potei e poi proseguirono da soli. Io aspettai all'ombra. Stava crollando tutto. Immaginai dove potesse essere 'Ala. Cosa gli stessero facendo. Perché non aveva dato retta a mio padre, almeno per una volta? Perché se mio padre diceva "giorno" lui doveva dire per forza "notte"?

Ripensai a una volta in cui 'Ala era uscito in strada, non aveva nemmeno dodici anni. Dei vicini si erano appena lamentati del mio pianoforte, come al solito. "Il prossimo che si lamenta se la vedrà con me personalmente" gridò. "Gli spezzo le corna!" Alla volta in cui era caduto dentro una fontana con il costosissimo libro di *Solfège*. A quando mi aveva buttato per terra mentre ristrutturavamo il negozio. Ai litigi infiniti con mio padre. Aspettai all'ombra per ben cinque ore.

Finalmente i miei tornarono. Senza 'Ala. Erano andati al checkpoint e un soldato gli aveva detto: "Aspettate qui che torna il comandante."

Avevano aspettato, per ben due ore. Il comandante era tornato e i miei genitori erano stati ricevuti.

"Sono cieco, ho bisogno di mio figlio" disse mio padre, "è la mia unica consolazione, per favore restituitemelo."

"Non so di cosa parla" rispose l'uomo.

"È stato arrestato stamattina."

"Noi non abbiamo arrestato nessuno."

"Lo so per certo, me lo ha raccontato una persona."

"E chi è questa persona?"

"Non so come si chiami."

"Sei solo un bugiardo! Sparisci o ti arresto!"

Gettarono la spugna. I checkpoint sono strade a senso

unico: se le imbocchi non c'è più ritorno. Avrebbero dovuto lasciare Yarmouk per sempre. Così si rimisero in fila nella direzione opposta.

Tornammo a casa. Mia madre pianse, piano. Arrivati al negozio trovammo Tahani fuori di sé per la preoccupazione. Nell'agitazione generale nessuno aveva pensato di avvertirla. Mio padre iniziò subito a fare telefonate: chi conosceva chi al Comando generale? I telefoni fissi ancora funzionavano. Qualcuno ha sentito qualcosa? Chi conosce chi che potrebbe conoscere qualcuno che sa qualcosa?

Il mattino successivo, all'alba, i miei genitori si misero in cammino verso Damasco per andare a palare con le autorità. Per cercare di scoprire qualcosa. 'Ala Ahmad, nato il 13 febbraio 1991, arrestato il 22 giugno. Le dice qualcosa?

E visto che in quei giorni le code ai checkpoint erano lunghe diverse centinaia di metri tornarono solo la sera tardi. Il mattino dopo ripartirono.

Lo fecero per giorni, e avrebbero continuato per anni. Alla ricerca di una traccia, seppur piccola. Lo fanno centinaia di migliaia di persone, in Siria. Cercano disperatamente una minuscola traccia.

Insieme a mio fratello se ne andò anche l'ultimo briciolo di gioia di vivere. Mia madre spesso passava le notti sveglia e si alzava con gli occhi lucidi. Mio padre, un tempo così allegro e chiacchierone, restava ore e ore seduto accartocciato su se stesso a fumare. Poi all'improvviso saltava in piedi e gridava: "Mio Dio, mio Dio, non ce la faccio più! È troppo. Cosa posso fare?"

I miei genitori pregavano cinque volte al giorno, come

avevano sempre fatto. Spesso insieme. Li sentivo invocare Dio a gran voce di ridarci indietro 'Ala. E di aiutarlo in questo momento difficile.

Il 18 luglio accadde: Yarmouk venne sigillata. Dalla sera alla mattina i checkpoint diventarono invalicabili. Non poteva più uscire nessuno. Idem entrare: niente riso, olio, latte in polvere, zucchero. Iniziò l'assedio. Staccarono la corrente. I prezzi del cibo andarono alle stelle.

A volte penso che fosse una cosa programmata nei minimi dettagli. Perfino la posizione del quartiere-campo era stata scelta in modo da poterlo tagliare fuori dal resto della città in un battito di ciglia. Un checkpoint al Cocomero, un paio di cecchini lungo la drittissima Palestine Street, ovvero il confine orientale, e Yarmouk e i quartieri ancora più a sud erano isolati.

Di lì a poco ci furono i primi morti per inedia. Il 18 agosto morì di fame una neonata di sei mesi, mentre la madre passava al setaccio ogni angolo del quartiere in cerca di cibo per bimbi piccoli. Poi toccò a un uomo nefritico, cui la misera alimentazione diede il colpo di grazia. Questi decessi mandarono le persone ancora più in crisi. "Ho la faccia di uno che sta per morire?" si chiedevano a vicenda. "Ho gli occhi rossi, che significa?"

In questa situazione, per una logica perversa il fatto che mio padre fosse cieco si rivelò un vantaggio. Veniva trattato con più rispetto e a volte anche favorito. Per esempio, un giorno dissero che stavano per abbattere un boschetto e c'era la possibilità di ricevere un tronco. Corremmo subito all'ufficio dell'Esl e di fatto a mio padre ne assegnarono uno. Pesava oltre una tonnellata. Con il carretto ci vollero tre viaggi.

Iniziai a segarlo davanti casa; prima a fette, poi le rimpicciolivo con martello e scalpello. Impilai i ciocchi intorno alla stufa, in modo che si asciugassero più in fretta. La nostra casa iniziò a odorare di resina speziata.

In lontananza continuavamo a sentire l'artiglieria e i colpi di fucile, Yarmouk ormai era immersa nel buio e nel silenzio. Era tutto improvvisato. Senza corrente la lavatrice non funzionava, ovvio, così m'infilavo gli stivali di gomma e i pannolini di stoffa li pestavo in un mastello. Non c'erano più detersivi, i piatti li pulivamo con la cenere. Shampoo e sapone erano agli sgoccioli, ci facevamo la doccia fredda e le mani ce le lavavamo una volta al giorno. Non c'era più né caffè né tè. Preparavamo delle brodaglie con la cannella, che possedevamo in abbondanza. Il latte non lo avevamo quasi mai. Ahmad beveva acqua zuccherata. Anche il tabacco era finito. A mio padre giravo sigarette di menta secca.

Quando le fumava davanti al negozio si sentiva una puzza terribile. Ma non voleva rinunciarci, anche a costo di puzzare lui stesso in quel modo terribile. Quando prendeva in braccio Ahmad poi anche il bambino puzzava di fumo alla menta.

Un giorno Tahani sbottò. Si lamentò che il piccolo puzzava e che bisognava lavarlo un'altra volta. A voce alta.

"È pur sempre mio nipote!" replicò mio padre arrabbiato. "E lo prendo in braccio quanto mi pare e piace!"

Tahani tacque. Capì di averlo ferito.

La sera andavamo a letto presto. Cosa dovevamo fare, di cosa dovevamo parlare? Eravamo dei cavernicoli, le pupille ingigantite dalla debole luce delle candele, le facce annerite dalla fuliggine e dal fuoco.

Il non far nulla, questo stato di afflizione, mi facevano impazzire. Dovevo iniziare qualcosa di nuovo. E un giorno mi venne una delle mie idee folli. “E se con le lenticchie facessimo dei falafel?” chiesi a mia madre.

“Cosa?” disse lei stupita. “Falafel di lenticchie?”

Lo ammetto: io fino a quel giorno non avevo mai cucinato in vita mia. Non ero capace, non ero portato, non mi piaceva. Una volta da bambino mi ero bruciato con l’olio bollente e mia madre da quel giorno mi aveva vietato di entrare in cucina. Appena ero andato a vivere con Tahani mi ero tagliato un dito preparando i pomodori, e anche lei aveva sentenziato: lascia fare a me che è meglio.

Erano settimane che guardavo quei sacchi di lenticchie pensando che la gente del quartiere stava facendo la fame.

Di solito i falafel si fanno con i ceci. Bisogna lasciarli a mollo una notte. Poi si aggiunge lievito, prezzemolo, aglio e cipolle; si aggiusta di coriandolo, cumino, sale e pepe. S’infila tutto in un tritacarne e dalla massa ottenuta si fanno delle polpettine grandi come palline da ping pong da friggere nell’olio bollente. Tutto questo lo avevo sempre visto. Mai fatto con le mie mani.

M’infiammai di entusiasmo: avrebbe funzionato, no? Feci ammorbidire le lenticchie dure come sassi per due giorni, aggiunsi foglie di lotus – cresceva sui prati di Yalda – e aggiustai con l’unica spezia che ci era rimasta: brodo in polvere proveniente da una fabbrica di noodle saccheggiata di recente. Infilai tutto nel tritacarne, feci le polpette, le frissi. Provai. Sapevano un po' di curry, per il brodo in polvere. Per il resto... erano fantastici!

Provò mia madre. "Buoni" commentò.

M'illuminai. Finalmente avevo qualcosa da fare. Pochi giorni dopo aprii il mio primitivo stand di falafel. Mi misi per terra, in un angolo a qualche metro di distanza dal negozio; il piccolo fornelletto davanti e di fianco la tinozza con l'impasto. Due palline 10 sterline siriane (8 centesimi), il prezzo che facevano a Damasco. Speculare sulla fame altrui? Non ci pensai nemmeno.

In poco tempo davanti al mio angolo dei falafel si formarono lunghe code. La gente veniva perfino da Yalda ed era disposta a fare un'ora di fila. Un giorno si presentarono pure guerriglieri dell'Esl, con il kalashnikov a tracolla. Li pregai gentilmente di tornare senza armi, la volta successiva. Loro non protestarono.

Ogni sera io e Tahani preparavamo almeno venticinque chili di impasto. Lenticchie rosse, foglie di lotus, brodo in polvere: tritacarne e via, i "falafel dell'assedio" erano pronti. Tahani mi chiese più volte di non restare tutto il giorno fuori, poteva essere pericoloso. Io non la ascoltai. In un turno friggevo almeno tremila palline. Un cugino alla lontana, Samer, l'unico parente rimasto a Yarmouk, mi diede una mano. Tirava fuori i falafel dall'olio e li dava alle persone.

Di olio ne avevo in abbondanza. In quei giorni, infatti, era stata saccheggiata anche una fabbrica di patatine. L'olio da frittura al mercato nero di Yarmouk lo vendevano in taniche da venticinque litri. Ne comprai dieci.

L'unico problema era il carburante per il fornelletto. Ma

anche a questo c'era rimedio. Bastava dare fuoco alla plastica, con l'aiuto di pezzi di armadi, porte, tappeti, e poi far raffreddare il fumo nero vicino a uno sfiatatoio: sotto gocciolava una specie di benzina. A un certo punto la gente iniziò a bruciare tutta la plastica che trovava, si svuotavano interi isolati, i cui muri erano pieni di tubi di plastica, ovvero combustibile.

Certi giorni facevo polpette dalla mattina alle otto alla sera alle sette. Quando si mettevano in bocca quei bocconi caldi le persone s'illuminavano. Mi riempivano di lodi e complimenti: Che Dio ti protegga!

Eppure io mi sentivo da schifo. Ero arrabbiato. Che fine avevo fatto? Fino a poco prima avevo sognato una carriera da musicista, il successo, entravo e uscivo dalla casa di Faisal Jamal, uno dei migliori pianisti del paese. E adesso ero lì, buttato per terra, con i vestiti sporchi di olio e di lenticchie fritte. Mi sembrava una punizione: per quale crimine?

Sentivo i bisbigli della gente: sì, è il pianista, e poi annuivano in direzione del nostro negozio. In alcuni sguardi vedevo stupore. Gioia maligna. Quanto li odiavo.

"Oh, ma guarda chi abbiamo qui?" disse un giorno un conoscente passando per caso. "Il signor pianista! Hai sentito la chiamata della friggitrice di falafel?"

"Sì" risposi io brusco. "Sono pianista e venditore di falafel!" E poi gli gridai dietro: "Perlomeno io do da mangiare alla mia famiglia e non rubo il cibo altrui!" Avevo sentito dire che si arrampicava dentro gli appartamenti vuoti per rovistare in cerca di viveri. Gli avevo risposto per le rime, ma schiumavo di rabbia.

Una di quelle sere mi sedetti davanti al negozio con un paio di vicini, intorno al fuoco. Sembra una scena romantica, ma in realtà c'era una puzza infernale, visto che a bruciare erano bottiglie di plastica. Non sprecavamo legna per i fuochi da campo. Perlomeno le bottiglie di plastica bruciavano bene, con fiamme alte, scaldavano.

Ci stavamo scambiando le solite novità. Tizio è morto. E Caio che fine ha fatto? Chi distribuisce la zuppa ai bisognosi, adesso? Zuppa fatta di brodo in polvere, nient'altro. E poi uscì Tahani e disse: "Perché non ci suoni qualcosa? Dai, ti porto la fisarmonica!"

"Dici sul serio?" feci io. "Così, nel cuore della notte, in mezzo alla strada?" Erano le undici passate.

Tahani mi guardò con un'espressione amorevole e determinata, come a dire: "Chissenefrega". Rientrò e mi portò la fisarmonica. Non ce la faceva più a vedermi così triste.

Iniziai a suonare. Una canzone di Fairouz che conoscevano tutti. I volti depressi si rasserenarono, i ragazzi iniziarono a cantare. Ancora una canzone. Un'altra. Ci sciogliemmo, d'un tratto quel fuoco di plastica non puzzava più. Fu una bella serata.

Un giorno, verso l'ora di pranzo, come sempre ero seduto per terra a friggere falafel insieme a Samer. C'era una coda infinita: cento, centocinquanta persone, non le avevo contate. All'improvviso ci fu un'esplosione, mi ritrovai sdraiato per terra privo di sensi.

Mi fischiavano le orecchie. Vidi le persone correre in mezzo a vortici di polvere: gridavano, ma piano, come se fossero lontane.

Samer mi toccò una spalla. "Aeham, Aeham" gridò, "è

tutto a posto?” Aveva i pantaloni pieni d’olio. La pentola dei falafel si era rovesciata.

“Sì, tutto bene” mormorai io annebbiato. Non mi faceva male niente, eppure sentivo che c’era qualcosa che non andava. Ma cosa?

“Sei sicuro?” insistette lui. “La tua mano... sanguina!”

Guardai in basso. Dalla mia mano destra sgorgava sangue, al ritmo dei miei battiti cardiaci. “Ma che è successo?” chiesi biascicando.

“È caduta una granata!”

Prese un asciugamano e me lo premette contro la mano per fermare l’emorragia. Aiutò. “Riesci a camminare?”

Provai. Sì, ci riuscivo, ma ero ancora storditissimo.

“Presto, dobbiamo andare in ospedale!”

Partimmo. Finalmente capii: la granata era caduta su una casa. Qualche metro più avanti e all’angolo dei falafel saremmo morti tutti. Diverse persone invece si erano rialzate, probabilmente si erano beccate solo una scheggia o un pezzo di macerie. Davanti a me stavano trasportando via un uomo su una coperta. Aveva la faccia piena di sangue e il suo corpo ondeggiava come un elastico. Lo riconobbi: aveva mangiato spesso falafel da me. Era morto.

Mi guardai la mano: l’indice e il medio erano come appesi. Se cercavo di piegarli sentivo muoversi qualcosa sul dorso, proprio sotto la pelle. Cos’era, a muoversi? Era una sensazione stranissima.

È finita, pensai, mi staccheranno le dita e il pianoforte potrò sognarmelo solo la notte. Giorni prima avevo ripreso in mano un pezzo di Mozart iniziando a improvvisarci sopra.

Era stata l'ultima volta che avevo suonato? La mano sinistra però era ancora intatta, avrei suonato con quella e con le dita che mi rimanevano della destra. Mi venne in mente un video di YouTube in cui un uomo suonava pezzi complicati con due dita soltanto o un altro tizio che suonava con le dita dei piedi. Quindi se mi fossi esercitato molto usando le altre otto dita... Imprigionato in questi pensieri entrai nel lazzaretto di al-Hajar al-Aswad, dietro gli uomini con il morto sulla coperta.

I miei occhi ci misero un po' ad abituarsi alla penombra. Prima in quella sala venivano festeggiati i matrimoni, adesso era divisa da teli e coperte in dodici stanze provvisorie per degenti. Il morto venne lasciato sulla branda davanti a sinistra, io mi misi sul terzo lettino. La pelle aveva delle macchie scure, sangue secco. I letti occupati erano pochi. In quei giorni a Yarmouk non si sparava tanto.

Dopo qualche minuto un uomo venne da me. Aveva un camice bianco pieno di schizzi di sangue.

"Che è successo?" domandò.

"Stavo vendendo falafel per strada e all'improvviso è esplosa una granata. Mi sono beccato una scheggia." Gli mostrai la mano destra.

"Okay, vediamo." Si mise gli occhiali con le lenti d'ingrandimento e puntò un fascio di luce sulla mia mano. Mi chiese di muovere le dita, verificò i miei riflessi, controllò le zone insensibili e quelle che mi facevano male.

"La scheggia ha lacerato il muscolo estensore comune dell'indice e del medio. Una volta ho visto un medico ricucirlo, posso provarci..."

"Ma tu non sei medico?"

“No, sono falegname.”

“Falegname?”

“Ma per sei mesi ho lavorato insieme a un dottore, ho già fatto diverse operazioni. L’alternativa è amputare.”

“No, ti prego! In realtà non vendo falafel, sono un pianista!”

Ridacchiò. “Ci provo” disse, “oggi non abbiamo molto da fare. Però non posso garantirti che ti tornerà la sensibilità in queste dita...”

“Fa’ il meglio che puoi.”

“Chiudi gli occhi” disse, cerca di rilassarti, stai fermo e non guardare la mano.” Mi mise sotto il naso un pezzo di ovatta imbevuto in una sostanza narcotica. Il mondo si rabbuiò.

E poi, mi raccontò Samer dopo, con due pinzette tirò un po’ fuori i due lembi di muscolo tagliati e li ricucì insieme. Ricucì anche la ferita e mi fasciò la mano steccando le due dita con un bastoncino. Si prese cura di me per oltre due ore.

Fine dell’operazione. Pregò Samer di riaccompagnarmi a casa e mentre stavamo andando via mi gridò: “Guai a te se suoni! Devi aspettare almeno due mesi prima di muovere di nuovo le dita!” Annuii e uscii dalla sala. Davanti, sulla prima barella, c’era ancora il morto.

Quante me ne disse Tahani quando arrivai a casa. Aveva sentito l’esplosione, visto le pozze di sangue, chiesto a mezzo mondo dove fossi finito. Nessuno le aveva risposto. Nessuno le aveva detto che ero rimasto ferito. La gente odiava riferire brutte notizie. Preferivano mentire, o fare finta di non sapere niente. Anche se sapevano benissimo cos’era successo.

Dopo quattro settimane tolsi la benda per controllare la

ferita e i punti cuciti con un filo in cotone sintetico nero. Le punte delle dita erano fredde, la carne sotto le unghie chiarissima, non sentivo niente.

Mi sedetti al piano e iniziai a suonare. Qualche scala. Da capo. Avevo dolore ma ci riuscii. I primi giorni mezz'ora, poi un'ora, un'ora e mezza. Anni dopo, in Germania, sono andato da un medico, il quale ha fatto delle lastre alle dita e mi ha visitato. "È impossibile che queste dita funzionino. Come pensi di fare concerti?" I nervi delle dita incidentate, mi ha spiegato, erano distrutti per il settanta per cento. Aveva ragione, era impossibile.

Una settimana dopo l'incidente ricominciai a vendere falafel. Ci mettemmo qualche strada più avanti, lontano dalle macchie di sangue, e io e Samer ci scambiammo i ruoli: lui friggeva e io vendevo. Presto la coda si allungò, girava intorno a mezzo isolato. Poteva costare la vita, ma a quegli stomaci vuoti non interessava.

Le persone avevano fame. Quando arrivava il loro turno prendevano in mano le polpette calde e le guardavano con occhi innamorati. Le annusavano. Mordicchiavano la crosta. Davano il primo morso, piano. Masticavano con gusto. Alcuni avevano rimediato un mazzetto di erba verde e amara, un gambo di dente di leone, rucola selvatica o lotus, e tiravano morsi alternati. Come se per quel giorno fosse l'ultima cosa che mangiavano.

Il mio amico Raed

Mentre tutto andava in pezzi trovai un nuovo amico. O forse dovrei chiamarlo angelo custode? Un giorno, ci conoscevamo già da un po', eravamo seduti da me. Gli ultimi raggi di sole cadevano sui suoi occhi e li facevano luccicare. Io ero seduto di fronte, parlavamo, di cosa non mi ricordo. Mi ricordo solo il sole delle sera color arancio sul suo viso, i suoi occhi brillanti e io che pensavo: È il miglior amico che potessi incontrare. Come se Dio avesse allungato un dito dicendo: "Quello".

Io e Samer stavamo vendendo i nostri falafel quando vidi passare una donna bassina e rotonda. Portava il velo, era molto truccata e teneva per mano due bambini. Erano carini, tutti e tre, avevano un colorito scuro e sano. Erano strani. Come se fossero piombati nella Yarmouk assediata all'improvviso. Stonavano.

Li vidi due, tre volte. Lei sempre dritta come un fuso, truccata e vestita elegante. Il portamento fiero. Arrivavano sempre dalla stessa direzione, superavano il nostro angolo dei falafel e giravano a destra. Cosa c'era lì dentro? Dove diavolo andava, lei, così agghindata? La quarta volta la donna si mise in coda.

"Buongiorno, maestro Aeham" disse quando arrivò il suo turno. Per tutti i sesami! Quasi mi cadde il mento per lo stupore. Mi conosceva! "Tre polpette, per piacere."

I bambini avevano visi puliti, sani. Sembravano bambini normali, sulla via della scuola. Sempre più strano. Cosa c'era dietro? D'un tratto mi agitai. Come se questa donna con il suo "Buongiorno, maestro Aeham" avesse risvegliato l'artista sepolto sotto diversi strati d'impasto di lenticchie.

"Ci conosciamo?" chiesi raggiante.

"Certo" rispose lei. "Sei il maestro Aeham. Anche mio marito Raed ti conosce."

Non riuscii a trattenermi. "Ma dov'è che andate, ogni volta che passate di qui? E perché mi chiami maestro? E chi è Raed?"

Un professore di nome *Abu* Saussan, mi raccontò, aveva aperto una scuola elementare dietro l'angolo. Nella vecchia sala da matrimoni al-Andalus. Lei ci insegnava, il marito lavorava come tecnico. Ah, ecco: per questo si faceva così bella, la mattina. Preso dalla conversazione e da questa apparizione surreale dimenticai di togliere dall'olio i falafel. Dovevo vedere quella scuola, subito!

Quel giorno chiudemmo prima. Andai nella ex sala per matrimoni. Bussai alla porta di ferro. Era accostata. La aprii del tutto ed entrai in un corridoio buio. Per terra vidi un generatore inutilizzato. Sentii delle voci di bambini. Cercai di raggiungerle, aprii un'altra porta... e mi ritrovai nella vera ex sala da matrimoni. Era piena di bambini e illuminata da punti luce minuscoli. Mi avvicinai e mi resi conto che erano diodi, li avevo visti in alcuni aeroplani di plastica. Qualcuno li aveva collegati con dei cavi: a chi era venuta quest'idea geniale?

Anche questa sala era divisa in spazi più piccoli da teli: qui i bambini della prima, oltre il lenzuolo quelli della seconda e così via. Chi aveva lezione di Etica sentiva dietro la tenda il maestro che spiegava Matematica. E viceversa. Una bella confusione.

Passai vicino a una classe in cui si stava esibendo un clown. Aveva in testa una parrucca di lana colorata e si era infilato un cuscino sotto la camicia. Faceva finta di mangiare l'aria. "Dio se sono sazio!" ansimava toccandosi la pancia cicciona. "Ottimo, questo ossigeno. Provate anche voi. Abbuffatevi!" I bambini ridacchiavano, stavano al gioco. Facevano finita di mangiare aria e poi si toccavano la pancia. Anch'io risi. Perché avere sempre la faccia scontenta?

E poi pensai: accidenti, ma io devo venire qui a suonare il piano! Sono un pianista, mica un venditore di falafel! Chiederò ad *Abu* Saussan se posso fare musica con i bambini.

Chiesi del suo ufficio e andai a bussare. "Avanti!" disse qualcuno dentro. Aprii: era il vecchio bagno della sala matrimoni. C'era più luce. Chissà dov'era adesso la toilette. Lì dentro trovai il computer portatile di *Abu* Saussan che troneggiava su una strana costruzione. Seduto al tavolo c'era un ragazzo. *Abu* Saussan invece era un uomo oltre la cinquantina, basso e magro, i capelli neri e arruffati. Indossava jeans e maglietta e aveva uno sguardo severo. Stava facendo una predica. "Ma chi è stato a scaricare questa roba? Se non la smettete cambierò la password! Con Internet al rallentatore non riesco a lavorare!"

Internet? Luce? Portatile? In quei tempi bui, senza corrente? Pazzesco!

Finalmente *Abu* Saussan si accorse di me e disse: "Cosa posso fare per te?"

"Mi piacerebbe lavorare qui" dissi senza giri di parole.

Lui mi guardò senza capire. "E sentiamo, cosa vorresti fare? Soprattutto, come sei arrivato a noi?"

Sì, mi ero dimenticato la premessa. Feci un po' la figura dello spaccone. Tenevo d'occhio la scuola da tempo, gli raccontai, e avevo deciso di presentarmi e proporre di suonare il pianoforte con i bambini. Il volto di *Abu* Saussan s'illuminò, l'idea gli piaceva.

"Puoi venire di venerdì?" chiese.

"Perché di venerdì? Perché non durante la settimana di scuola regolare?"

"No, questo purtroppo non è possibile" disse. "Siamo una scuola e dobbiamo attenerci a un determinato orario. In cui purtroppo la musica non è contemplata."

Trasalii. Non avevo avuto l'impressione che lì si imparasse a capo chino per chissà quale esame finale. Si trattava di far uscire i bambini dalla desolazione. Per esempio con la musica. E io potevo venire solo il fine settimana?

"Che ne dici di sabato?" proposi.

Scosse la testa. Venerdì o niente.

Ero perplesso. Come poteva in una simile confusione di persone e idee fare tanti problemi? Il venerdì non volevo, accompagnavo mio padre alla moschea e poi essendo un festivo sarebbero venuti pochissimi bambini.

Un attimo di silenzio. Decisi di cambiare argomento e affrontai un problema fondamentale: la corrente per la pianola elettrica c'era?

"Chiedi a Raed" rispose, "il nostro assistente tecnico." Assistente tecnico? A Yarmouk significava quello che tagliava le cipolle e preparava il caffè, rimediava le sedie, e la corrente quando saltava il generatore. Insomma, il ragazzo tuttofare.

Mi congedai e chiesi in giro di Raed. Sta filmando nella sala di fianco, rispose qualcuno. Bussai alla porta e aprii. Dietro una cinepresa vidi un uomo dalle spalle larghe, con i baffi e un sorriso soddisfatto. Doveva essere lui. Aveva due minuti per me? Ma certo. Uscì dalla classe.

"Ah, ma io ti conosco, sei l'uomo dei falafel!" disse amichevole.

Di solito quando dicevano così mi arrabbiavo. Raed, però, sorrideva così affettuoso, decisi di non prendermela.

"... e pianista" completai io. "Possiamo parlare un attimo?"

Gli raccontai che avevo incontrato sua moglie, la quale mi aveva detto della scuola. "Mi piacerebbe insegnare musica qui."

Lui esitò, e poi con una faccia serissima e incredibilmente determinata rispose: "Scordatelo, che è meglio".

"Perché dici così?" feci io stupito.

"Poi ti spiego."

Per un momento pensai che non volesse, ma qualcosa mi disse che era un consiglio dato con il cuore. "Scordatelo, che è meglio." La frase continuò a riecheggiarmi nella testa. Perché lui e sua moglie lavoravano lì, se era così terribile? C'era qualcosa sotto. Lo invitai a passare da me dopo la scuola.

E lui venne, puntualissimo alle cinque, subito dopo la fine delle lezioni. Mi sorprese. "Dopo la fine delle lezioni" a Yarmouk poteva significare qualsiasi cosa tra le quattro del pomeriggio e l'una di notte. Raed era uno che agli appuntamenti ci teneva. Tahani gli servì uno pseudo-caffè alla cannella.

Gli chiesi perché filmava i bambini. "È pericoloso" osservai, "chissà in che mani finiscono le riprese! Magari negli uffici della Guardia repubblicana..."

"Che ci posso fare, è il mio lavoro!" rispose Raed. Filmava e poi caricava tutto su Internet: come documentazione del lavoro che svolgevano a scuola per i finanziatori all'estero. Doveva riprendere ogni cosa: le lezioni, l'amministrazione, i bambini che mangiavano. Lo sponsor doveva vedere dove finivano i suoi soldi.

"E chi è questo sponsor?" domandai.

"Il nome lo sa solo *Abu* Saussan. L'unica cosa che so è che a me e a mia moglie ci paga una miseria."

Poi Raed disse che anni prima aveva comprato un set di corde nel nostro negozio. Mi fece ripiombare in quei tempi lontani. Mi ricordai quanto fosse pieno il negozio allora, quanto lavoro avessimo. Io e Raed entrammo subito in confidenza, iniziai a chiamarlo *Abu* Rur. Mi mancava qualcuno con cui poter parlare a cuore aperto, qualcuno con cui condividere l'amarezza per renderla più leggera. E i modi di Raed, aperti e sinceri, mi piacquero fin da subito.

"Ma com'è possibile che abbiate Internet, a scuola?"

Rise. "E che ci vuole? Basta un router e un po' di corrente."

Sgranai gli occhi.

"Trovi una connessione telefonica che funzioni ancora e ti connetti."

"Davvero? Ma è pazzesco!"

"Ti seve Internet?"

"Be', diciamo che mi farebbe parecchio comodo."

"Dai, allora ripasso fra tre giorni e ti porto il mio router. Vediamo se funziona."

"Oh, sarebbe fichissimo."

"L'unica cosa di cui hai bisogno è una batteria. Ce l'hai?"

Riflettei. Mi venne in mente Rama, il mio motorino elettrico cinese. Era di là alla falegnameria, nascosto tra mille cianfrusaglie. Lo avevo comprato cinque anni prima. Il traffico di Damasco stava esplodendo e immatricolare un macchina nuova era diventato costosissimo. Così in molti avevamo ripiegato sui motorini elettrici. Bastava ricaricarlo a una presa di corrente e si poteva andare in giro in città a quaranta chilometri orari. Aveva anche un motore a pedale, ma solo per le emergenze. Era un motorino tozzo e pesante.

"Ah, hai un Rama? Perfetto! Dentro ci sono cinque batterie che vanno benissimo. Allora presto avrai Internet!"

Che prospettiva fantastica! Internet! Corrente! Finalmente avrei potuto chattare di nuovo con gli zii e i cugini che vivevano a Damasco!

Tre giorni dopo Raed tornò. Aprì una centralina della mia via, ci attaccò un cavo e lo fece arrivare fino a casa mia, dove lo attaccò al suo router, provvisto di una batteria che aveva portato lui. Il mio cellulare già prendeva: che roba! Andammo insieme alla falegnameria per smontare le batterie del Rama, risalimmo un pezzo di Yarmouk Street e ci scattammo una foto insieme, che poco dopo caricai su Facebook.

Il primo segno di vita dopo molti, molti mesi.

Ricevetti tantissimi commenti. "Come ti sei dimagrito!" – "Cavolo quanto è vuota adesso Yarmouk Street! Non ci credo!" – "Oh, lì a destra andavo sempre a mangiare i falafel. Dio se mi manca!"

E dopo, quando caricai in rete i miei video dalla Yarmouk occupata, quando rilasciai interviste alla "Süddeutsche Zeitung" e al "Guardian", quando organizzai concerti live su Skype che vennero trasmessi a Belgrado o a Beirut, fu sempre Raed a occuparsi delle riprese, delle batterie e dei fari alogeni. Fu tutto grazie a lui.

Alla fine nella scuola di *Abu* Saussan andai a fare musica due, al massimo tre volte. Aveva ragione: l'ora di musica anche solo a causa del rumore disturbava le altre classi, non ci stava bene. *Abu* Saussan era un uomo di poche parole, che aveva un'altissima considerazione di se stesso. Ma di lui non posso che parlar bene. Avrebbe portato avanti la sua scuola per un altro anno e mezzo, con soldi provenienti dall'Europa. Fino all'arrivo dell'Isis. La sua scuola era un barlume di speranza. Cosa avrebbero dovuto fare altrimenti i bambini per tutto il giorno? Starsene a casa con le mani in mano? Giocare in strada? Furono persone coraggiose come *Abu* Saussan a rendere possibile la vita a Yarmouk. Senza di loro sarebbe stata ancora più desolante.

E io avevo trovato un nuovo amico.

Nasce un'idea

Arrivò l'autunno e io, Tahani e il piccolo Ahmad ci spostammo nell'appartamento vicino. Apparteneva ad *Abu* al-'Abed, l'uomo generoso che nella nostra prima notte fuori casa ci aveva portato materassi, cuscini e coperte. Ormai era scappato da Yarmouk, da tempo ci offriva di stabilirci da lui. All'inizio di quell'autunno ci consegnò le chiavi.

Gli scontri a Yalda erano diminuiti, così andammo a dare un'occhiata portandoci dietro il carretto grande. Si vedeva già da lontano: l'appartamento dei miei genitori era stato centrato in pieno da una bomba. Nella parete esterna c'era una voragine, mancavano le finestre. Le scale erano intatte, ma appena aprimmo la porta iniziò a vorticare polvere. La granata era esplosa dentro. Era crollata una colonna portante, il cemento delle pareti era volato via, era rimasta solo l'armatura. Nessuno sarebbe sopravvissuto.

Una parete, crollando, aveva sepolto metà della biblioteca di mio padre. Gli descrissi quello che stavo vedendo: "La parte sinistra della libreria è sotto una montagna di detriti".

"Che fortuna" commentò lui, "i miei libri in braille sono

tutti a destra!" Tastò i dorsi dei volumi e ne tirò fuori alcuni, tra cui uno di geografia e uno sull'interpretazione dei sogni che voleva leggere nelle silenziose serate al negozio.

Portammo giù il letto matrimoniale dei miei, in modo che non dovessero più dormire per terra, il televisore a schermo piatto e il frigorifero, perché nessuno li rubasse. Stoviglie e spezie. Il mio album di matrimonio. Una foto di me e 'Ala da piccoli. Mio padre la staccò dal muro con un grande sospiro. Soprattutto: prendemmo sette taniche di olio d'oliva, scorte di mia madre, novantasei litri di olio denso e di ottima qualità. Un tesoro.

Servirono due viaggi. Passammo anche nel mio appartamento, pressoché intatto. Mancavano i vetri e c'era un buco su una parete esterna, ma niente di tragico. Prendemmo gli album di foto e i cd, frigorifero e televisore, ciucci e biberon.

Tutto sommato fummo fortunati. In quei giorni, tra l'altro, venne da me un uomo e mi offrì due grossi sacchi, uno di riso e uno di zucchero. Voleva andarsene da Yarmouk, amava il mio angolo dei falafel e disse di conoscere uno dei miei zii. Me li diede a un prezzo onesto, non alle somme astronomiche del mercato nero.

Questi due sacchi diventarono le nostre riserve auree. Una volta alla settimana ci concedevamo di mangiare riso. Solo Ahmad ne riceveva un piatto pieno ogni giorno. Insieme a un biberon di acqua calda zuccherata.

Yarmouk faceva la fame. Non passava settimana senza l'annuncio di un altro "martire dell'inedia". Forse erano anche l'acqua sporca, un virus o una malattia o tutte e tre le cose insieme che davano alle persone deperite il colpo di grazia. Ai più deboli, i neonati e gli anziani. Un'organizzazione per i diritti umani locale mise a protocollo:

Mahmud 'Ala al-Din, deceduto il 26 ottobre, inedia.

Aya (neonata), deceduta il 28 ottobre, inedia.

Abdelhay Yusef (quattro anni), deceduto il 2 novembre, inedia.

'Omar Hussein (bambino), deceduto il 10 novembre, inedia.

Malik Jum'a (neonato), deceduto il 10 novembre, inedia.

Mahmud Mohammad al-Aydi, deceduto il 20 novembre, inedia.

Un giorno si scoprì il cadavere di un anziano, magro come uno scheletro. Era morto nel suo letto, ma se l'erano dimenticato tutti. Sembrava una mummia. Essendo finite anche le casse da morto, visto che il legno era troppo prezioso, i cadaveri venivano portati al cimitero su una barella, a spalla. Seguiva un corteo funebre, mentre i megafoni riecheggiavano: *Yarmouk, Yarmouk è neutrale! Apri le tue porte, o Yarmouk! Benvenuti a Yarmouk!*

Yarmouk è un "lager di morte", iniziarono a scrivere i giornali europei. Tra le macerie vivono 18.000 persone... delle 650.000 di un tempo.

Solo una cosa continuava ad abbondare: il terribile brodo in polvere della fabbrica di noodle. Gli affamati si abbuffavano, bevevano litri e litri di acqua salata, che riempiva gli stomaci e per alcune ore dava un'illusione di sazietà. Invece era un intruglio chimico nocivo alla salute: gonfiava le persone come spugne e allo stesso tempo le faceva dimagrire ancora di più.

Oppure erano le foglie di lotus a gonfiare? La pianta del lotus fa dei fiori gialli simili a quelli della calta palustre; è una specie di poche pretese che cresce ovunque, dall'Inghilterra all'Iran. I contadini la apprezzano perché è una pianta nutritiva, dà mangime, visto che contiene molte proteine. E minuscole quantità di acido cianidrico. Per le lumache, infatti, è una pianta letale. Quanto è dannosa per le persone, se se ne riempiono la pancia per mesi? Chissà. Io so solo che a molti veniva una terribile diarrea.

Ciò nonostante, compariva ogni giorno pure sulla nostra tavola. Mia madre la tagliuzzava e la lavava per ben due volte nell'acqua salata, prima di cucinarla insieme alle lenticchie rosse. Anche di lenticchie ne avevamo ancora. Era il nostro menù standard sei giorni alla settimana: foglie di lotus, lenticchie e brodo in polvere. Una bella porcheria. Spesso con i denti beccavi un pezzo di gambo che non era stato addolcito dall'acqua salata ed era così amaro che ti veniva voglia di sputare tutto.

Ogni due giorni partivo in bicicletta a raccogliere foglie di lotus nei campi delle fattorie abbandonate. In una di esse c'era una fila di ometti di pietra. Lo sapevano tutti: chi superava quella linea finiva nel mirino di un cecchino. Era già successo. Bisognava tenersi alla larga.

Una mattina ci ritrovammo in sei o sette a raccogliere lotus da quelle parti. Arrivò un uomo che non avevo mai visto. Notò chiazze di verde irregolare e più intenso al di là della famigerata linea. "Ehi!" esclamò, "ma lì ci sono i ravanelli!" Lo avvertimmo, gli spiegammo che oltre quella linea c'era la morte. Il borbottio del suo stomaco fu più forte. Prese il cestino e superò gli ometti.

Una mezzoretta dopo tornò con il cestino pieno di ravanelli. "E non sono nemmeno tutti!" disse. "È pieno!" Cosa dovevamo dire?

Oltrepassò la linea un'altra volta, si accucciò e ricominciò a raccogliere... e arrivò il botto. *Plop*, come un'anguria spaccata. Si gettarono tutti a terra. Quando alzammo gli occhi l'uomo giaceva sull'erba pieno di sangue. Il cecchino lo aveva colpito alla testa con un proiettile esplosivo, era saltato tutto, fino alla mandibola. Un'immagine raccapricciante. Mi si rivoltò lo stomaco.

Ci consultammo sul da farsi. Non potevamo certo mollarlo lì così. Uno andò a cercare una sbarra di ferro, un altro una coperta. Poi, infilando la sbarra nella gamba dei calzoni lo avvicinammo a noi. Io mi occupai della bicicletta, altri quattro lo caricarono sulla coperta. Lo portammo al lazzaretto di al-Hajar al-Aswad, il posto in cui il falegname mi aveva ricucito le dita.

Lo lasciammo fuori. Magari aveva dei parenti che lo stavano cercando. Il lazzaretto sarebbe stato il primo posto in cui avrebbero guardato.

Una volta a casa, dissi a Tahani: "Quell'uomo è morto per due ravanelli, ti rendi conto?"

Lo stomaco vuoto mette di pessimo umore. Gli affamati vagavano per i vicoli abbandonati borbottando oppure si scaldavano a fuochi da campo improvvisati bruciando plastica e vestiti. Chi si sedeva vicino a simili falò poi puzzava da morire, e a volte era così pieno di caligine da diventare irriconoscibile.

Le persone invecchiavano più in fretta. Mia madre fino a pochi mesi prima era stata così vispa e prosperosa. Adesso aveva i capelli grigi e il viso pieno di rughe. Perse un sacco di peso. "Senza diete né palestra" diceva con sarcasmo. Possedeva una bilancia dai periodi in cui aveva cercato di dimagrire. A volte anch'io mi pesavo. Un tempo pesavo sessantacinque chili. Quarantanove, lessi un giorno, potevo contarmi le costole.

Un ragazzo alto e robusto del vicinato perse peso così in fretta che sembrava gli avessero rimpicciolito lo stomaco. Un culturista che un tempo aveva lavorato come guardia e sorvegliato le gioiellerie – completo scuro, scarpe lucide, orecchino, occhiali da sole – diventò magro e stortignaccolo come uno stecchino bruciacchiato. Si fece crescere la barba. Non perché avesse trovato Dio, ma per un misto di fatalismo e penuria di schiuma da barba.

Era rimasta una sola valvola di sfogo: 'Oruba Street. Un tempo il mercato delle pulci di Yarmouk, adesso la via dello shopping apocalittico. C'era chi vendeva legna rimediata da divani sventrati, chi oggetti per la casa rubati da negozi o magazzini, chi sacchi pieni di stecche di cannella saccheggiati. Certi giorni si scambiavano schermi piatti per una sigaretta, o una sigaretta per un frigorifero o una lavatrice. Si sparse la voce che per un rene ti davano un sacco di riso da venticinque chili. Le persone passavano da uno stand all'altro con le loro facce smorte e giallognole. Su tutto, la terribile puzza della pseudobenzina fusa.

Un giorno, mentre io e Tahani stavamo passeggiando davanti ai banchi, una donna gridò nel panico: "Questo bambino deve uscire di qui! Morirà! Sua madre non ha latte! Morirà di fame!"

Ci avvicinammo. "Che succede?" chiese Tahani.

La donna raccontò che il suo nipotino di cinque giorni stava per morire. La madre era debolissima e non aveva niente da mangiare. Tahani si fece dire bene l'indirizzo. Ci andammo. Lei entrò, io aspettai fuori. La madre si prese i seni e le disse: "Sono vuoti, non ho più nulla da dargli". Poi uscirono con il neonato affamato tra le braccia. Ancora mi ricordo il suo viso: una bocca aperta. Si muoveva pochissimo. Tahani si chinò per sentire il respiro, era debolissimo. Promise di tornare. Mantenne la promessa: regalò alla donna un chilo di riso.

Non so cosa ne sia stato di quel bimbo. Tornare dalla donna, ricordandole la nostra elemosina, sarebbe stato scortese. Altrettanto indecoroso, da noi, è parlare in pubblico delle persone che abbiamo aiutato. Si dà una mano e si tace.

All'inizio di novembre, io stavo friggendo falafel, venne da me un uomo di nome *Abu* Mohammed. Era a metà della quarantina, alto e robusto, con pochi capelli. Mi piacque. Prima della guerra era stato un mio allievo di canto, un baritono. S'impegnava tantissimo e arrivava sempre puntuale.

"Salve Aeham" mi disse.

"*Abu* Mohammed!" risposi io. "Sei ancora a Yarmouk!"

"Già... Anche tu, vedo. E vendi falafel. Bene!"

Parlammo un po', e alla fine lui mi chiese: "Aeham, che ne dici di riprendere a cantare insieme? Vorrei fondare un coro ma ci serve qualcuno che ci accompagni. Ti va?"

"Ma con questi stomaci vuoti" obiettai io, "cosa ce ne facciamo della musica?"

"Non ti preoccupare, a mettere insieme il gruppo ci penso io. Abbiamo perfino la corrente."

"Corrente?" Drizzai le orecchie. Nessuno aveva la corrente, a meno che dietro non ci fosse qualche partito o raggruppamento. "*Abu* Mohammed, non te la prendere" dissi, "ma lo sai benissimo che io non mi faccio strumentalizzare da nessuno."

No, no, assicurò *Abu* Mohammed, sarà un coro indipendente! Voleva chiamarlo Samed, "costanza". Avrebbe pensato a tutto lui. "Tu porta la tastiera, io porto la gente. E poi cantiamo insieme... come un tempo!"

Abu Mohammed mi piaceva e avevo voglia di suonare di nuovo. Così dissi sì.

Due giorni dopo mi passò a prendere all'orario stabilito. Mi misi la tastiera sotto il braccio e ci incamminammo: marciammo dritti verso il quartier generale di Fatah, il più grande partito palestinese, fondato da Yasser Arafat. Le pareti erano piene dei tipici stendardi gialli: due fucili, una bomba a mano, e dietro i contorni della Palestina. Mi venne voglia di girare i tacchi all'istante.

Ma non potevo, ovvio. In un posto come Yarmouk si potevano fare gaffe in migliaia di modi, ci voleva un attimo perché una semplice figuraccia diventasse pericolosa. Presi *Abu* Mohammed da parte con discrezione e gli chiesi con garbo: "Non avevi detto che il tuo coro era un coro indipendente?"

"Infatti" insistette lui. "È indipendente, ma le prove le faremo qui."

"Sì, e alla fine vorranno comandarci a bacchetta!"

"No, mi devi credere."

"Mah, ho i miei dubbi."

Spuntarono ben undici uomini pronti a cantare, e io decisi di ignorare le alleanze indesiderate in agguato tra quelle mura. Ci presentammo.

L'uomo che ci aveva fatto entrare tirò fuori un generatore.

In sala si accese la luce, i diodi della mia pianola lampeggiarono. Iniziammo. Cantammo scale, semplici *La-la-la*, per vedere chi azzeccava i toni. Niente di che, a esser sinceri: mi faceva male la mano destra e gli uomini cantavano un po' a caso... ma fu comunque bello sedersi di nuovo a una tastiera dopo tutti quei mesi in cui avevo fatto solo polpette di falafel.

Dopo un'ora all'improvviso la luce si spense. La benzina dentro il generatore era finita. Gli uomini erano felicissimi. "Finalmente ho capito come si canta!" disse uno. "Grazie prof!"

"Lascia perdere il 'prof'" dissi io, "chiamami Aeham." E poi feci un bel discorsetto da maestrino. "La cosa più importante è che arriviate puntuali alle prove. Solo così faremo dei progressi". Ci demmo appuntamento per due giorni dopo, e io tornai a casa tutto allegro.

La seconda volta il *La-la-la* andò già meglio. Mi venne un'idea. Perché cantare canzoni altrui? Dovevamo cantare di noi! Di Yarmouk! La fame, le bombe, il vuoto. Chiesi al gruppo se qualcuno aveva voglia di scrivere una poesia. Che poi io avrei messo in musica.

"Ah, quindi tu componi?" chiese *Abu* Mohammed.

"Non lo faccio da un po', ma vorrei riprovare."

Si fece avanti un ragazzo di nome Mustafa. Suo zio aveva studiato Letteratura araba all'università, spiegò, e scriveva poesie. Non abitava più a Yarmouk. Aveva problemi di cuore e quindi gli avevano dato il permesso di andarsene.

"Come può scrivere della miseria di Yarmouk, se non vive più qui?" dissi io. "Ma va bene, chiediglielo!"

La volta successiva, la terza, Mustafa arrivò e mi porse i

pugni chiusi con un'espressione scaltra e orgogliosa. Dovevo scegliere. Stetti al gioco e scelsi il pugno destro. Un foglietto. Lo aprii e lessi:

Emigrati, tornate!
siete lontani da tempo immemore.
Siamo gli uomini di Yarmouk,
dobbiamo restarle fedeli.

E tu, Yarmouk, marcia vittoriosa verso Gerusalemme,
non mollare mai.
Emigrati, tornate! E rallegratevi!
A Yarmouk non piace vedervi lontani.

Yarmouk, grembo dell'eroismo
e dell'era del patriottismo.

Che dire... non mi faceva proprio impazzire. La marcia vittoriosa verso Gerusalemme, il grembo dell'eroismo: di nuovo il pathos sbagliato, quello dei canti rivoluzionari palestinesi che nel nostro quartiere venivano intonati da sessant'anni. E il presente dov'era? Dov'erano le granate, le foglie di lotus, la benzina di plastica? Però la poesia era scritta bene, in un arabo elegante, e aveva un bel ritmo. Decisi di provare a metterla in musica.

Iniziai a pensare alle note già sulla via di casa: poco dopo avevo già in testa tutta la melodia. Non mi era mai successo. A casa mi sedetti al pianoforte, suonai il motivo, aggiunsi l'introduzione, affinai i ritmi, variai il tema, cambiai il re minore in sol minore in modo che ci arrivassero tutti. La canzone fu pronta in meno di due ore. Più qualche altra ora, in seguito, per migliorare l'introduzione.

Durante la prova successiva – la quarta – chiesi ai ragazzi di copiare ognuno il testo. E poi provammo, riga per riga. Un coro orientale è monodico. Cantavamo insieme una riga, poi ognuno la cantava da solo, ripetendola finché non era giusta, poi di nuovo tutti insieme. Quindi la seconda riga, e così via.

Dopo un po' i primi iniziarono a stufarsi "Aeham, ma perché dobbiamo provare così tanto? Fa' cantare solo i bravi, gli altri faranno in playback, no?"

"No, abbiamo bisogno della voce di tutti."

"Ma è troppo complicato. Non va già bene?"

"No, riproviamo."

Durante la pausa discussi con alcuni del testo. L'ampollosità, le marce della vittoria e l'eroismo non facevano impazzire neanche loro.

E così quando ci congedammo dissi: "Per favore, ognuno di voi scriva una poesia. Su quello che sta succedendo qui, su questa vita di merda. È di questo che dovremmo cantare."

Di fatto alcuni si presentarono all'ora successiva – la quinta – con una poesia. La più bella era quella di Mahmud Tamim. In generale il ragazzo che saltava più all'occhio: non solo per la sua altezza e i piedi e le mani giganti; anche per i capelli, lunghi e lisci, che portava pettinati all'indietro con un berretto da baseball sopra. A Yarmouk lo conoscevano tutti, anch'io lo avevo già notato. Alle manifestazioni spesso si faceva portare in spalla e lassù, con tutta la forza che aveva in gola, gridava nel megafono: "Fronte al-Nusra, andate via!" Il Fronte al-Nusra è la succursale siriana di al-Qa'ida. "Assad assassino! Vattene via!" Non risparmiava nessuno, mezzo mondo si beccava gli insulti di Mahmud. E al megafono s'inventò uno staccato che sembrava quasi un rap.

Il testo che mi portò faceva così:

Mio caro popolo di cacciati,
siete in giro da troppo.
Tornate, fratelli, tornate!
Ci mancate!

Fratello che abiti a Qudsayya:
Yarmouk sente la tua mancanza!
Fratello che abiti in Bahrein:
Yarmouk sente la tua mancanza!
Fratello che abiti a Jaramana:
Yarmouk sente la tua mancanza!
Fratello che abiti in Turchia:
non dovevi andare via!
Fratello in terra libanese:
Yarmouk ha bisogno delle tue difese!
Fratello, non dimenticare la nostra alleanza
Yarmouk sente la tua mancanza!

Mi misi di nuovo al piano. Stavolta composi in maggiore, volevo comporre un pezzo orecchiabile. Trovai le tonalità come se me le stessero suggerendo degli uccellini: mezz'ora e la canzone era fatta. Sarebbe diventata, per così dire, la mia grande hit.

Ripresi in mano anche *Sidya*, un brano che avevo composto da adolescente. Allora era una canzone da sfollati, piena di nostalgia kitsch per la patria perduta. Diventò un canto per la sopravvivenza. “Non importa quanto durerà la notte / la luce del sole ci appartiene.”

Il nostro coro stava andando alla grande. All’ottava prova, però, durante la pausa, spuntò l’uomo di Fatah, quello che ci faceva entrare e accendeva il generatore. Ci fece un discorso verboso. Si stava avvicinando un giorno importante, un giorno fondamentale per tutti i palestinesi: il giorno della morte di *Abu* Ammar – è così che chiamiamo Yasser Arafat, il fondatore di Fatah. Ci sarebbe stato un festeggiamento in sua memoria. E poi il gatto fu fuori dal sacco: non è che potevamo cantare?

Lo sapevo! pensai all’istante. Presi *Abu* Mohammed da parte e gli sussurrai: “Ecco, adesso dovremo salire sul loro carro!”

“Non ti preoccupare, ci parlo io” rispose lui.

Ma dalla voce già capii che non si sarebbe mai messo contro quell’uomo. Allora ci pensai io.

“Io sono contrario” dissi ad alta voce. “Piuttosto, cantiamo per la gente affamata di Yarmouk, o per le vittime delle bombe. Invitiamo le persone e facciamo musica insieme per il nostro quartiere. E alla fine ricorderemo *Abu* Ammar.”

L’uomo tacque.

“Certo, *Abu* Ammar ha fatto molto per noi” aggiunsi, “ma adesso abbiamo altri problemi. Ed è di questi problemi che dovremmo cantare.”

L’uomo tacque ancora.

"Cantiamo per Yarmouk, no?" chiesi al resto del gruppo. Loro annuirono. "D'accordo?" Annuirono di nuovo, più decisi.

"Vi faccio un'altra proposta" disse l'uomo di Fatah. "Facciamo prima un concerto per *Abu* Ammar, e poi uno per la gente affamata di Yarmouk."

Riflettei. Sì, poteva andare. Avrei ingoiato il rospo e suonato canzoni eroiche. Poi però avremmo cantato per le persone del nostro quartiere: contro le granate, le foglie di lotus e la benzina plasticosa.

"Va bene" dissi.

E così facemmo. Era l'11 novembre 2013, il nono anniversario della morte di Yasser Arafat. La sala delle riunioni era strapiena, perlomeno cinquecento persone. Noi uomini portavamo la *kefija*, la sciarpa bianco e nera dei palestinesi. L'uomo di Fatah tenne un discorso senza tempo, tra bandiere al vento: tutto sembrava tornato come prima. Quasi.

"Un giorno demoliremo i confini e marceremo fino a Gerusalemme, poi..." E blablabla. Smisi di ascoltare. Mi sentii ripiombato ai tempi della scuola, ai discorsi vuoti del preside. E dentro di me pensai: A me basterebbe demolire i checkpoint di Yarmouk e poter marciare fino a Damasco.

Pazientai. Cantammo le nostre canzoni, i pezzi del coro Samed, poi le patetiche canzoni rivoluzionarie. Piene di kalashnikov, sangue e marce trionfali. Il generatore scoppiettava, la gente ballava sotto le luci al neon, i ventilatori sibilavano: era tutto come prima... davvero.

Verso la fine feci un annuncio: "Tra una settimana esatta ci sarà un altro concerto. Per la gente affamata di Yarmouk. Per favore spargete la voce, vi aspettiamo!"

Mentre raccoglievamo le nostre cose l'uomo di Fatah venne da me per ringraziarmi.

"Allora qui tra una settimana?" chiesi.

"Certo. Farò in modo che il generatore abbia abbastanza carburante."

"Sul serio?"

"Sì, a costo di pagarlo con i miei soldi."

Settimana successiva: stessa sala, stesso orario. Stavolta, però, c'era la metà della gente. L'uomo di Fatah salutò la platea. "Il nostro quartiere è ancora sotto assedio. Sempre più persone muoiono di fame. Protestiamo con la musica. È stata un'idea di Aeham, è stato lui a volere questo concerto. A voi!"

I ragazzi si misero in piedi intorno alla mia pianola. Si abbracciarono. *Emigrati, tornate!* cantammo, e poi *Sidya*, e *Fratello, Yarmouk sente la tua mancanza* e... *puff!* All'improvviso la luce si spense. La tastiera ammutolì, la canzone restò a metà. Non c'era più corrente. Non potevo crederci: l'uomo di Fatah non aveva messo abbastanza benzina nel generatore.

"Buuu!" gridò il pubblico. Il concerto era finito: la gente si alzò e se ne tornò a casa. Io non dissi nulla, restai seduto in silenzio dietro la pianola e mi vergognai fumando di rabbia. Due giorni dopo era fissata una prova: disertai.

Ero arrabbiato nero! Non avrei mai più fatto una cosa del genere, mai più! Mi sentivo umiliato, ma lo avevo immaginato: prima ci fa cantare per *Abu* Ammar e poi ci pianta in asso. Mai più! Dovevo rendermi indipendente. Che significava per prima cosa: indipendente dalla corrente. Usare la pianola quindi era fuori discussione. Iniziai a girare per le strade arrabbiatissimo.

Mi venne un'idea.

Andai a dare un'occhiata al carretto grande. Ci avevamo già trasportato sacchi di fagioli e tronchi d'albero, divani e taniche d'olio. Guardai meglio le ruote sotto la tavola.

"E se" chiesi a mio padre, "e se avvitassimo le ruote del carretto sotto il mio pianoforte? Secondo te ce la farei a spingerlo fino in strada?"

"No" rispose lui, "si rovescerebbe."

L'idea mi ribollì dentro per settimane. E poi d'un tratto seppi cosa fare: andai da Mahmud Tamim, il ragazzo del coro che aveva scritto il testo di *Fratello, Yarmouk sente la tua mancanza*. Mahmud era pazzo quanto me, sarebbe diventato il mio alleato. Sapevo dove abitava e andai a bussare al suo portone.

"Sì?" rispose qualcuno da sopra. Alzai gli occhi. Tamim era affacciato alla ringhiera della terrazza all'ultimo piano.

"Mahmud, avresti due minuti per me?"

"Ma certo, scendo subito ad aprire."

Mahmud Tamim aveva lavorato nel piccolo negozio per il fai da te del padre, adesso faceva la fame. Il padre era morto, la madre era diabetica, in un attimo si era ritrovato alla disperata ricerca di cibo. La sua fantasia, però, ancora non gliel'avevano portata via. Una volta, per esempio, aveva girato un video insieme a un amico. Un sarcastico giro turistico per Yarmouk in cui Mahmud decantava quanto ce la passassimo bene: "Vedete come sono magre e in forma le persone, qui?"

Quando uscimmo sulla sua terrazza mi accorsi che allevava piccioni. Io ne sapevo poco, ma non era certo un caso. Siamo il popolo degli allevatori di piccioni e i tetti hanno una storia lunga e gravida di significati. Il palestinese che alza il gomito e ha una piccionaia sul tetto è una figura quasi leggendaria. Durante gli anni Sessanta e Settanta tra i giovani era un cult. I ragazzi di Yarmouk allora portavano pantaloni africani o a zampa, allevavano piccioni e si univano all'Olp. Era questa l'immagine del fedain, il guerrigliero palestinese, che mi dipingeva mio padre nei suoi racconti.

"Ah, quindi allevi piccioni" dissi. "Forte!"

"Mah, semmai un tempo" rispose lui. "Un tempo ne avevo cento." Indicò le numerose voliere libere. "Adesso sono rimasti in cinque." Non ebbi il coraggio di chiedere cosa fosse successo agli altri.

Non lo vedevo da quasi due mesi. Dalla nostra ultima, disastrosa esibizione. Era dimagrito ancora, si vedeva che non stava bene. Parlammo un altro po', poi gli spiegai il motivo della mia visita. "Che ne dici di continuare con il coro... ma senza i tizi di Fatah? Useremo il pianoforte e canteremo per strada."

"E come lo portiamo, il pianoforte, in strada? È pesante, no?"

"A questo ci penso io. Tu pensa a radunare gli altri."

Mi guardò.

"Che ne dici?" insistetti. "Ce la possiamo fare, da soli?"

"Proviamo" rispose senza rifletterci troppo. "Io ci sto."

M'illuminai. Poco dopo lui mi chiese: "E dove canteremo?"

Riflettei, e poi risposi: "Alla Mansura, la scuola media, dove è caduto il primo missile. Sì, canteremo lì. Solo per noi. All'aperto".

Mahmud Tamim fu di parola. Due giorni dopo spuntò in negozio con cinque ragazzi dell'ex coro Samed al seguito. Li salutai ridendo: mi erano mancati. E poi ci mettemmo al lavoro. Prendemmo il mio Ukraina, il piano più economico che avevo, e lo mettemmo su una specie di carretto: una piattaforma di legno con quattro ruote sotto e una bassa ringhiera intorno. Caricai anche una sedia. L'orchestra mobile era pronta.

Tahani e mia madre ci guardarono con aria interrogativa. A loro non avevo ancora detto nulla. Solo mio padre sapeva, e da dietro gridò: "Aeham sa quello che fa".

E che facce, i vicini, quando videro sette uomini spingere un pianoforte per strada! Arrivammo fino alla scuola ed entrammo nel cortile. Proprio dove era caduto il primo missile: lì avrebbe avuto luogo la nostra prima esibizione. Un concerto simbolico intorno al primo cratere, la prima crepa nel nostro mondo.

Iniziai a scaldarmi quando un signore robusto spuntò da dietro l'angolo. E questo adesso chi era? mi chiesi. Mahmud Tamim lo salutò e ci presentò. Era della redazione del "Bukra Ahla", un giornale il cui nome più o meno significa: "Domani andrà meglio". Ci voleva riprendere.

"Come, scusa?" feci io. "Riprenderci? Ma neanche per sogno! Mahmud, perché non mi avevi detto niente?"

"E tu perché sei così contrario?" replicò Mahmud Tamim.

"Sai per certo dove finiranno i filmati? A questo punto facciamo prima ad andare dai Servizi segreti a presentarci di persona! Perché ci vuole riprendere?"

"Ci metteranno sul loro canale YouTube, così potranno vederci tutti."

"No, non sono d'accordo."

Ci fu una lunga discussione. Alla fine decidemmo di votare. Gli altri erano tutti a favore. La loro argomentazione: tanto da Yarmouk non ne saremmo usciti vivi comunque... e allora che ci vedessero pure su YouTube!

Così dovetti adattarmi.

Iniziammo. Le prime note del mio pianoforte stonato risuonarono nella mia vecchia scuola media, per la prima volta suonammo, in mezzo alle macerie, cantammo all'aperto *Emigrati, tornate!* Col senno di poi, un passo incredibile, eppure io per tutto il tempo pensai: cosa ci succederà per colpa di questo maledetto video?

Il tizio del "Bukra Ahla" si avvicinò tanto da riprenderci l'anima. Non poteva filmare da un po' più lontano? Chi lo avrebbe visto, questo video? Solo una cosa alleviava i miei cattivi presagi: eravamo in sette, non mi avrebbero arrestato da solo. Il video esiste tuttora, su YouTube. Si vede benissimo quanto fossi teso. E mi faceva anche male la mano.

Alla fine riportammo il piano al negozio. Eravamo al settimo cielo. Perché fare musica insieme rende felici.

Già. Così, dunque, nacque l'idea di portare il mio pianoforte nel mondo in rovina, tra le rovine di Yarmouk. Non mi svegliai un mattino pensando: Ma certo, farò così! Adesso esco e mi metto a suonare il piano per le strade bombardate, per mandare un segnale attraverso la mia musica. Così tutti capiranno, all'istante: il pianista che non si piega ad Assad, canzoni ironiche contro i barili bomba, l'arte contro la violenza, la bellezza che trionfa sulla distruzione.

No, fu più complicato. Non avevo mai dimenticato la sera in cui avevo suonato la fisarmonica intorno al fuoco e avevamo cantato. Volevo fare musica quando, dove e come volevo io; volevo essere indipendente da elettricità, soldi e raggruppamenti vari; volevo aiutare la gente del mio quartiere, ma le lenticchie ormai erano finite. Avevo cercato di cantare per gli affamati e mi avevano preso in giro. Mi avevano travolto di *Buuu!*

Io sono un pianista. Non ho mai sventolato bandiere. La mia rivoluzione è la musica. Quel giorno capii che doveva essere questa la lingua della mia protesta. Anche se nessuno mi avrebbe ascoltato.

Era il 28 gennaio del 2014.

Lo scatolone è per te, ahimè ahimè

Tre giorni dopo, il 31 gennaio 2014, un fotografo scattò una delle istantanee più assurde riguardo alla guerra in Siria. Un'immagine che fece il giro del mondo e sciocсò il mondo intero. Chi non l'ha vista e vuole capire che effetto fa la fame sulle persone; chi vuole vedere come eravamo ridotti dopo aver mangiato erba per sette mesi; chi vuole provare sulla sua pelle l'amarezza, la desolazione e l'ansia che dominavano tra noi allora, deve solo inserire su Google le parole "Yarmouk" e "Fame".

Migliaia di persone, deboli e sporche, pigiate in mezzo a case che crollano a pezzi. Spuntate fuori dalle macerie come fantasmi. Sono lì, in piedi, e guardano dritto davanti a loro. Fissano quasi tutte lo stesso punto. Il checkpoint da superare per poter prendere, qualche metro più avanti, uno scatolone pieno di viveri: riso, olio, zucchero.

In mezzo a questa orda di disperati c'erano anche i miei genitori. Io li stavo aspettando sotto la sottospecie di albero che si vede in fondo in fondo. Molte facce le conosco. Il ragazzo con gli occhiali davanti a sinistra era insegnante d'inglese alla scuola Amal. La donna con il velo nero, più avanti sotto di lui, si chiama *Umm* Mohammad ed è una conoscente di Tahani. C'è anche *Abu* Mazen *Abu* 'A'ishe, l'uomo con i capelli bianchi, baffi e barba, è in piedi pigiato, in basso al centro. È cieco, ed è un amico di mio padre, nonché ex collega di scuola di mia madre. L'uomo con l'attaccatura dei capelli molto alta, un po' più a destra... il vicino di *Abu* Mazen. Aveva tre figli e mai abbastanza da mangiare.

Erano mesi che l'Unrwa chiedeva al regime di Assad il permesso di aiutare la gente affamata di Yarmouk. Per mesi il regime aveva detto no. *Al-ju' au al-ruku'*, "O la fame o la resa": Assad aveva messo davanti a questo *aut aut* già diversi quartieri di Aleppo e Homs, o intere città, tra cui Mo'adamiye. Anche da noi, poco oltre i checkpoint, c'erano inquietanti graffiti opera dei soldati che dicevano: "Arrendetevi o morirete di fame".

Finalmente il regime aveva ceduto. L'8 gennaio 2014 l'Unrwa effettuò il primo tentativo di portare viveri a Yarmouk. Anche quel giorno la gente si mise in coda dalle due del mattino. Appena era iniziata la distribuzione, però, erano piovuti proiettili. Si erano levate grida. La carovana di aiuti era finita nel mirino dei cecchini. Io non c'ero, ma dissero che gli spari erano arrivati dal fronte governativo. La cosa più probabile.

Il 18 gennaio vennero distribuiti settantuno scatoloni. Il 20 quarantuno, il 21 gennaio ventisei. E poi per un po' basta.

138 razioni in tutto, come dichiarò il portavoce dell'Unrwa Chris Gunness nel suo comunicato stampa, che da allora ebbe cadenza giornaliera. Comunicati neutrali, nella lingua della di-

plomazia: del resto non aveva altra scelta. Eppure nelle sobrie dichiarazioni degli operatori umanitari si percepiva sempre disperazione: la paura di arrivare fino all'incrocio del Cocomero con un camion pieno di riso e zucchero e dover tornare indietro. Perché il giorno prima vicino al punto di distribuzione era esploso un mortaio; perché la notte precedente c'era stato uno scontro a fuoco; perché l'autista del camion degli aiuti al checkpoint era stato freddato da un cecchino mentre spostava gli scatoloni in un'auto più piccola; perché chissà chi, e per chissà quale motivo, non voleva.

Il 30 gennaio, invece, l'Unrwa riuscì a distribuire 1026 scatoloni. Il 31, il giorno della foto, 980. Due giornate campali. Ogni scatolone pesava venticinque chili. Una famiglia di otto persone poteva camparci per almeno dieci giorni. Oppure, secondo i calcoli dell'Unrwa, distribuendo duecento pacchetti mille persone avrebbero mandato giù mille calorie al giorno per un mese. Non sarebbero morte di fame.

Invece la distribuzione si bloccò di nuovo. Gli operatori aspettavano al Cocomero, noi aspettavamo un centinaio di metri più avanti, a Rijh Square. Nei mesi a seguire diventò una routine: io e i miei genitori ci svegliavamo alle sei, bevevamo il nostro pseudo-caffè alla cannella e poi schizzavamo su per Yarmouk Street, in direzione del punto di distribuzione. A distanza di sicurezza dai checkpoint io li salutavo e li aspettavo sotto un albero striminzito, all'ombra. La maggior parte delle volte tornavano a mani vuote.

Allora non sapevo perché. Oggi sono in grado di ricostruire tutto. Grazie agli *update* giornalieri del portavoce dell'Unrwa Chris Gunnes, appunto.

1° febbraio 2014
Vicino al punto di distribuzione c'è grandissima calca. La situazione è tesa. La prova che alla gente di Yarmouk mancano anche i beni di primissima necessità.

20 febbraio 2014
Oggi l'Unrwa, dopo una pausa di undici giorni, ha ripreso la distribuzione di cibo ai civili di Yarmouk, Damasco. Ringraziamo le autorità siriane per il sostegno.

16 marzo 2014
È raro che a un portavoce manchino le parole. Eppure dopo tre anni di conflitto in Siria ormai le parole hanno perso ogni significato. Di fronte a questa tragedia si rompono, il loro significato si frantuma. Come documentazione pubblico oggi diciassette foto. (Tra queste, lo scatto del 31 gennaio.)

20 marzo 2014
La squadra dell'Unrwa si è dovuta ritirare dopo solo due ore. Qualcuno, dalla parte di Yarmouk, ha iniziato a sparare contro il punto di distribuzione. Tutti gli operatori dell'Unrwa sono al sicuro. Centinaia di civili sono rimasti imprigionati tra i due fronti per diverse ore. Con numerose vittime.

8 aprile 2014
Nel primo pomeriggio la distribuzione è stata rallentata da una lunghissima ispezione dei beni umanitari. L'Unrwa chiede alle autorità di facilitare nei prossimi giorni un ritmo di distribuzione più serrato.

23 aprile 2014

Il governo siriano ha comunicato all'Unrwa che da domani, 24 aprile, potremo riprendere le nostre operazioni umanitarie a Yarmouk dopo una pausa di due settimane. Accogliamo con favore questo passo.

24 maggio 2014

Per la prima volta l'Unrwa è riuscita a distribuire dei set igienici, a 690 famiglie. Ogni set contiene: sapone, asciugamani, dentifricio, detersivo, shampoo e altri articoli igienici.

7 luglio 2014

Oggi, giorno in cui l'Unrwa ha rimesso piede a Yarmouk dopo sei settimane, durante la distribuzione si è assistito a scene drammatiche e caotiche.

All'inizio di febbraio anche i miei genitori conquistarono il primo scatolone di viveri. Io come al solito li avevo accompagnati fino a Fedayn Street. Quando, da lontano, li vidi superare il blocco mi spostai. Avanzai di alcuni isolati e li aspettai a un'altra uscita di Rijh Square: al ritorno bisognava fare questa strada. Era una piazza grande, circondata da alberi spogli, una terra di nessuno presidiata da cecchini di entrambi i fronti. Una zona di morte, in cui spesso si vedevano scene raccapriccianti.

Stavolta, però, andò tutto liscio. I miei genitori si avvicinavano, mio padre con lo scatolone da venticinque chili tra le braccia, mia madre che gli faceva da guida. Meno male che avevo portato la mia vecchia bici da uomo, un mezzo pesantissimo di fabbricazione cinese. Li abbracciai esultando e misi lo scatolone sul portapacchi. Tornammo a casa in fretta e aprimmo il nostro tesoro.

Cinque chili di riso.

Cinque chili di fagioli.

Cinque chili di zucchero.

Cinque litri di olio.

Tre chili di latte in polvere.

Un chilo e mezzo di pasta.

Cinque confezioni da duecento grammi di affettati.

Ognuno di noi si concesse un bicchiere di latte in polvere. Dio solo sa quanto ci fece bene! Bevendolo sentii il corpo tremare, come se il latte mi sibilasse nelle vene.

Io mai avrei osato mettermi in coda per uno scatolone. Perché la famosa foto non diceva tutta la verità, solo una parte. Il fotografo dell'Unrwa scattò da Fedayn Street verso Rijh Square. Se si fosse girato, avrebbe visto tre checkpoint: il primo gestito dal Comando generale; il secondo dalle milizie sciite, che non ho idea di cosa ci facessero lì; il terzo dell'Esercito governativo. Il punto di distribuzione dell'Onu era oltre questi tre blocchi.

Solo dopo che uno aveva mostrato per tre volte il documento, dopo che i tre gruppi avevano pescato abbastanza ragazzi e saldato abbastanza conti in sospeso, solo dopo che uno aveva superato indenne le forche caudine di tre checkpoint riceveva il riso dell'Onu.

Un sacco di ragazzi, infatti, vennero arrestati. Tutti quelli che non avevano nessuno che potesse fare la coda al posto loro. Che a un certo punto, annebbiati dalla fame, camminavano dritti tra le braccia dei loro futuri torturatori. Ecco perché nella famosa foto ci sono solo donne e anziani, o quasi. Perché loro se la cavavano indenni. Il ragazzo con gli occhiali, l'insegnante d'inglese, dopo quel giorno non lo rividi mai più.

Gli scatoloni dell'Unrwa ci salvarono dalla morte per inedia, ma molti pagarono con la propria vita. Chi decideva di buttarsi in mezzo a quella calca doveva aspettarsi di tutto. Una volta i soldati passarono tra la gente con un bulldozer per farla indietreggiare. Un'altra le persone vennero schiacciate contro le macerie al punto che una casa crollò definitivamente e prese sotto almeno cinque poveracci. E poi sparavano, di continuo.

Ore e ore rimasi seduto a Rijh Square in attesa dei miei genitori. Tra i singhiozzi disperati di chi tornava indietro a mani vuote e le donne che cercavano i loro uomini impazzite, che chiedevano a perfetti sconosciuti, foto alla mano: per caso ha visto quest'uomo, lo conosce? Donne che gridavano e si strappavano i capelli dalla disperazione. Mentre tutti gli altri, intorno, avevano già capito: quegli uomini erano stati arrestati.

Vidi un tizio arrivare di corsa con scopa e paletta per raccogliere un pizzico di zucchero tra la terra della strada, spolverarlo e portaselo a casa.

Vidi una donna con il volto sanguinante. I denti e il naso martoriati, una guancia squarciata tanto da mostrare l'osso. Ma rideva, perché in testa aveva il pesante scatolone con il logo azzurro dell'Onu. "L'ho preso, l'ho preso!" esultava.

Vidi morire *Abu* 'Omar, seccato da un colpo. Lo conoscevo da quando ero bambino, uno spilungone che fabbricava piani per tavoli in granito e in marmo. Quel giorno incontrai il nipote, aspettammo insieme all'ombra. Mi raccontò che *Abu* 'Omar non stava bene, aveva il diabete e abitava da solo in una casa mezza sfondata. Il ragazzo passava spesso a trovarlo per vedere come stava. Poi all'improvviso lo vedemmo.

Abu 'Omar si era conquistato uno scatolone. Lo portava in braccio come un bebè, con sotto il suo bastone. Barcollava per il troppo peso. E partì lo sparo. *Abu* 'Omar crollò a terra. Si creò il panico. La calca iniziò a correre verso Yarmouk, verso casa. Arrivarono quattro uomini, presero *Abu* 'Omar e lo portarono via. Gli sanguinava la testa. Il nipote gli corse dietro piangendo. Una nuova scia di sangue su Yarmouk Street.

Colpi del genere partivano spesso. Una volta i miei genitori in una situazione simile si erano ritrovati in mezzo alla calca. Tutti iniziarono a correre per mettersi in salvo, schiere di persone in fuga una sopra l'altra. Mio padre e mia madre, che camminavano sempre come se fossero legati a doppio filo, vennero separati. Mio padre cadde.

"*Umm* Aeham, *Umm* Aeham" iniziò a chiamare, ma mia madre era stata già allontanata, e poi cadde anche lei. La calpestarono, qualcuno le diede un calcio nel petto.

Riuscì a rialzarsi, ma respirava male, c'era qualcosa che non andava. Combatté per tornare da mio padre, che a sua volta aveva i pantaloni strappati e un ginocchio sanguinante. Lo aiutò ad alzarsi e si avviarono verso casa. Li vidi arrivare in queste condizioni e dimenticai ogni prudenza: gli corsi incontro, mi avventurai nella terra di nessuno. Allora i miei video erano già su Facebook.

A meno di venti metri di distanza c'era un gruppetto di soldati.

"Quello è Aeham Ahmad!" gridò uno.

Continuai a correre verso i miei genitori, ad avanzare nella piazza. "Che è successo?" chiesi nel panico, "state bene?"

"Aeham, ma che ci fai qui?" sibilò mia madre. "Torna indietro, subito!"

I soldati avrebbero potuto mettersi a correre e acchiapparmi in ogni momento. Venti passi svelti e mi avrebbero raggiunto. Non li guardai, ma sentii i loro occhi addosso. Il mio cuore batteva forte, avevo la bocca secca. Mio padre zoppicava, il ginocchio sanguinante. Mia madre tossiva e si toccava il petto. Proseguimmo in fretta.

Mi salvai per un solo motivo: se i soldati fossero scattati verso di me, un cecchino dei ribelli avrebbe potuto beccarli.

Finalmente io e i miei superammo una linea immaginaria oltre la quale eravamo al sicuro. Ci fermammo.

Mia madre si lamentava per un dolore lancinante al petto. "Probabilmente è una costola rotta" disse mio padre, "devi fare una lastra."

"Sai da quanto temo non abbiamo più apparecchi per fare lastre qui a Yarmouk?" replicò mia madre sarcastica.

Una volta a casa, si mise subito a letto e ci restò per diversi giorni. Tahani la curò con un unguento e la fasciò. Sarebbe stata fuori dai giochi per un po'. Per quanto riguardava il ritiro degli scatoloni, c'era solo una soluzione: mio padre doveva essere accompagnato da Tahani. Riflettemmo: e se i soldati le avessero chiesto di me? Ci inventammo una storia. Nel caso Tahani avrebbe risposto: "Di lui non so nulla. Siamo divorziati. Probabilmente è morto".

Il mattino successivo facemmo un tentativo. Ci alzammo

alle sei, bevemmo il nostro pseudo-caffè alla cannella e partimmo. Di nuovo, l'handicap di mio padre ci facilitava le cose. Era grazie alla sua cecità che non dovevamo alzarci nel cuore della notte. Quando arrivava c'erano già migliaia di persone in coda, ma se c'era troppa calca lo lasciavano passare.

Ci mettemmo in coda almeno dieci volte ogni mese. Ogni due settimane, circa, conquistavamo uno scatolone. E festeggiavamo con un bicchiere di latte ciascuno.

Nonostante le pene e le paure – o forse proprio per questo? – la prima metà del 2014 musicalmente fu il periodo più produttivo della mia vita. Le note mi sgorgavano da dentro da sole. In quei mesi composi centosessanta canzoni, quasi una al giorno. Al mattino ci alzavamo presto: per lo scatolone, per andare a prendere l'acqua o per raccogliere foglie di lotus. Di pomeriggio da me in negozio s'incontravano i "Ragazzi di Yarmouk", adesso ci chiamavamo così. Provavamo la canzone nuova per qualche minuto, poi spingevamo fuori il piano e ci facevamo beffe dell'emergenza.

Il grande capo finalmente ha mosso il culo

Il grande capo finalmente ha mosso il culo
e spedito una delegazione fuori dal campo,
una delegazione va, una delegazione viene,
una delegazione tira l'altra.

Ah, che razza di tempi!
non riesco più a dormire,
lo stomaco mi fa impazzire.

Ah, che razza di tempi!
non riesco più a dormire!

Le delegazioni si moltiplicano,
ogni delegazione una promessa,
una promessa tira l'altra,
un cadavere sopra l'altro.

Ah, che razza di tempi!
non riesco più a dormire,
lo stomaco mi fa impazzire.
Ah, che razza di tempi!
non riesco più a dormire!

Arrivò la promessa di una tonnellata di farina
e sparì con l'ennesima delegazione ballerina
ah, la farina ballerina
oggi in soffitta, domani in cantina.

Ah, che razza di tempi!
non riesco più a dormire,
lo stomaco mi fa impazzire.
Ah, che razza di tempi!
non riesco più a dormire!

Il grande capo, poveraccio,
la faccia appesa come uno straccio.
Il pascià era o non era un pascià?
Trallallà Trallallà.

A fine gennaio – erano passati due giorni dalla nostra prima esibizione – il tizio della redazione del "Bukra Ahla" venne da me in negozio. Di solito i video pubblicati sul loro canale YouTube ottenevano qualche centinaio di visualizzazioni. Il nostro nel giro di quarantott'ore era arrivato a quarantamila. Non stava nella pelle. Per caso ci andava di girarne altri?

Più di quarantamila visualizzazioni! Anch'io non stavo più nella pelle. Erano tantissime! Significava che alla gente quello che facevamo piaceva. Ci riflettei per meno di un secondo e poi risposi di sì. Il giorno successivo ci esibimmo di nuovo. Mahmud Tamim come scenario propose Lubiya Street, l'ex mercato dei vestiti di Yarmouk, per mostrare al nostro pubblico quanto fosse vuoto adesso.

Il tizio del "Bukra Ahla" riprese di nuovo. E dire che fino a pochi giorni prima mi aveva messo paura. Quella volta invece pensai: che differenza c'è se mi sbattono dentro per un video o per dieci? Se ci vogliono rovinare possono farlo in qualunque momento. E allora tanto vale continuare.

La terza esibizione fu davanti alle rovine del cosiddetto "parco dei Pionieri", dove era caduto il primo barile bomba, una terra di nessuno di macerie. Con un nuovo pezzo, *Pioggia*, con testo di Ahmad Sallam.

Contro il popolo non vincerete mai,
mai!
Soffocateci con i gas lacrimogeni,
spezzateci le ossa con i manganelli.
Contro il popolo, invasori, non vincerete mai,
mai!

Cala la sera,
il sole del mattino è più vicino.

Peccato solo che il tizio del "Bukra Ahla" diventò sempre più esigente. Il nostro successo gli diede alla testa. Di lì a poco, per esempio, pretese che alla fine del video ringraziassimo il "*Bukra Ahla* Film Team". Poi scoprii che quel vecchio volpone prima dei nostri video inseriva delle pubblicità, e ne ebbi abbastanza. Noi cantavamo contro la fame, e lui come introduzione ci metteva delle scarpe da ginnastica? Cosa avrebbe pensato la gente?

Così cambiammo, e per un po' pubblicammo i video su una pagina Facebook chiamata *Foto di Yarmouk*. E poi entrò in gioco il mio amico Raed, che era un professionista. Ci spiegò come funzionava YouTube e ci aprì una pagina Facebook tutta nostra. Portammo il mio vecchio motorino elettrico Rama nel mio appartamento, così per caricare i nostri video in rete, visibili a tutto il mondo, bastava che qualcuno pedalasse come si deve.

Il fatto che li guardassero anche in Europa mi rese felice come un bambino. C'erano commenti di persone con nomi stranieri, c'erano visualizzazioni da Amburgo e Berlino. Wow! Voleva dire che la nostra voce stava arrivando veramente!

Un giorno per strada un uomo mi fermò. Abitava nella mia via, lo conoscevo di vista. Si presentò: Marwan. Quello che facevamo gli piaceva, poteva unirsi al gruppo anche lui? Volentieri, risposi io. E così i Ragazzi di Yarmouk trovarono una nuova voce. Peccato solo che cantasse come un orso brontolone. In compenso, scriveva delle canzoni fantastiche. Ne ho musicate almeno venti.

Il periodo dei Ragazzi di Yarmouk fu bellissimo. Quanto ci divertivamo! Non facevamo altro che litigare su dove esibirci. Davanti a casa mia! diceva uno ridendo. No, venite da me! replicava un altro. L'ultima decisione toccava sempre a me. Mentre spingevamo il piano tra le rovine dimenticavamo gli stomaci vuoti e ci sentivamo forti. Non eravamo più soli. Era la nostra rivoluzione, la nostra missione: mostrare al mondo cosa stava succedendo nel nostro paese. Quanto ci stesse torturando Assad. E che noi ci stavamo ribellando.

Un giorno che mi era avanzato un chilo e mezzo di riso – allora valeva 30.000 sterline siriane (80 euro) – li invitai tutti a mangiare da me. Come piatto principale riso condito con spezie e brodo di noodle, e per dessert Tahani preparò il riso cotto nel latte in polvere. Un pasto da re! Di questa serata c'è anche un video: tutti seduti a gambe incrociate intorno a un tavolo lungo che ridiamo. Come prima.

Non ci volle molto perché si facessero vivi i primi giornalisti, che diventarono sempre più numerosi. Chiesi ai ragazzi se qualcuno voleva rilasciare un'intervista. Solo Mahmud Tamim e io trovammo il coraggio. E dopo, quando i nostri video vennero trasmessi dalla televisione satellitare araba, ci videro perfino in Tunisia.

Domanda – Perché lo fate?

Risposta – Per protestare contro l'assedio.

D – E poi?

R – Be', sa... la vita qui è piuttosto triste. Per divertirci un po'.

D – La gente del vostro coro cantava già prima?

R – No, hanno iniziato così.

D – E che lavori facevate, prima?

R – Falegname, commerciante, panettiere, muratore, maestro di musica.

D – E perché il piano?

R – Perché qui non c'è corrente.

D – E perché per strada?

R – In modo che la gente veda com'è la situazione qui.

D – E quindi qual è il vostro messaggio per il mondo?

R – Non lasciateci morire di fame.

La cassetta di aiuti

Qualunque cosa farei per te, cassetta,
ma adesso smettila di torturarmi, bellezza.

Mi hai fatto correre tutto il giorno
da qui a Rijh Square e ritorno.

Sii buona, vieni da me,
le notti sono più sopportabili, con te.

Oddio, che voglia di un bicchierino
di tè un po' zuccherino!

Qualunque cosa farei per te, cassetta,
ma adesso smettila di torturarmi, bellezza.

Le foglie di lotus son tornate,
cassette, quanto ci mancate!

Qualunque cosa farei per te, cassetta,
ma adesso smettila di torturarmi, bellezza.

A un certo punto tutti iniziarono a passarmi poesie. Mahmud e Marwan, amici di mio padre, passanti che apprezzavano quello che stavamo facendo. Il fatto che la nostra musica fosse tanto amata mi spronò. A Damasco e Aleppo, in Algeria e in Egitto, in Italia e in Belgio. Componevo come se nella vita non avessi mai fatto altro.

Conoscevo le tecniche di Beethoven e Mozart, Ziad Rahbani e Marcel Khalife. Per un sacco di anni avevo assorbito come una spugna, era il momento di raccogliere i frutti. Il tè aveva tirato abbastanza.

Tornavo verso casa con una nuova poesia in mano, la leggevo a voce alta e già mi veniva in mente una melodia. Mi mettevo al piano, la suonavo e poi adattavo il testo alle note e viceversa. Aggiungevo un'introduzione un po' più impegnativa. Lo dovevo a me stesso, in fondo sono un pianista.

Usavo le scale europee, mischiandole però a ritmi arabi. Mi lasciai ispirare dalle successioni armoniche e dagli accompagnamenti a ottavi di Mozart. Così nacquero melodie che restavano impresse a tutti, è questa la forza di determinate armonie. Alcune canzoni erano costituite da più strofe e un ritornello, come le canzoni popolari occidentali. Altre da più motivi lunghi interrotti da un *bridge*, come nel mondo arabo.

I testi erano tutti di scherno e di satira. Evitavo il pathos vuoto: gli eroi, le marce della vittoria, il sangue sul campo dell'onore. Ai testi troppo strappalacrime davo melodie allegre come le canzoni per bambini.

All'inizio composi in modo molto classico: un tono per ogni sillaba di testo. Poi ricevetti poesie completamente prive di metrica e rime, in teoria impossibili da mettere in musica. Io però cominciai ad allungare le sillabe su più toni. Diventava un canto lamentoso, ma in fondo ci stava bene. La gente doveva sentire la nostra disperazione: la donna a un passo dal parto morta al checkpoint, la tortura di restare in coda quasi tutta la notte per uno scatolone di viveri per poi non ricevere nulla. In queste canzoni c'era tutto il mio spaesamento. Come ho già detto all'inizio, fu come il grido di una persona che sta precipitando in un baratro, la melodia del suo viaggio verso l'inferno.

Lo scatolone è per te, ahimè ahimè

Partirono e presero lo scatolone come se fosse un martire.
Santo cielo, cosa non hanno fatto per prenderlo!
Spingevano e spintonavano e strappavano e tiravano,
per la vita o la morte... per un martire!

Lo scatolone è per te, ahimè ahimè
Lo scatolone è per te, ahimè ahimè

Olio e zucchero e latte
porta il martire,
lo aspettiamo nel cuore della notte,
dormiamo per strada,
lo vediamo arrivare
sotto l'ombra di un albero.

Avanti e indietro, ogni giorno, tutti i giorni!

Lo scatolone è per te, ahimè ahimè
Lo scatolone è per te, ahimè ahimè

I martiri dell'Onu andarono via
e al loro posto arrivò Dio.
Né martiri né dèi però ci aiutarono
restò solo un grande caos.
Qualcuno il martire non incontrò mai
altri ci banchettarono ogni giorno, sai.

Ma cosa importa. Ormai.

Lo scatolone è per te, ahimè ahimè
Lo scatolone è per te, ahimè ahimè

Questa canzone l'ha scritta Hisham Zuawi, un amico di mio padre. Un uomo acuto ed esile, curato e discreto. Abbattuto da un cecchino proprio mentre tornava dalla distribuzione con uno scatolone dell'Unrwa tra le braccia.

Il nostro coro si sciolse dopo soli due mesi, i Ragazzi di Yarmouk si separarono. Iniziarono le gelosie. Perché, chiese una fazione di tre, metti sempre in musica i testi di Mahmud Tamim e Marwan e mai i nostri? Mahmud Tamim è solo un bellimbusto snob. E se ne andarono.

Poco dopo altri dissero che era troppo faticoso. La mattina andare a prendere l'acqua, poi le foglie di lotus, il pomeriggio spingere il pianoforte in giro per il quartiere e cantare. Era troppo.

E poi, si lamentarono, perché non cogliamo i frutti del nostro successo? Perché non cercare uno sponsor, un finanziatore europeo o di qualche altra parte, basta che ci paghi per cantare?

"Certo, così ci comanderà a bacchetta" obiettai io. "No, io sono assolutamente contrario. Dobbiamo restare indipendenti."

Ma non riuscii a convincerli. I mormorii diventarono più forti, e alla fine mi dissero: o qualcuno ci paga o smettiamo.

"Allora smettiamo. Io non mi farò strumentalizzare da nessuno."

E così ci lasciammo. In buoni rapporti.

In ogni caso, se c'era una cosa che mi era chiara era che tutto avrei mollato tranne la musica. Era lei a tenermi in vita. Dovevo continuare. Provammo con un trio: io, Raed e Marwan. Loro infatti continuarono a sostenermi. Ma non funzionò, veniva troppo male.

Fino a quel momento, ovvero per una vita, avevo sempre accompagnato gli altri. Ero un pianista, mica un cantante. Avevo studiato solfeggio e cantato in diversi cori, eppure non avevo mai osato usare la mia voce. O forse semplicemente ero troppo timido. Quando non mi rimase nessuno, non ebbi più alcun cantante a portata di mano, superai ogni ritrosia. Non avevo scelta.

Come già ho raccontato all'inizio, una mattina chiesi a Niraz Saied, il fotografo, di filmarmi. Lui scattò la famosa foto di me seduto al piano con la maglietta verde. La prima volta che cantai da solo, appunto. Il pianista delle macerie. Un'immagine che capirono tutti. Era il 21 aprile 2014.

Tu che gridi tra i popoli:
"La morte si allarga sul mio paese,
maledizioni e omicidi, sfruttamento e fame,
mi strappano il cuore fuori dalle costole.
Bagni di sangue, fuoco e luce
una tragedia attraversa i mari".

Yarmouk vi implora:
tra le rovine e le tombe,
piantate un fiore per il sole.
Yarmouk vi sfida e grida:
"Tornate, popolo di cacciati,
le piantine di menta sono ancora verdi,
le rose vi aspettano.
Tornate, figli dispersi, e innaffiatele.
Anche con le lacrime,
stanno aspettando voi".

Uno particolarmente bravo a scrivere testi era 'Amer Helwani. Un giorno si presentò da me in negozio e mi chiese se potevo dargli un po' di zucchero o un po' di riso.

"Guarda, lo farei volentieri. Ma anche noi ogni giorno mangiamo solo lenticchie e foglie di lotus, il riso lo lasciamo a nostro figlio. Mangia l'erba! Lo facciamo anche noi."

"Ma io quella roba verde la odio!" protestò lui. "Mi fa venire la diarrea! Appena la vedo vomito!"

"Non prendertela con me!" replicai, "abbiamo tutti fame!

Quello che provi... scrivilo. Mostra al mondo quanto è disumana la situazione qui."

"Vieni, andiamo a casa mia" disse lui. "Voglio farti vedere una cosa."

"E cosa?"

"Una cosa molto privata."

"Cosa?"

"Una cosa che farà arrabbiare anche te."

"Ma io sono già arrabbiato. E debole. Sono allo stremo delle forze."

"Solo dieci minuti."

Cedetti. Ci avviammo in silenzio. 'Amer Helwani aveva un aspetto terribile. Aveva la faccia annerita dal fumo della plastica bruciata, la mano destra bluastra e gonfia a causa di una scheggia la cui ferita non si decideva a guarire. Aveva studiato Letteratura araba all'università, per poi però lavorare come imbianchino. Era un bravo poeta. Ma cos'è che voleva farmi vedere?

Entrammo, abitava al piano terra. Una stanza, colpita da una granata, per metà era aperta.

Sul fuoco di plastica c'era una pentola. Sollevò il coperchio. Un animale.

"Cos'è?" chiesi.

"Un gatto."

Feci un salto all'indietro, schifato. "Santo cielo, ma come puoi fare una cosa del genere? Mangia l'erba!"

"L'erba mi ammazza."

"Perché lo dovevo vedere?"

"Voglio che lo provi."

Era per questo che mi aveva chiesto di andare da lui. Per non dover sopportare questa umiliazione da solo. Lo sceicco della moschea Palestina aveva rilasciato una fatwa, lo sapevo: se poteva salvare qualcuno dalla morte per fame, era permesso mangiare carne di cane e di gatto. I tanti animali randagi che avevano sempre fatto parte delle vie di Yarmouk erano già finiti tutti negli stomaci dei bisognosi. Ma non avevo ancora visto nessuno mangiare un animale domestico con i miei occhi.

Non sapevo cosa fare. Mi faceva schifo, sul serio. Ma poi nella mia testa scattò qualcosa, fui preso da una strana brama: era da più di un anno che non mangiavo carne.

"Però solo un morsetto" dissi.

'Amer Helwani tagliò un pezzetto di carne. Me lo misi in bocca. Mi misi subito le mani in tasca per cercare della carta e lo sputai. Che schifo! Che sapore rivoltante! Amarissimo! Dev'essere lo stesso sapore della carne umana, pensai.

"Come puoi mangiare una cosa del genere?" mi scappò.

"E sentiamo, cos'altro dovrei mangiare?" sbottò lui. "Ho chiesto a tutti, nessuno ha voluto darmi del riso, nessuno! Te l'ho detto, l'erba mi fa venire la diarrea."

Tacqui imbarazzato.

"E tu dici che devo scrivere una poesia sulla fame. Grazie tante, ma io ho fame! Voglio mangiare! Quindi smettila di rompermi le scatole con le tue maledette poesie!"

"Ma è l'unico modo perché qualcosa cambi" insistetti io con un filo di voce.

Lui però non volle ascoltarmi.

Due piccole trecce

Due piccole trecce
raccontano per strada
una storia crudele. Ancora e ancora.

Quando non trovi più braccia di speranza,
né un volontario né un fratello,
non versare lacrime, tienitele per te.

I cuori sono diventati di pietra;
peggio, di acciaio.

Allunga le gambe scarne
e resta in piedi. Resisti.
E sospira. Ancora e ancora.

Quando chiesi ad 'Amer Helwani cosa significasse questo testo lui scoppiò a piangere. Parlava di una bambina di otto anni al massimo, mi spiegò, che ogni giorno con sua madre faceva la fila per lo scatolone dell'Unrwa. Si mettevano in coda linde e pinte e tornavano, ore dopo, avvilite e piene di polvere dalla testa ai piedi.

Mi misi al pianoforte e composi una melodia. Nelle prime due strofe, immaginai, parlavano gli dèi; nelle ultime la bambina. Tra di esse suonavo un basso continuo, che nella musica barocca era la voce del diavolo. La chiamai *L'operetta di Yarmouk*: quindici divinità fissavano una palla di vetro e guardavano il mondo, la Siria, Yarmouk, la bambina piena di polvere.

Due piccole trecce
raccontano per strada
una storia crudele. Ancora e ancora.

Quando non trovi più braccia di speranza,
né un volontario né un fratello,
non versare lacrime, tienile per te.

Avevo sempre amato fare musica con i bambini. Fu così anche durante l'assedio. Le scuole ancora aperte si contavano sulle dita di una mano, ma c'erano, e nel periodo dei Ragazzi di Yarmouk andavo in quattro di esse per cantare con i bambini. Un ragazzo del gruppo, a turno, veniva con me. Poi però il coro si sciolse, e finirono anche le mie lezioni.

Marwan, però, ebbe un'idea: anche con i bambini potevamo cantare per strada! E così fu. Fondammo il gruppo dei "Rampolli di Yarmouk", un coro di bambini. Marwan non era sposato e i bambini li adorava. Con loro ci sapeva fare, li prendeva sul serio e aveva un bel modo di guidarli. Era lui a radunarli e prepararli per le prove. Un gruppo di bambini è come una colonia di pulci, sono ingestibili. E visto che in ogni momento ci poteva cadere in testa una granata, insistetti perché i genitori firmassero un foglio che ci sollevava da ogni responsabilità.

Con i Rampolli di Yarmouk provavamo due, tre volte alla settimana. A volte i bambini erano cinque, altre venti. Cantavamo davanti alla mia ex scuola media in macerie, oppure vicino a un incrocio frequentato. I passanti si fermavano e ci guardavano raggianti. Bambini che cantavano per strada! Se possibile, era ancora più bello del coro precedente.

Fino a quando non ci passò vicino un gruppo di soldati, le cui barbe stavano diventando sempre più lunghe. Ormai a Yarmouk la lotta per la democrazia era passata in secondo piano: la rivoluzione era diventata una lotta per l'Islam autentico. Uno di loro disse: "Fratello, canti con le femmine? È *haram*, non lo sai?" Ma ci fecero continuare. Per il momento.

C'era un bambino iperattivo che proprio non ce la faceva a restare fermo e continuava a disturbare. Allora io gli dissi di mettersi vicino a me e suonare la musica con le mani. Lui obbedì. Fu un gran successo. La gente si esaltava a vederlo gesticolare completamente perso nelle note. Come un interprete del linguaggio dei segni.

Una ragazzina, invece, portò alle prove il fratello handicappato. Ruotava la testa all'indietro e ciangottava e sbavava, restava con la lingua a penzoloni ed emetteva un sacco di rumori atroci. Poi, però, appena attaccava la musica si trasformava in un angelo. "Ah! Oh! Ah!" faceva, come se volesse cantare. Diventava estremamente pacifico.

Una volta mentre cantavamo da dietro l'angolo spuntò una signora bellissima, insieme alla figlia. Ci vide e disse: "Oh, il famoso gruppo!" Erano entrambe vestite bene, i visi appena lavati. Al contrario dei nostri.

"In che senso?" risposi io smettendo di suonare.

"Siete i Rampolli di Yarmouk, dico bene?"

"Esatto. Ci conosce?"

"Be', in tutta Damasco non si fa che parlare di voi."

I bambini d'un tratto diventarono orgogliosissimi. Del resto, un così bel complimento da una signora tanto elegante.

"Quello che fate è molto importante" aggiunse diventando seria. “Noi siamo appena arrivate apposta da Damasco con un permesso speciale. Questa è mia figlia: può cantare con voi?” Aveva più o meno undici anni.

“Ma certo, è la benvenuta!” risposi. “Ecco, mettiti qui.” Riattaccammo.

Alla fine delle prove, mentre spingevamo il pianoforte verso casa, Marwan mi disse: “Hai sentito cosa ha detto? Che quello che facciamo è importante...” Anche lui era terribilmente orgoglioso.

Non ho idea di dove dormissero la bella signora e la figlia, ma la seconda volta che la ragazzina cantò con noi portavano entrambe un velo. Dovevano aver incrociato qualcuno del Fronte al-Nusra. La terza volta arrivarono impolverate e grigie quasi quanto noi. E non molto dopo svanirono.

Una volta vidi un uomo che ci osservava: era il mio vecchio insegnante di arabo delle superiori. Quando riportammo il piano al negozio ci seguì. Andai a parlarci, si reggeva in piedi per miracolo. Lo feci entrare e gli diedi un bicchiere d’acqua. Si sedette. Aveva le lacrime agli occhi.

“Aeham, quello che stai facendo è meraviglioso.”

Lo ringraziai, imbarazzato. E colsi l’occasione per scusarmi per le tante volte in cui avevo marinato le sue lezioni. “Spero non l’abbia presa come una cosa personale” spiegai, “lei non c’entrava nulla. Semplicemente, avevo altro per la testa.”

“Oh, non parliamone più, è passato così tanto tempo” rispose lui. “Sono molto fiero di te.” Se ne andò. Dopo scrisse cinque canzoni per me.

Il pezzo preferito dei bambini era *L’acqua non c’è mai*, scritta da Marwan. Perché parlava della loro quotidianità.

Ogni giorno, infatti, dovevano aiutare i genitori a portare taniche pesantissime.

L'acqua non c'è mai

L'acqua non c'è mai
prendi la tanica e vai!

Siamo stufi di portare secchi,
pesanti e stravecchi.

Provate a chiedere ad *Abu* Mohammad,
sempre in pena
sempre in giro
sempre a tiro!

Prima o poi l'acqua tornerà,
e anche l'elettricità
che ci siamo dimenticati dove sta!

Marwan ci riprese e Raed caricò il video sulla nostra pagina Facebook: diecimila persone di ogni parte del mondo misero "Mi piace", cinquecento condivisero il video, un centinaio commentò. C'erano anche dei video su YouTube, che superarono le cinquecentomila visualizzazioni.

Com'era prevedibile poco dopo mi contattarono vari giornalisti, le cui domande erano tutte più o meno simili. Ma cosa state facendo? Perché lo fate? Io glielo spiegavo, le mie risposte sono ancora in rete. Qualche esempio.

"Qui a Yarmouk non abbiamo molta scelta: o ci uniamo a uno dei gruppi di guerriglieri, o aspettiamo la morte. Ecco, secondo me la morte è meglio aspettarla cantando."

"Il pianoforte è un simbolo di cultura. Suonarlo per strada è un'immagine di gloria e allo stesso tempo di grande disperazione."

"Le canzoni che cantiamo toccano chiunque, a Yarmouk, perché parlano della vita di tutti i giorni: delle malattie, la carenza di medicine, la mancanza di cibo, perfino del fatto che le persone si alimentino di erba."

"Non sapevo più come dare una mano, così ho spinto il mio pianoforte in strada e ho iniziato a cantare. Per far coraggio alle persone."

"Parlo a nome della gente che sta facendo la fame. Trasmetto immagini di vita quotidiana. Continueremo a cantare, non smetteremo mai."

Sì, furono sei mesi folli. Un periodo meraviglioso e terribile insieme. Lottammo. Avevamo uno scopo. Eravamo preoccupati ma la musica illuminò le nostre giornate. Giornate pienissime: la mattina mi spaccavo la schiena per andare a prendere l'acqua, il pomeriggio cantavo con i bambini per strada, la sera mettevo in musica una poesia che qualcuno mi aveva infilato in tasca finché non crollavo con lo stomaco borbottante.

Sono un pianista. Non ho mai sventolato bandiere. La mia rivoluzione è la musica. E il miracolo accadde: il mondo ci ascoltò.

E poi spararono a Zeinab

Era l'agosto del 2014. Yarmouk era ancora sigillata, continuavano a piovere bombe e i cecchini erano ancora appostati sui tetti, non potevamo uscire dal quartiere e dentro arrivava poco e niente.

Quel giorno – il più triste della mia vita – ero andato a prendere l'acqua insieme al mio amico e vicino Marwan. Tornato a casa, mi rimisi a dormire.

Ebbi un sogno. Ero seduto su uno sgabello, per strada. La gente correva avanti e indietro nel panico. Alla mia destra, poco più avanti, c'era un lupo che ululava, il muso all'ingiù. Era lui a far paura alle persone. Che volevano andare via ma non sapevano dove. Schizzavano in tutte le direzioni, gli sguardi quasi congelati. E io ero sul mio sgabello, non potevo alzarmi e guardavo il lupo che ululava mentre la gente correva, una cosa terrificante...

Mi svegliai. Qualcuno aveva tirato un sasso contro la mia finestra. Da sotto una ragazzina gridò: "Maestro Aeham, maestro Aeham, scendi!"

Mi alzai e andai a guardare: sei ragazzine, di sotto, che saltellavano e si sbracciavano. "Maestro Aeham, scendi! Vogliamo cantare!" Capitava spesso.

Zeinab era quella più a destra nel gruppo. L'avevo conosciuta mesi prima in un centro culturale in cui ero andato a fare musica con i bambini un paio di volte. Zeinab suonava le percussioni. Aveva dodici anni ed era più sfacciata, più allegra e più rumorosa delle altre. "Mi piace il rap" mi spiegò tutta seria, e iniziò a battere sul tavolo un groove spigoloso. Mi piacque all'istante. La invitai a unirsi ai Rampolli di Yarmouk.

Da quel giorno non perse nemmeno una prova. Tutti i bambini cantavano il ritornello insieme, poi Zeinab attaccava con una strofa del suo rap ribelle. Combattere con la musica, era questa la sua idea.

Suo padre, mi raccontò, era malato, quindi era andato via da Yarmouk. Sarebbe tornato appena fosse guarito. Un giorno, però, mentre cantavamo per strada passò la madre. La salutai e le chiesi del marito. Lei mi prese da una parte e mi disse che era morto durante un bombardamento ma non voleva che la figlia lo scoprisse.

Quel mattino le ragazze mi guardavano piene di aspettativa. Mi strofinai gli occhi, ancora annebbiato dal sogno spaventevole.

"Ragazze, sono troppo stanco. Oggi no!"

"Come no!" protestarono loro. "Dai, facci cantare! Ci annoiamo. Non abbiamo voglia di stare a casa!"

Con la coda dell'occhio vidi che Marwan si era affacciato alla finestra. Le aveva sentite anche lui. Gli feci un cenno e lui scrollò le spalle. Perché no?, sembrava volermi dire. Così cedetti – maledetto sia quel giorno – e scesi.

Tirammo fuori il piano e iniziammo a spingere. Zeinab disse che voleva fare un video per la nonna, così ci mettemmo vicino alla casa in cui aveva vissuto l'anziana prima di lasciare Yarmouk.

Spostammo il piano al centro della strada, mentre le bambine aspettavano protette da una casa. Aprii il piano. Marwan era pronto. Annuì. Chiusi gli occhi e attaccai una canzone. Marwan fece il giro e iniziò a filmare. Alla fine del pezzo lo guardai e lui fece ok con il pollice. Così richiusi gli occhi e passai alla seconda canzone. Marwan continuò a riprendere. Insomma, tutto come al solito.

Così iniziammo. Marwan radunò i bambini intorno a me. Fece cenno che il video era partito. Io intonai il primo verso di *Fratello, Yarmouk sente la tua mancanza*. Diedi il segnale con la testa e le bambine cominciarono a cantare con le loro voci chiare. Fu bello. Richiusi gli occhi.

Rimbombò un colpo. Riaprii subito gli occhi... Zeinab era a terra, alla mia destra. Il sangue che le zampillava dalla testa.

Saltai in piedi e mi chinai su di lei. "Zeinab, Zeinab, che succede? Oh, mio Dio, ma che è successo?"

Marwan e le altre bambine nel frattempo erano scappati via. Al riparo, dentro il negozio.

"Aeham, vieni!" gridò Marwan. "Altrimenti il cecchino ucciderà anche te!"

Lo raggiunsi. "Forse è ancora viva" dissi però gridando, "dobbiamo tornare a prenderla!"

Le altre ragazzine erano sedute con gli occhi sgranati. Marwan corse dentro e tornò con un lungo bastone. Riuscimmo a prendere Zeinab per i pantaloni e ad avvicinarla verso di noi.

"Tu porta i bambini al sicuro!" gridai a Marwan. Presi Zeinab in braccio e corsi via.

Continuava a sanguinarle la testa, il sangue mi gocciolava sul braccio. Singhiozzavo, correndo incrociai un sacco di persone ma nessuno fece caso a me. A Yarmouk scene del genere si vedevano tutti i giorni. Ci misi dieci minuti ad arrivare al lazzaretto di al-Hajar al-Aswad. Dove il falegname mi aveva ricucito le dita e dove avevamo portato il morto del campo di ravanelli. Mi precipitai dentro, misi Zeinab su una lettiga e chiamai aiuto.

Arrivò un uomo in camice bianco che non conoscevo. "Che è successo?" chiese.

"È stata centrata da un cecchino."

Le sentì il polso e le controllò le pupille con una torcia. "È morta."

Il mondo barcollò.

"La conosce?" chiese il dottore.

"Sì" risposi io singhiozzando.

"Vuole avvertirli lei i genitori?"

Scossi la testa e chiesi carta e penna. Scrissi l'indirizzo della madre di Zeinab.

"Ma lei chi è?" mi domandò il medico.

"Nessuno" risposi. E me ne andai.

Cominciai a vagare per strada con i vestiti sporchi di sangue. Cosa avevo fatto? Era colpa mia! Non avrei mai dovuto cantare con i bambini per strada, in mezzo alle rovine!

Andai da Marwan. Gli altri bambini sicuro li aveva già riportati a casa. Mi lavai via il sangue. Mi diede dei vestiti puliti.

Restammo seduti a lungo, in silenzio, non osavamo nemmeno guardarci.

"Non è stata colpa nostra" disse.

Restai zitto e me ne tornai a casa.

"Che è successo?" chiese Tahani. Dovevo avere un aspetto terribile.

"Sono malato" risposi, e mi misi sul divano. Mi girai verso lo schienale e iniziai a piangere piano. Senza fare rumore. Tutta la mia miseria uscì in un flusso continuo e silente. Era la fine. Tutto era finito. Morto. Passarono le ore. Come potevo vivere con quella colpa?

Quella notte dormii sul divano, non nel nostro letto. A volte venni sopraffatto dal sonno, ma dopo pochi secondi scattavo su seduto e rivedevo Zeinab nel suo stesso sangue. I suoi occhi fissi.

Il mattino successivo mi sentivo come legato: non riuscivo a respirare, come se qualcuno mi puntasse un ginocchio contro il petto. E il mio cuore fosse di pietra. Andai da Marwan. Aveva il viso scavato dalle rughe. Decidemmo di andare a cercare il piano.

Era rimasto dove lo avevamo lasciato. Il lato destro e il carretto erano pieni di schizzi di sangue. Non lo avrei suonato mai più. Non avrei mai più suonato nessun pianoforte.

Avevamo un conoscente che abitava lì a due passi e spingemmo il piano verso casa sua. Forse potevamo lasciarlo da lui? A me non serviva più. Che andasse al diavolo.

Lui vide le macchie di sangue. "Un gatto" disse Marwan. "Basta lavarlo."

Tornai a casa come anestetizzato e mi rimisi sul divano.

Il secondo giorno salii in terrazza, all'ultimo piano. Non volevo più vivere. Basta. Io l'avevo fatto con buone intenzioni. Ce l'avevo messa tutta. Volevo cantare con i bambini e ridere e dimenticare la guerra. E adesso per colpa mia Zeinab era morta.

Mi avvicinai alla ringhiera.

Avevo sfidato la morte così tante volte. Avevo giocato col fuoco, sapendo che poteva cadere una granata da un momento all'altro. Ci sono dei video in cui le note del pianoforte sono intervallate da spari. La morte era quotidianità. Io sarei stato pronto. Perché quel dilettante di un cecchino non aveva mirato meglio? Perché non aveva ucciso me invece di Zeinab? Maledizione, aveva solo dodici anni!

Mi sedetti sul parapetto, le gambe penzolanti.

La mia vita era al capolinea. Ero morto con Zeinab. Non volevo più andare avanti. Non con questa colpa.

A un certo punto scesi da Marwan. Ci salutammo senza parlare. Scoppiammo a piangere.

"Maledizione!" gridò lui a un certo punto saltando in piedi, per poi tirare un pugno contro il muro. "Perché i bambini? Stavamo solo cantando!"

Lui viveva con la madre. Che sentì il grido, entrò e chiese cosa stesse succedendo.

"Niente" rispose lui.

Per una settimana non dissi e non mangiai quasi nulla. Tahani si preoccupò. Non le raccontai nulla.

Poi la spietata morsa del dolore allentò la sua presa.

Io e Marwan andammo a riprendere il piano. Il conoscente da cui lo avevamo lasciato lo aveva lavato con la pompa e si era riempito d'acqua. Il mio amico Raed aveva lavorato anche come pittore, gli chiesi di verniciarlo di bianco. Un altro tizio ci fece delle decorazioni sopra con i colori della Palestina: scritte nere, rosse e verdi. Presi posto al mio strumento, era ancora più scordato del solito. E suonai *Fratello, Yarmouk sente la tua mancanza*. La canzone che Zeinab non aveva potuto cantare fino alla fine.

Dovevo vivere.

Due settimane dopo l'incidente alcuni bambini tornarono da me in negozio e mi chiesero di cantare. Io risposi di sì, ma cantammo dentro. Qualche settimana dopo, era già settembre, riportammo il piano per strada. In vicoli stretti e movimentati, dove un cecchino non si sarebbe mai avventurato. Ripresi a cantare con i bambini. Con altri bambini. Al mio pianoforte bianco.

Mentre suonavo sentivo una stretta al petto, quasi non respiravo. Se uno guarda i video di quel periodo si vede benissimo: lo sguardo impietrito, il mio viso che sembra una maschera. I bambini invece canticchiano, ridono e saltellano: fanno sul serio. Io invece ormai avevo la testa altrove. Avevo lottato. E avevo perso. Alla musica non ci credevo più.

Della morte di Zeinab allora non parlai mai più. Cosa avrei dovuto dire? Chi avrei dovuto accusare? Gli sgherri di Assad? I cecchini del Fronte al-Nusra, che la nostra musica non la sopportavano già da un pezzo? Come potevo osare dare la colpa a loro pubblicamente? Gli unici a saperlo eravamo io e Marwan, e giurammo di non dirlo a nessuno.

La madre di Zeinab non venne mai da me. Sapeva che la figlia era morta vicino al mio pianoforte? Nemmeno io ebbi il coraggio di andare da lei. Cosa avrei dovuto dirle?

Non passò giorno in cui non pensai alla piccola percussionista, e solo il pensiero mi toglieva il respiro. E ogni volta che chiudevo gli occhi per cantare *Fratello, Yarmouk sente la tua mancanza* me la rivedevo davanti agli occhi.

Soltanto dopo.

Molto dopo.

Dopo il mio arrivo in Germania.

Quando mi liberai della paura e del terrore.

Riuscii a parlarne di nuovo. Quella terribile verità riaffiorò. All'inizio in maniera fuggevole, senza dettagli. Poi più spesso. Alla fine raccontai la storia a ogni giornalista, anche se non me l'aveva chiesta. Pensai: forse queste confessioni mi aiuteranno a espiare la mia infamia. La storia di Zeinab in realtà non interessava a nessuno. Mi chiedevano tutti del pianoforte bruciato da quelli dell'Isis.

A volte sento una voce che dice: Aeham, non è stata colpa tua. Non puoi farci niente. È stato un crimine di guerra. Sparare ai bambini è vietato, anche quando cantano per strada, in mezzo alle macerie.

Forse è vero, ma io non ci credo. Dovrei rinascere almeno cento volte per estinguere la mia colpa. Convivo con essa.

Il parto cesareo del salafita

Alla nascita di Ahmad, il nostro primo figlio, io e Tahani avevamo deciso che a due anni avrebbe ricevuto un fratellino. Poi però era arrivata la rivoluzione, era iniziato l'assedio. Io evitavo di parlarne.

Una sera però Tahani venne da me e tirò in ballo l'argomento. Non sarebbe bello, disse, avere un altro figlio? Io la guardai con gli occhi sgranati e dissi: "In che senso?"

"Come ci eravamo ripromessi."

"Ma era in tempi di pace. Adesso già in tre non abbiamo abbastanza da mangiare."

"La vita continua" replicò lei, "l'assedio può durare per sempre."

Aveva ragione. Non ci credevamo più che le cose prima o poi sarebbero cambiate. Se vivevamo in tre o morivamo in quattro in fondo era la stessa cosa. La morte ci sarebbe toccata comunque.

Quando era venuto al mondo il nostro primo figlio, con un parto cesareo, i medici ci avevano detto che anche il secondo sarebbe dovuto nascere in questo modo. A Yarmouk, però, non c'erano più ospedali da un pezzo. "Come faremo?" domandai a Tahani. "Non possiamo mica mettere a rischio la tua vita!"

"Dio ci assisterà" rispose lei. "Una soluzione l'abbiamo sempre trovata."

"Ti ho sempre detto che saresti stata tu a decidere. E dicevo sul serio. Decidi tu." E poi aggiunsi: "Anche se non sarà facile".

"Resteremo chiusi qui dentro per sempre" disse Tahani. "Io un altro figlio lo voglio."

Abbandonammo l'argomento, ma lei ci tornò sopra. Così alla fine dissi: parliamone con i miei. Li riguardava tanto quanto noi. Una sera gli domandammo cosa ne pensavano.

Lì per lì furono felici, poi anche a loro vennero in mente tutti i possibili ostacoli. "Noi siamo felici di avere Ahmad e saremmo felici di avere un secondo nipote" concluse infine mio padre. "La decisione però spetta a voi".

E noi decidemmo: sì, lo volevamo. Alla faccia della guerra.

Un giorno Tahani all'improvviso dovette sedersi, le girava la testa. Continuava ad avere la sensazione di essere incinta. Andò subito dalla levatrice, che confermò. Tahani era al settimo cielo, e io gioii con lei. Allo stesso tempo, però, i miei dubbi aumentarono.

La levatrice le aveva tenuto una breve conferenza riguardo all'importanza di un'"alimentazione sana". Certo, come no, in un posto in cui da una vita non c'erano né frutta, né verdura fresca, né carne! Consigliò a Tahani di prendere pasticche di vitamine, calcio e ferro. Quelle c'erano ancora. Era primavera, il periodo in cui arrivarono i primi scatoloni dell'Unrwa. Così perlomeno Tahani ogni tanto poté concedersi un bicchiere di latte in polvere. E magari un piatto di riso e lenticchie con foglie di lotus cotte.

L'anno 2014 proseguì. Ci svegliavamo sempre presto per andare a fare la fila. Io sfornavo una canzone al giorno. La pancia di Tahani si arrotondava. Ad agosto spararono a Zeinab. Ma dovevo continuare a vivere. La gravidanza di Tahani si avvicinava alla fine, come data del parto la levatrice aveva calcolato il 25 ottobre. Ogni giorno che passava la questione diventava più impellente: dove avrebbe partorito?

Andammo a informarci al lazzaretto di al-Hajar al-Aswad. Sì, lì un parto cesareo potevano farlo. Se portavamo una fleboclisi e tre boccette di Rocephin, ovvero un antibiotico che in Europa costava 50 euro a boccetta e a Yarmouk era più prezioso dell'oro. A prescindere dal fatto che comunque non si trovava da nessuna parte. I medicinali erano fondamentali per la guerra. Se il regime ci tagliava fuori dagli approvvigionamenti alimentari, figuriamoci da quelli di medicine.

C'era solo una possibilità: Tahani doveva partorire a Damasco. In estate il governo e i ribelli avevano stipulato una specie di accordo: malati, donne incinte e anziani potevano registrarsi a Yalda e ottenere un lasciapassare per Damasco. Anche se non era detto che sarebbero anche potuti tornare.

Tahani si rifiutò perfino di prenderlo in considerazione. Un sacco di famiglie restavano divise, obiettò. E lei aveva paura del parto. Voleva avermi vicino, a tutti i costi.

Io non volevo nemmeno ascoltarla e insistevo che andasse a Damasco, in un ospedale come si deve. Se le fosse successo qualcosa non me lo sarei mai perdonato. Litigammo per settimane.

"Voglio restare qui, ho paura!" faceva Tahani.

"Devi uscire da Yarmouk!" insistevo io. "Qui non ci sono antibiotici e se ti aprono la pancia nel lazzaretto lo faranno senza aver nemmeno disinfettato il bisturi! Puoi starne certa! Tahani, devi andartene!"

Alla fine acconsentì. Due settimane prima della data calcolata preparò una piccola valigia e si congedò dai miei genitori; presi Ahmad sulle spalle e ci avviammo verso il checkpoint di Yalda. Tahani camminava lenta. Era molto incinta, e anche triste. Ogni cento metri si fermava e diceva: "Dai, Aeham, torniamo indietro. Ci penserà Dio. In qualche modo ce la faremo, ma io ho bisogno di te".

"Non ci sono antibiotici! Ti prego, smettila di comportarti come una bambina!"

Proseguimmo.

"Papà, ma dove stiamo andando?" chiese Ahmad sulle mie spalle. Ormai aveva capito benissimo che c'era qualcosa di strano.

"Andiamo a trovare la tua bisnonna. Vedrai quant'è bello, quante cose ci saranno... un sacco di dolci, e frutta!" Gli raccontai che esisteva una cosa chiamata cioccolata che era buonissima.

Ahmad però scoppiò a piangere. "Ma io non voglio andarmene!"

"Lo vedi, nemmeno lui vuole" disse Tahani.

"Tahani, sarà una tragedia!" esclamai io. "Non voglio che tu muoia solo perché non vogliamo separarci per qualche giorno!"

"E se non mi fanno più tornare? Ho tanta paura..."

"Ti prego."

Proseguimmo in silenzio. Al checkpoint ci abbracciammo. Li guardai da lontano: Tahani mostrò al soldato il suo documento e il lasciapassare, lui annuì. Lei e Ahmad si girarono per farmi un ultimo cenno e poi sparirono.

La sera stessa mi mandò un messaggio: "Qui non resisto più, voglio tornare. Domattina vado a fare domanda per il lasciapassare".

La chiamai. Litigammo.

Andò in ospedale. E lì, alla sua prima, vera ecografia, venne fuori che la levatrice aveva calcolato male la data. Il bambino sarebbe nato un mese dopo. Tahani mi chiamò all'istante: non voleva aspettare, voleva tornare subito a Yarmouk.

"Di' un po', ma sei pazza?" sbottai. "Cosa racconterai al checkpoint quando cercherai di rientrare con il pancione?"

"Almeno ci provo" disse Tahani.

"Dai, aspetta, cosa cambia se torni tra un mese o tra due? La tua salute è più importante." Ma Tahani non demordeva. Ogni sera mi ripeteva di voler tornare. "Sono così infelice, ho bisogno di averti vicino" mi scriveva.

"Non puoi rischiare la vita per dei sentimenti" rispondevo io.

Stava da mia nonna. La madre di mia madre: la signora a cui mio padre aveva fatto la serenata per avere in sposa la figlia. Era una persona fantastica. La chiamai.

"Ti prego, fa' in modo che Tahani sia felice! Voglio che resti a Damasco, a ogni costo!"

"Guarda che io la tratto come una regina, ma a lei non importa. Vuole tornare da te."

Cosa dovevo fare?

Una sera per convincerla le dissi: "Pensa alla moglie di Ziad". La donna in stato di gravidanza avanzato che era morta al checkpoint.

"Andrà tutto bene, io sono una donna forte."

"Lì a Damasco hai tutto. Goditelo. Rimpinzati a dovere, fa bene anche al bambino."

"Preferisco mangiare foglie di lotus con te a Yarmouk."

"Ti prego, Tahani, ragiona!"

E poi s'incamminò. Di nascosto. Io non ne sapevo nulla. Al parto mancavano due settimane. Aveva una pancia che le arrivava fino al mento. Prese il piccolo Ahmad per mano, salì su un minibus e si mise in coda al checkpoint di Beit Sahem, presidiato da rappresentanti dell'Unrwa, della Mezzaluna Rossa Internazionale e dell'Esercito governativo. Il miracolo accadde: la fecero passare.

Arrivò al secondo checkpoint, quello gestito dai ribelli. Anche loro di solito una donna così avanti nella gravidanza non la lasciavano passare. Come a dire: "Con questo pancione, vuoi passare per esserci di peso? Vattene, partorisci fuori e lasciaci in pace! Il lazzaretto non basta nemmeno per i feriti!"

Tahani però pianse... e rientrò a Yarmouk.

A quel punto le mancava solo un'ora di cammino. Camminò, sempre con il piccolo Ahmad per mano. Si stancò da morire. Le doglie avrebbero potuto cominciare da un momento all'altro.

Io ero davanti casa, per strada, a friggere falafel. Raed stava filmando, voleva girare un documentario sulla nostra vita. All'improvviso comparve Tahani.

"Ciao, Aeham. Come stai?" chiese con nonchalance.

Ci restai quasi secco. Non potevo crederci. “Ma come diavolo hai fatto? Com’è possibile che ti abbiano lasciata passare?”

Tahani mi raccontò.

“Ma sei impazzita! Stai giocando con la tua vita! E con quella di nostro figlio!”

La gente si fermò per assistere al nostro litigio.

“*Khallas*” disse Tahani. “Basta, entriamo.”

Dentro continuammo a litigare. Poi ci calmammo e io iniziai a cercare una soluzione. Nel panico totale. Non ci restava molto tempo. In gioco c’era la sua vita.

Il giorno dopo tornammo al lazzaretto di al-Hajar al-Aswad. Trovammo tre crateri: l’ospedale era stato bombardato per ben tre volte ma i missili avevano sempre mancato il bersaglio. Chiedemmo di *Abu* Bara‘, il dottore. Tahani aveva chiesto alle sue amiche e loro glielo avevano consigliato. Un tempo era stato anestesista, adesso faceva anche parti cesarei.

Ci salutò. Aveva la barba lunga da salafita, si diceva che appartenesse al Fronte al-Nusra. Ovviamente quando parlava con le donne non le guardava negli occhi, perché era *haram*. Così ci parlai io. *Abu* Bara‘ fece di tutto per evitare il parto cesareo, ma era l’unico in grado di farlo. Alla fine perfino per lui la vista di una donna era un male minore rispetto alla colpa della sua morte. Così, seppur malvolentieri, disse sì.

La fleboclisi la trovai in una libreria vicino al lazzaretto. Dovetti pagare una cauzione di 35.000 sterline siriane (160 euro) e lasciare in pegno anche il mio documento, o meglio il tesserino di plastica su cui c’è scritto: “Permesso di soggiorno limitato per palestinesi”. E firmare un foglio che diceva che entro sei mesi avrei riportato lì una fleboclisi piena di soluzione glucosata. Altrimenti avrei detto addio sia ai soldi che al documento.

Mancava l'antibiotico. Mi ero sempre tenuto alla larga dai ribelli, ma erano la mia ultima chance. Nel nostro quartiere c'era un certo *Abu* Manhal, un uomo con una voce profonda e monocorde, uno dei pochi che non continuava a dimagrire. Faceva parte di una milizia di Hamas e dirigeva un'associazione di beneficenza che alla sua gente procurava viveri e medicinali. Ovviamente un grande incentivo a entrare nel gruppo.

Nel nostro palazzo abitava invece una certa Hanin, una mia lontana parente che era diventata la migliore amica di Tahani. Una persona d'oro, si faceva in quattro per aiutare gli altri. Tra le molte cose, spesso portava il pranzo ad *Abu* Manhal. Erano quasi amici. Era lei la nostra salvezza? Andai da Hanin, e poi insieme nell'ufficio di *Abu* Manhal. Lei entrò per prima, poi mi fece cenno di raggiungerla.

Abu Manhal era seduto dietro una scrivania piena di montagne di carta, tra cui c'erano un piccolo televisore attaccato a una batteria e – incredibile! – un posacenere. Gli spiegai la situazione. Forse poteva aiutarci?

"Adesso vediamo, ma sì, credo di potervi dare una mano" disse.

"Davvero?" replicai io.

"Sì, lo giustificherò dicendo che tuo padre è cieco."

"Come farai a procurarti le siringhe di antibiotico?"

"Tu lascia fare a me e torna dopodomani."

Due giorni dopo tornai insieme a Hanin. *Abu* Manhal era sempre dietro la scrivania. Quando entrammo mise tre siringhe e una boccetta di soluzione glucosata sul tavolo. Io iniziai a tremare pensando: Adesso tira fuori un fucile e mi obbliga a combattere con loro. Quello che aveva appena posato sul tavolo a quei tempi valeva quanto dei diamanti. Quelle tre siringhe significavano la salvezza di una vita umana: se a un guerrigliero veniva estratto un proiettile dal corpo, o gli veniva amputato un dito o una mano, la sua vita dipendeva da quelle tre iniezioni.

Mi vennero gli occhi lucidi. In quel momento sarei stato disposto a fare qualsiasi cosa per lui. Se mi avesse detto: La storia della musica da oggi in poi la lasci perdere, adesso vieni con noi al fronte e... io avrei risposto: Va bene.

"Mille grazie, *Abu* Manhal!" esclamai. "Qualunque cosa vorrai in cambio... sono pronto, dimmi pure!"

"Non voglio niente. Ma non raccontarlo a nessuno. Onora il Profeta e prega per noi, tutto qui" disse in un arabo elegante, come si confà a un salafita. "Auguro a tua moglie una rapida guarigione."

"Ma come, non vuoi nulla? Perlomeno dei soldi per la fleboclisi, no?"

"Con permesso, adesso basta... non tollero altre discussioni!" disse lui in tono brusco.

"Che Dio ti protegga, nostro signore" dissi io. "Te ne sarò riconoscente a vita." Lo avevo chiamato "nostro signore". Alla maniera dei salafiti.

"Ora prendi le tue iniezioni e la fleboclisi e vattene!"

Obbedii. Con me avevo solo un bustina di plastica trasparente, e ci misi dentro le iniezioni e la soluzione glucosata. In pratica era come se andassi in giro con dei lingotti d'oro. Ma cos'hanno da guardare, mi chiesi all'inizio senza rendermene conto. Poi però capii e nascosi tutto dentro la giacca. E iniziai a correre.

“Indovina un po’ cos’ho trovato?” dissi a Tahani appena arrivato a casa.

“Dio ha ascoltato le mie preghiere!” esclamò lei vedendo i miei tesori. “Hai visto? Dio non voleva che restassi lì fuori!”

Andai alla libreria a riportare indietro l’altra fleboclisi. Il tizio non poteva crederci. “Ma dove diavolo l’hai trovata? Mai avrei immaginato...”

“L’ho trovata e basta” risposi io.

“Se non mi dici dove l’hai presa non ti ridarò i soldi, e nemmeno il documento!”

Abu Manhal però mi aveva fatto giurare. Sì, ero stato abbastanza folle da andare in giro per il quartiere con le sue cose dentro una bustina trasparente, ma il suo nome non lo avrei rivelato. Sarebbe stato scorretto. E avrebbe pure potuto farmi fucilare.

Il tizio insistette, voleva saperlo a tutti i costi. “Fratello” mentii, “l’ho trovata fuori, nelle zone controllate dal regime.”

“Cosa? Tu hai contatti con il regime? Dai, dimmelo: chi te l’ha data?” E mi guardò con espressione sempre più penetrante.

Alla fine delle 35.000 sterline siriane (110 euro) che gli avevo lasciato me ne restituì solo 25.000. Insistetti perché distruggesse il foglio che avevo firmato, ma lui non lo fece. Quando mi restituì il documento vidi che aveva un angolo rotto. Che merda! Se mi fossi presentato con quel documento a un checkpoint mi avrebbero subito preso per un salafita: un seguace di ‘Adnan al-‘Ar‘ur, un predicatore populista della televisione con naso aquilino e barba foltissima che una volta aveva detto che chi era contro il regime di Assad doveva rompere il proprio documento. Così a chi veniva beccato con la tesserina rotta i soldati dicevano: "Bastardo! Sei uno di quelli di al-'Ar'ur, non è vero?"

Così adesso se mi avessero fermato avrebbero potuto accusarmi di tre cose: diserzione, video irriverenti e documento rotto. Mi avrebbero dato del ribelle. La mia morte era scritta.

Ero arrabbiatissimo, ma alla fine non feci nulla. Il tizio della libreria era armato. Presi le mie 25.000 sterline siriane e il documento rotto, tornai a casa e mi sfogai sulla povera Tahani. Le rinfacciai per l'ennesima volta di averci messo in una situazione impossibile. Litigammo a squarciagola e sì, probabilmente nella mia rabbia offesi il Profeta. La finestra era aperta. Ci sentirono fino in strada.

All'improvviso qualcuno sferrò un calcio contro il portone di sotto. *Bum!* "Miscredente! Cane!" gridò.

Santo cielo. Mi sporsi dalla finestra. Sotto c'era un uomo vestito di nero: turbante nero, mantellina nera e barba lunga. Uno del Fronte. Mi aveva sentito. Io e Tahani ci facemmo dei cenni, lei corse giù ad aprire, io rimasi al terzo piano a imprecare. Ormai la gente di al-Nusra a Yarmouk aveva introdotto la legge della Shari'a. Di recente due presunti spioni erano stati impiccati a un albero.

"Sì?" domandò Tahani da dietro la porta ancora chiusa.

"Sorella, chi è stato a imprecare in questo modo?" disse l'uomo.

"Io non ho sentito nulla, lo giuro!" replicò lei.

Lui non le credette. " Per stavolta la passate liscia" aggiunse lui poco dopo, "ma ormai la casa la conosciamo. Se passando sentiamo ancora qualcuno imprecare vi giustizieremo tutti."

Per tre giorni non osai mettere il naso fuori di casa.

Con *Abu* Bara' avevamo fissato il parto cesareo per il 20 novembre 2014. Mia madre andò al lazzaretto con Tahani, che doveva essere lì due ore prima. In queste due ore il generatore avrebbe scaldato la sala operatoria con una stufetta. Tahani voleva che andassi subito anch'io, mia madre era contraria. Restai a casa, ma poco dopo non resistetti e le raggiunsi.

Abu Bara', il medico con la barba da salafita, mi accolse e mi pregò di seguirlo nel suo ufficio.

"Spero ti sia chiaro che tua moglie potrebbe anche morire."

Annuii.

"Ecco, firma questo. Se qualcosa va storto la responsabilità è vostra."

Firmai.

Andammo in sala operatoria, la stanza meno sterilizzata che si possa immaginare. I ferri chirurgici erano stati lasciati all'aria, scoperti. Niente mascherine, camici, copriscarpe. E invece della lampada da sala operatoria al soffitto c'era un tubo al neon. Tahani era al centro della stanza, su una lettiga. La raggiunsi, le presi la mano e le sorrisi.

Abu Bara' le fece alcune iniezioni alla pancia, l'unica anestesia. Non le fecero per niente effetto. Tahani si accorse di tutto, nei dettagli. Non fece altro che gemere per il dolore.

"Sorella, non aver paura, abbiamo quasi finito" cercava di calmarla *Abu* Baara. "Purtroppo contro il dolore non posso darti nulla. Solo cinque minuti."

“Aeham, dove sei?” implorava lei con gli occhi chiusi.

“Sono qui” rispondevo io, e le stringevo la mano più forte, mentre con l’altra le accarezzavo la testa.

“Non te ne andare.”

“Resto con te, non ti preoccupare.”

Ovviamente non c’era nessun telo che nascondesse la pancia alla nostra vista. Io però non riuscii a guardare comunque, guardai per tutto il tempo Tahani.

Abu Bara‘ tirò fuori il bambino piangente per i piedi, tagliò il cordone ombelicale e poi lo passò a mia madre. Nella stanza faceva freddo, così lei andò subito verso un tavolino e vestì il piccolo, insanguinato com’era. Lo pesò e cercò di calmarlo, mentre *Abu* Bara‘ ricuciva la ferita e io consolavo Tahani disperata.

“Kinan sta bene?” mi chiese a un certo punto.

“Sì, sta bene.”

E poi poté prendere tra le braccia il nostro bimbo. Era distrutta.

Come l’avrei riportata a casa? Chiesi ad *Abu* Bara‘ se potevamo prendere in prestito la lettiga. Aveva delle rotelle. Ma lui disse no.

Andai a cercare Hanin. Insieme tornammo da *Abu* Manhal. E lui organizzò un trasporto con il minibus della sua associazione. Tahani la caricammo a bordo in quattro, sopra una coperta. Le pendeva la pancia appena ricucita e continuava a gemere. Si sentiva una mucca macellata, mi disse poi.

Una volta a casa la portai in braccio su per le scale, piano piano, e finalmente a letto. Accesi il riscaldamento. Con la legna. Mia madre si occupò del minuscolo Kinan. Io scesi a chiamare mio padre e il piccolo Ahmad.

"E questo chi è?" chiese Ahmad appena vide il bebè.

"È tuo fratello!" risposi io.

"E dove lo avete preso?"

"Lo sai benissimo, dalla pancia della mamma!"

Aveva capito. Forse.

Mio padre si chinò in avanti e sussurrò all'orecchio di Kinan la chiamata alla preghiera, ovvero il battesimo dei musulmani. Come vuole la tradizione. Sono le parole che riecheggiano cinque volte al giorno dai minareti: *Dio è grande. Dio è grande. Testimonio che non c'è altro dio all'infuori di Allah. Testimonio che Maometto è il messaggero di Allah. Affrettatevi alla preghiera! Affrettatevi al benessere! Dio è grande. Dio è grande. Non c'è altro dio all'infuori di Allah.*

Poi mio padre salutò il nuovo arrivato: lo toccò piano piano, dal naso al mignolo del piede. A suo modo si fece un'immagine del nuovo nipote.

Io però, assillato dalle preoccupazioni, non riuscivo a rallegrarmi. Avevo paura per Tahani. E se la ferita si fosse infettata e lei fosse morta? E se Kinan per colpa della nostra alimentazione pessima e dell'enorme quantità di difficoltà avesse avuto problemi di salute? Continuavo a essere efficiente: mandavo avanti la casa, andavo a prendere l'acqua e la legna... ma non ero orgoglioso, nemmeno felice, neanche un po'.

Due settimane dopo Kinan iniziò ad aprire gli occhi, a muoversi e a emettere dei versi simili a degli squittii. Anche Tahani si era ripresa. Finalmente mi rilassai. I miei genitori cominciarono a portare il bimbo con loro in officina: mio padre gli suonava il violino, mia madre cantava.

Qualche mese dopo, un giorno mi misi al piano e iniziai a

suonare. Kinan all'improvviso fece "ta-da-da", come se volesse cantare insieme a me. Il mio cuore fece un balzo. Lo presi sulle gambe e cantai con lui. Fu questo il momento in cui realizzai di avere un secondo figlio.

Burn, Piano, Burn

Quell'estate ero stato contattato da una regista. Si chiamava Aya 'Osman e viveva negli Emirati Arabi. Ispirata dai nostri video, voleva girare un documentario dal titolo: *Il pianista di Yarmouk*. Potevamo spedirle più materiale possibile sulle nostre giornate?

Io avevo dei dubbi, Raed invece non stava nella pelle. Voleva fare questo film a tutti i costi. E senza prendere soldi. La cosa importante era trasmettere il messaggio. Alla fine le dicemmo di sì.

Tahani andò a Damasco per partorire, e Raed iniziò a filmarmi ventiquattr'ore su ventiquattro. Con il cellulare, con la Handycam, con la reflex. Se mi permettete l'espressione, ci spaccammo il culo, fino a vedere Dio a colori per la stanchezza. Da noi si dice così. Alla fine però avevamo 240 gigabyte di materiale grezzo.

Nel frattempo avevo spostato il mio vecchio motorino elettrico davanti casa, e chi pedalava otteneva la password per Internet. Che Raed cambiava ogni giorno, ovvio. Così i ragazzi del vicinato iniziarono a incontrarsi davanti a casa mia. A turno pedalavano di buona lena e navigavano in rete. Questo sovraffollamento ci permise di caricare batterie aggiuntive e di usare due router invece che uno. Che significava spedire alla regista un gigabyte al giorno: tantissimo materiale che usciva dall'assedio, ma ancora troppo poco. Anche se l'intero vicinato avesse pedalato sul mio motorino, con questo ritmo a mandare tutto ci avremmo messo più di cinquant'anni.

Raed però partì per la tangente: disse alla regista che avremmo girato ancora e poi le avremmo spedito direttamente le schede di memoria originali. Il piano: una donna le avrebbe portate da Yarmouk a Damasco nascoste nel reggiseno; da lì un corriere le avrebbe fatte arrivare a Beirut e poi la normale posta libanese negli Emirati Arabi. La regista fu entusiasta.

Le donne di solito ai checkpoint non venivano controllate a fondo. La cosa che non sapevamo era che la donna-corriere scelta da Raed aveva dei precedenti. Lo aveva già fatto, ed era stata beccata. Appena si avvicinò al checkpoint – quel giorno presidiato da un battaglione dell'Esl di nome Ababil Horan – i guerriglieri le fecero cenno di uscire dalla coda. Una miliziana la perquisì. E cosa le trovarono nel reggiseno? Le nostre schede di memoria.

Meno male che Raed le aveva sigillate con una password. I guerriglieri cercarono di aprirle ma non ci riuscirono. Così la donna diventò ancora più sospetta. Stava cercando di passare al regime informazioni militari segrete riguardo ai ribelli? La interrogarono, e lei prima ancora che la sfiorassero fece il nome di Raed. Nemmeno mezz'ora e un battaglione si presentò davanti casa del mio amico e se lo portò via.

La moglie di Raed corse da me in lacrime. Andammo subito da Marwan. Cosa potevamo fare? Noi certo non potevamo indagare dai miliziani, avrebbero trattenuto anche noi. Promettemmo comunque di fare qualcosa. Chiedemmo a tutti gli amici e ai vicini. Nessuno sapeva dove fosse finito.

Il tempo stringeva. Ogni giorno ci consultavamo sul da farsi. Tenevo aggiornata pure Aya 'Osman, la regista negli Emirati, che prima fece la preoccupata a morte – "Oh, no! Poverino! E adesso che facciamo?" eccetera eccetera – e poi quasi smise di rispondere al telefono. Per paura di essere tirata in ballo, ovvio. Cercai di tranquillizzarla, ma la domanda chiave era: se il battaglione avesse chiesto soldi per il rilascio di Raed, lei sarebbe stata disposta a contribuire? "Be', non so se rientra nel budget per il film" fu la sua pessima risposta. E da quel momento in poi le comunicazioni s'interruppero.

Il quarto giorno qualcuno ebbe l'idea della svolta: andiamo dallo sceicco, chiediamo a lui di indagare su dove hanno portato Raed! Di lui i miliziani si fidavano, non gli avrebbero fatto nulla. Tra l'altro Raed, che era una persona dal cuore d'oro, aveva tantissimi amici. Dallo sceicco ci presentammo in venti. Lui uscì – anziano, corpulento, barbuto, con addosso la *jallabiya* bianca – e noi gli spiegammo la situazione. Mettemmo in chiaro che eravamo pronti a garantire per Raed. Va bene, me la vedo io, rispose lui annuendo. "Tornate tra due giorni."

Due giorni dopo ci ripresentammo, sempre in venti. So dove lo tengono, disse lo sceicco, venite con me. Così andammo in un edificio semidistrutto nella terra di nessuno tra Yarmouk e Yalda. C'erano diverse macchine parcheggiate. Lo sceicco andò avanti e restò dentro almeno mezz'ora. Finalmente riuscì insieme al comandante del battaglione. Vennero verso di noi. Il comandante si fermò a un paio di metri di distanza e ci squadrò uno per uno.

"Ridateci Raed, ridateci Raed!" uscì fuori da venti bocche, prima piano, poi più forte, come un coro, mentre continuavano a guardare fisso il comandante. Lui si girò verso lo sceicco. Che scrollò le spalle e ci indicò con entrambe le mani: "Adesso hai capito cosa intendevo?"

I due riscomparvero dentro senza dire una parola. Poco dopo lo sceicco riuscì... insieme a Raed! Camminava gobbo, con le scarpe slacciate, la camicia aperta. Lo circondammo. Aveva le mani gonfie e gli occhi semichiusi per la sofferenza e la stanchezza. "Adesso non posso parlare" disse alitando mentre camminavamo al rallentatore. Detto da Raed, chiacchierone com'è, era una piccola rivoluzione. Appena svoltammo nella sua strada vedemmo la moglie alla finestra. Volò tra le braccia del marito.

Il giorno dopo io e Marwan andammo a trovarlo. Era disteso su un materasso, per terra, rannicchiato come un bambino. Era ancora troppo debole per parlare.

"Hai bisogno di qualcosa?"

"No, niente."

"L'acqua l'avete?"

Guardammo la moglie, che scosse la testa. Andammo a riempire la tanica.

Due giorni dopo il rilascio Raed si sentì un po' meglio e finalmente ci raccontò cos'era successo. Visto che si era ostinatamente rifiutato di decodificare le schede di memoria, i miliziani avevano cominciato a torturarlo. Prima frustandolo con un cavo elettrico, sulla schiena e sulle piante dei piedi. Lui aveva continuato a tacere. Gli avevano puntato una pistola alla tempia, lui sempre zitto. Gli avevano messo le manette e lo avevano lasciato appeso per ore, per poi farlo cadere per terra di botto. Niente.

Raed non fece il mio nome. Lo sapeva: se mi avessero preso e avessero picchiato anche me, io avrei ceduto al primo ceffone. Magari avrebbero attaccato con la storia che "la musica è *haram*", chissà come sarebbe finita.

Non potevo crederci: Raed aveva sopportato torture indicibili in silenzio per salvarmi. Quell'uomo era il mio angelo custode, sul serio. Il mio migliore amico.

Passarono due settimane, Raed si riprese. Raed il perseverante. I lividi e le cicatrici sulla schiena però gli sarebbero rimasti per sempre. E chi ci chiamò, un giorno? Aya 'Osman, la regista degli Emirati Arabi. Chiese come stava Raed. E... a proposito, che fine aveva fatto il materiale che volevamo spedirle?

Chiunque altro le avrebbe risposto per le rime. Non Raed. Raed quando si metteva in testa una cosa poi la faceva davvero. Rischiò di nuovo: una notte prese batterie e router e di soppiatto entrò nella zona del Cocomero. Lì, a piena portata di cecchino, un tempo c'era un *internet café* con una connessione veloce. Raed si attaccò a essa... e in due, tre notti spedì negli Emirati Arabi 240 gigabyte di materiale.

Sì, il documentario esiste e si chiama davvero *Il pianista di Yarmouk*. È stato presentato a vari festival. In televisione, però, non è mai arrivato. Né ha ricevuto premi. La regista ne mandò una copia a Raed. Che lo guardò e disse: spazzatura.

Il 18 ottobre 2014 uscì un reportage su di me sulla "Süddeutsche Zeitung". Io non sapevo che giornale fosse, nemmeno in che paese uscisse. Ero fuori dal mondo. Per me rientrava semplicemente nella categoria "Europa". Tra l'altro avevo sempre meno voglia di parlare con i giornalisti, avevo l'impressione che facessero soldi con i nostri problemi. Qualche settimana dopo mi contattò una signora di Amburgo. Prima su Facebook, poi su Skype. Fu gentile, mi parlò in inglese. Io risposi in arabo e vicino a lei comparve un suo amico palestinese di Yarmouk che faceva il dottore in Germania.

"La signora vorrebbe farti un paio di domande."

"E cosa fa di lavoro, la signora?" replicai un po' irritato.

"È giornalista."

Intuendo, forse, che mi stavo arrabbiando, lei intervenne e disse: "Sì, è vero, sono giornalista, ma non chiamo in quanto giornalista, chiamo in quanto persona".

Io ero scettico. Fui tentato di riattaccare. Si chiamava Monika, scoprii, mi ammirava per quello che facevo e mi voleva dare una mano. Era da parecchio che aiutava i rifugiati in Germania. Non sopportava che l'opinione pubblica mondiale assistesse alla tragedia della Siria senza muovere un dito. Voleva fare qualcosa.

Io allora non avevo i nervi per questi sentimentalismi. "Una persona di Amburgo che mi vuole aiutare? E perché non aiuta l'intera Yarmouk? Tutti, qui, hanno bisogno di aiuto. Perché proprio io? Nessuno aiuta gli altri per niente." Non ci credevo. Pregai l'interprete di tradurre le cose esattamente come le avevo dette.

"Guarda che io da te non voglio niente, voglio solo aiutarti. Sostenerti in quello che fai, in quello che riesci a suscitare con la tua musica. Certo, sarebbe bello poter aiutare l'intera Yarmouk, ma io una sono."

Finora tutte le persone che avevano detto di volermi "aiutare" ne avevano sempre tratto vantaggio. Decisi di fare il prezioso e dissi: "Adesso non ho tempo di continuare a parlare, devo andare".

Qualche giorno dopo provarono a richiamarmi, sempre su Skype, e io capii che facevano sul serio. Stavolta accendemmo anche le webcam. Sul mio schermo apparve una faccia circondata da pixel biondi e vicino una di pixel più scuri dai tipici tratti mediorientali, l'interprete. Io ero ancora arrabbiato e tanto per cominciare feci loro una bella predica.

"Qui sono morte di fame più di cento persone. E lei adesso arriva e dice di volerci aiutare... è uno scherzo? Il suo aiuto non mi serve." Sì, quando ho l'impressione che qualcuno stia cercando di sfruttarmi so essere terribilmente ingiusto. Monika mi disse che prima della guerra aveva fatto un viaggio in Siria con il marito e che era rimasta legata al paese. E ancora: non voleva stare a guardare con le mani in mano. Forse altri avrebbero seguito il suo esempio.

Restammo in contatto. Smosse mari e monti per farmi uscire dalla Siria. Contattò il ministero degli Esteri tedesco, organizzazioni umanitarie e associazioni pro rifugiati, la rappresentanza palestinese a Berlino. Senza alcuna prospettiva.

Fu un inverno rigido. Passavo ore e ore a raccogliere legna per il fuoco. Per riuscire a scaldare la casa. Spesi tutti i soldi che avevo in benzina plasticosa. Per cucinare e per bollire i vestiti del bambino.

A gennaio nevicò. Una mattina mentre andavamo a prendere l'acqua io, Raed e Marwan facemmo una battaglia a palle di neve, e poi costruimmo anche un pupazzo. Filmai anche i miei genitori che andavano a passeggio per Yarmouk imbiancata.

I nostri stomaci erano un po' meno vuoti, per fortuna. Ogni due settimane ricevevamo uno scatolone di viveri dell'Onu. In autunno la distribuzione era stata spostata a Yalda, un posto più sicuro. Nessuno doveva più temere per la vita solo per una razione di riso. Le persone facevano file ordinate, ognuno sapeva quando toccava a lui.

Eppure fu un periodo noiosissimo. Eravamo sotto assedio da due anni, un tunnel in fondo al quale non si vedeva nessuna luce. Dopo la morte di Zeinab non avevo più composto nulla. Non avevo piani né prospettive. Si trattava davvero solo di resistere e sopravvivere. Iniziò a girare voce che l'Isis stesse per marciare su Yarmouk. Uno scenario davvero rincuorante per chi, come me, si era esposto tanto.

Un mio conoscente mesi prima era scappato in Germania. Si chiamava Ghatfan Samarkand e un tempo aveva posseduto un piccolo negozio di musica. Aveva venduto anche i nostri liuti, con una piccola provvigione. A gennaio decisi di chiamarlo.

"Come stai? Sei al sicuro?" fu la mia prima domanda.

"Amico, sono in Germania! Qui si sta una bomba!"

E la seconda fu: "E il viaggio... quant'è pericoloso?"

Ci mise un'ora e mezza a rispondere. La rotta, i prezzi, i rischi. Fino in Grecia, disse, in fondo era tranquilla, i problemi iniziavano in Ungheria. Lì i rifugiati li rinchiudevano e li picchiavano. Poi ti prendevano le impronte digitali, che significava che non potevi più registrarti in nessun altro paese europeo.

E concluse: “Sorry, adesso devo chiudere. Ho la scuola”.

“La scuola?”

“Sì, qui tutti devono fare un corso di tedesco. Non puoi capire che fatica!”

“Wow!”

“Qui fanno un sacco di cose per i rifugiati. Pensa, vado pure a scuola di musica, faccio lezione di pianoforte per due soldi.”

Il giorno dopo lo richiamai. E poi di nuovo. In tutto parlammo per almeno dieci ore.

“È vero che il governo tedesco dà 300 euro al mese a ogni rifugiato?” domandai.

“Sì, è vero. Ma lo sai quanto costa qui un chilo di pomodori? Due euro.”

“Stai scherzando?” In Siria costava venti centesimi.

Mi diede un ultimo consiglio: “La famiglia, portatela dietro. Una volta arrivato qui è quasi impossibile fare in modo che ti raggiungano”. Ci avrei riflettuto, dissi, e lo salutai.

A marzo scomparve Mahmud Tamim. Il ragazzo allegro che aveva scritto tantissime delle mie canzoni. Il primo a cui avevo rivelato l’idea di portare il piano in strada, tra le macerie. Sparì dalla sera alla mattina. Era andato a fare la coda per gli scatoloni e non era più tornato. I soldati lo avevano arrestato? Oppure si era “consegnato” all’Esercito?

In quel periodo, infatti, i ribelli potevano lasciare Yarmouk, se consegnavano le loro armi e tornavano nel “grembo della madrepatria”. Per i civili maschi che volevano andarsene per paura dell'arrivo dell'Isis purtroppo l'offerta non era valida. Per questo alcuni si compravano un fucile o una granata apposta per poterle consegnare al checkpoint. I soldati li fotografavano con le armi nemiche e poi bisognava firmare un giuramento in cui si rifiutava per sempre l'uso della violenza. La maggior parte di queste persone, però, poco dopo rispuntava non nella madrepatria, ma in Turchia. In cammino verso l'Europa.

Mahmud Tamim invece non rispuntò. Restò disperso. Nessuno ebbe più sue notizie.

All'inizio di aprile successe: l'Isis conquistò Yarmouk. Sulle prime una milizia di Hamas oppose resistenza e si cimentò in sanguinose battaglie di strada con quei fanatici vestiti di nero. Ma l'Isis era più forte. O pagava meglio. Tuttora non mi è chiaro come riuscirono a introdurre centinaia di guerriglieri nella Yarmouk occupata. Per quanto... davvero arrivarono da fuori? Oppure entrò un piccolo commando e riuscì a far passere vari miliziani dalla sua parte? Presto iniziarono a circolare storie che vicino al lazzaretto di al-Hajar al-Aswad ci fossero decine di cadaveri di guerriglieri di Hamas decapitati.

L'Isis aprì uno dei suoi centri di reclutamento proprio nella via accanto alla nostra. Si parlava di arresti arbitrari. L'atmosfera nel quartiere cambiò in maniera radicale: tutti iniziarono a diffidare di tutti. In ogni momento un fanfarone avrebbe potuto denunciarmi e portarli da me dicendo: Eccolo, è lui. È lui l'idiota che suonava sempre il piano per strada. Non ci restò altra scelta che scappare di nuovo: tornammo a Yalda.

Raed, Marwan e io caricammo sui due carretti che avevamo valigie, cassette, cose per la casa e il letto dei miei genitori, superammo il checkpoint dell'Isis e riportammo tutto nel nostro vecchio appartamento. Sporco e polveroso. Chiudemmo le finestre con teli di plastica, stuccammo il buco nella parete esterna e iniziammo a pulire. Di lì a poco io, Tahani e i miei genitori tornammo a convivere in spazi piccolissimi. La nostra vita sembrava girare in tondo.

Il 17 aprile 2015, un venerdì, il mio ventisettesimo compleanno, io, Marwan e mio padre andammo a Yarmouk. Volevamo portare in salvo il mio pianoforte bianco. Ci avevamo riflettuto a lungo: il momento più sicuro per farlo era il venerdì mattina. Quando ogni tizio dell'Isis con un briciolo di ambizione era in moschea a pregare. Oltre al piano sul carretto caricammo tre violini pregiati e sedici chitarre, legammo tutto per bene e coprimmo con un telone.

Ci avvicinammo al checkpoint. C'erano solo tre uomini. Portavano turbanti neri, *jallabiyat* nere e kalashnikov a tracolla. Alle loro spalle c'era una barricata di sacchi di sabbia e di fianco, nell'ultima casa di Yarmouk, avevano sfondato un muro e allestito una specie di ufficio. Una tenda nera, tirata per tutta la strada, nascondeva il checkpoint dagli sguardi dei cecchini dell'Els a Yalda. Tutto qui. Un checkpoint piccolo, in fondo. Non come i blocchi dell'Esercito governativo, che sembravano gabbie.

Ci mettemmo in fila. Io e Marwan ci tenemmo un po' in disparte, lasciammo andare avanti mio padre. Quando arrivò il suo turno un miliziano piccoletto dalla barba lunga tirò via il telone dal carretto e sgranò gli occhi. Poi, sforzandosi di parlare un buon arabo, che doveva aver sentito in tv dal suo predicatore preferito, chiese: "E questo cos'è?" Come alcuni musulmani ultradevoti aveva gli occhi truccati con il kajal nero.

Tirò via il telo del tutto e insistette: “Fratello, non lo sai che possedere strumenti musicali è peccato?” Mi fece paura. Le sue mani, troppo piccole rispetto al busto voluminoso, sembravano fuori posto. Cosa portava sotto la *jallabiya*?

Uno dei tizi dell’Isis sembrava essere di Yarmouk. Appena mi vide dietro il carretto disse: “Un attimo, ma tu non sei quello che suona sempre il piano?”

Mio padre si fece avanti e disse: “No, il piano è mio! Questi due mi stanno solo aiutando a trasportarlo!”

E poi di colpo andò tutto velocissimo. Il predicatore entrò nella rimessa vicino al checkpoint e riuscì con due bottiglie di plastica piene di un liquido marroncino. Io iniziai a indietreggiare, ad allontanarmi dal blocco. Il predicatore rovesciò le bottiglie sul nostro carretto.

“Lo brucia” mormorò Marwan pianissimo, in modo che solo mio padre potesse sentirlo.

“Figlio mio, ma cosa stai facendo?” disse allora mio padre. “È tutto quello che possiedo, ho lavorato un’intera vita per potermelo comprare!”

Appena il tizio dell’Isis fece scattare l’accendino e partì la prima vampata, scappai via di corsa.

“Ehi, tu, fermo!” mi gridarono dietro. Ma io avevo già girato l’angolo, ero fuori tiro. Corsi fino al nostro vecchio negozio, tirai fuori la scala. Staccai la scritta dall’insegna, la piegai, la buttai nella spazzatura e rimase solo il supporto con le luci al neon, il “Negozio di musica Aeham” ormai faceva parte del passato.

Circa un'ora dopo tornarono mio padre e Marwan. Mio padre aveva ribadito di non conoscermi, di non conoscere bene né me né Marwan. Lo avevamo solo aiutato a spingere. Alla fine li avevano lasciati andare. Ci consultammo sul da farsi. Mio padre decise di chiedere aiuto a un vecchio conoscente passato al Fronte al-Nusra. Ci portò al checkpoint e parlò con l'uomo dell'Isis che lo dirigeva in quel momento. Ci lasciarono passare.

Superammo il pianoforte bruciato. Io nemmeno lo guardai. Lo avevo suonato per quasi vent'anni, era come perdere un buon amico. Allo stesso tempo mi sentii sollevato. Zeinab era morta a due passi da quel piano, per questo era diventato bianco. Fu come se le fiamme avessero bruciato anche una parte della mia colpa. Sì, quel giorno mi sentii un po' più leggero.

Due settimane dopo io e Raed tornammo a Yarmouk per l'ultima volta. Io mi ero rasato i capelli in modo da non farmi riconoscere, passammo il checkpoint indenni. A Yarmouk ci procurammo mattoni e cemento e murammo il negozio. Duemila strumenti musicali scomparvero dietro una parete.

La notizia del pianoforte bruciato dall'Isis ormai aveva fatto il giro del mondo. Un testimone oculare lo aveva raccontato il giorno stesso su Facebook, e un sito di notizie di Yarmouk aveva ripreso la storia. Da quel momento non aveva più smesso di girare, se ne parlava da Los Angeles a Tokyo. "Il coraggioso Aeham Ahmad, il pianista che suona contro il terrore" lessi. Uff. Tanto coraggioso non ero. E nemmeno stanco di vivere. Se quelli dell'Isis lo scoprivano per me era finita.

A dieci minuti a piedi da casa nostra trovai una connessione Internet. Appena ci andavo sul mio cellulare trillavano decine di messaggi WhatsApp. Ormai mi contattavano giornalisti quasi ogni giorno. Ero diventato famoso, pur non avendo mai voluto esserlo. Sì, ci avevo sempre tenuto a far arrivare il mio messaggio. Mai, però, a stare sotto i riflettori.

Poi però era spuntato il tizio del "Bukra Ahla" e – contro la mia volontà – aveva filmato la nostra prima esibizione, rendendomi celebre nel mondo arabo. E Niraz Saied – a mia insaputa – aveva dato la mia foto con la maglietta verde a un'agenzia di notizie, facendomi arrivare perfino in Europa.

Alla fine l'Isis – con mio grande orrore – aveva bruciato il mio pianoforte, e in un minuscolo attimo mezzo mondo puntò gli occhi su di me. Perfino la CNN mandò in onda un servizio.

Che carriera singolare.

Parlai con i giornalisti. A ogni intervista mi mettevo più in pericolo, lo sapevo. Ormai avevo un solo desiderio: andare via. A costo di arrivare in Europa a dorso d'asino.

Suonai la pianola per le ultime volte sulla terrazza del nostro palazzo a Yalda e diedi alcuni concerti via Skype. Uno addirittura a Berlino. Anche se, ripeto, alla musica non ci credevo più e la morte di Zeinab aveva spezzato il mio legame con la gente di Yarmouk. Continuai a rilasciare interviste, mi sentivo un inviato del telegiornale che riferisce senza essere parte di quello che racconta. La terribile sensazione di giocare sempre di più con la mia vita e con quella della mia famiglia aumentò. Per che cosa mettevo a rischio la nostra esistenza se non potevo più nemmeno suonare per strada?

La notizia del pianoforte bruciato arrivò anche a Monika. Mi chiamò e, aiutati dall'interprete, parlammo a lungo. Cercò di farmi coraggio. Anche lei disse che alla luce del pericolo Isis la cosa migliore era che lasciassi Yarmouk il prima possibile. Arrivammo all'argomento soldi. Disse che mi aveva dato la sua parola. E l'avrebbe mantenuta: se non c'erano altri modi mi avrebbe aiutato con i soldi. La ringraziai di cuore e le suonai una canzone.

Finalmente, a inizio luglio, saltò fuori una pista. Una sera, sotto giuramento di massima discrezione, uno dei vecchi Ragazzi di Yarmouk mi raccontò di un uomo che aveva salvato già diversi attivisti. Chiamiamolo Samir. Questo Samir dirigeva una famosa organizzazione umanitaria, che per inciso continua a far del bene tutt'oggi. Ogni tanto si arrotondava lo stipendio: aveva siglato un accordo con un tizio dei Servizi segreti e insieme facevano uscire di nascosto da Yarmouk tutti quelli che prima o poi sarebbero stati messi con le spalle al muro dall'Isis.

Scrissi a Samir via Facebook. Sapeva chi ero. "Aeham, come stai?" rispose allegro. Parlammo al telefono. Mi promise di informarsi sul prezzo per me, Tahani e i due bambini. Richiamò qualche giorno dopo: 2.200 euro. Fin qui tutto bene, ma la cosa che chiesi più volte fu: è anche sicuro?

Solo quando la possibilità diventò concreta ne parlai con Tahani. Discutemmo in eterno. Per lungo tempo lei fu contraria, ma alla fine ammise che per me la situazione stava diventando troppo pericolosa. E visto che ci eravamo giurati di restare insieme per sempre e per me viaggiare con la famiglia al seguito era meno rischioso, disse sì.

Parlammo con i miei genitori. Mio padre era assolutamente contrario. Secondo lui era troppo pericoloso. Mia madre tacque.

Raccontai a Monika della pista. Lei mi mandò dei soldi: in tre tranche, a tre nomi diversi, per non destare sospetti. Una mia zia che viveva a Damasco li andò a ritirare. E subito ricevette una visita dei Servizi segreti: chi è che ti manda tanti soldi dalla Germania?

Una sera mia madre mi prese da una parte e mi disse: "Aeham, ti conosco, so che devi dirmi una cosa, lo sento. Coraggio, dimmela".

"Non sono sicuro di volertela dire."

"Invece dimmela" insistette lei.

"In realtà la sai già" risposi io.

"È vero. E anch'io è tutto il tempo che ci penso. I soldi... te li do io. Non voglio perdere un altro figlio. Ecco."

I nostri ultimissimi risparmi, ovvero un conto bancario intestato a mia madre con dentro 7.000 euro. Quando aveva insegnato alla scuola dell'Unrwa parte del suo stipendio era finito in una specie di piano di risparmio. Finalmente poteva ritirare i soldi. Grazie a questi soldi saremmo potuti arrivare in Turchia. La nostra prima, vera meta. Lì avremmo rivalutato il da farsi. L'importante era uscire dalla Siria.

La abbracciai. "Te li restituirò, te lo prometto."

"Non è questo il punto. Io voglio solo che tu e la tua famiglia siate felici."

Ci preparammo per partire. Una valigia doveva bastare. Dentro ci infilammo i documenti, il libretto di famiglia, i documenti dell'Unrwa relativi alla nostra registrazione in quanto rifugiati a Ginevra, i miei certificati universitari e il diploma della Scuola di musica. I documenti di Tahani. Vestiti, l'indispensabile per quattro. Due ricordi: la mia maglietta verde e uno spartito con le *Sonatine* di Beethoven che mi aveva regalato Irina Ramadan, la pianista russa. Eravamo pronti.

Fuga da Yalda

Il primo agosto 2015 Samir mi chiamò. “Domani alle 12 e 30 al checkpoint.” Lì ci avrebbe aspettato un agente dei Servizi di nome *Abu* Tizio-Caio con una macchina.

Nella mia vita non ho mai pregato tanto come quella sera. Mi gettai a terra così tante volte che alla fine mi girava la testa.

Il mattino dopo Marwan passò a salutarmi.

“Non vuoi andartene anche tu?” gli chiesi.

“No, io resto qui con i miei genitori.”

“Se vuoi una volta fuori posso cercare di organizzare qualcosa.”

“No, io resto. Mi voglio sposare. Andrà tutto bene.”

Non ci scambiammo molte parole. Ci abbracciammo e lui disse: “Ci rivedremo”. Mi si riempirono gli occhi di lacrime.

Poco dopo arrivò Raed con la sua famiglia. Suonammo insieme per l’ultima volta. Una canzone dopo l’altra, come se avessimo fretta. I figli di Raed e il piccolo Ahmad strimpellarono con noi. Mia madre cantò. Tra le lacrime.

Anche Raed voleva andarsene, lo sapevo. Quando ci salutammo lo guardai dritto negli occhi e gli dissi: "Ti tirerò fuori da qui il prima possibile". Ci abbracciammo.

I miei genitori ci accompagnarono. Prima passammo il checkpoint dell'Esl, quello in cui i ragazzi hanno sempre problemi. Mio padre mentì e disse che era lui a voler uscire, io lo stavo solo aiutando a portare le cose. Ci fecero passare.

Nella terra di nessuno ci fermammo. Proseguire verso il checkpoint del regime senza *Abu* Tizio-Caio sarebbe stato un suicidio. Se ti arrestano, in una manciata di secondi sparisci. Magari per sempre, nelle camere di tortura. Anche se due ore dopo al checkpoint viene a chiedere di te il Profeta in persona.

"Adesso arriva, abbi pazienza!"

I miei genitori andarono avanti e si misero in coda. Come al solito andò tutto bene solo perché mio padre era cieco. In genere non tollerano la gente che aspetta senza passare e assiste ai vari arresti e passaggi di bustarelle.

Il cielo di agosto bruciava, sudavamo, il vento sollevava la polvere, nel giro di poco ci ritrovammo lerci. C'era solo un albero, minuscolo, e Tahani si mise sotto di esso con Kinan che dormiva. Adesso aveva nove mesi. Ahmad, che ormai aveva quasi tre anni, voleva andare in giro e giocare tra le macerie, Tahani lo riacchiappava per i capelli di continuo. Le ore passarono. Continuai a chiamare Samir.

"Dieci minuti e arriva!" disse Samir al telefono a un certo punto. E mezz'ora dopo: "Solo un quarto d'ora!" Insomma, non ne aveva la più pallida idea.

I checkpoint dei soldati e dei ribelli erano entrambi in vista. Simili lembi di terra di nessuno sono ovunque, in Siria. Una cosa che non ho mai capito fu come mai i soldati del regime e i guerriglieri ribelli per mesi fossero stati l'uno di fianco all'altro in maniera pacifica e poi di colpo avessero iniziato a spararsi addosso.

Cominciai a pensare a un piano b. Cosa potevamo raccontare ai ribelli per ripassare al checkpoint? Meno male che Samir i soldi li avrebbe incassati solo dopo che fossimo stati al sicuro a Damasco.

Abu Tizio-Caio spuntò alle cinque di pomeriggio. All'inizio non lo vedemmo. Era vicino al checkpoint, aveva degli occhiali da sole a specchio e una camicia marrone. Non verde, come aveva detto Samir. All'improvviso mi squillò il cellulare.

"Maledizione, ma dove diavolo siete?" disse Samir. "Vi sta aspettando!"

"Be', allora che si faccia riconoscere! O devo chiedere a tutte le persone in coda al checkpoint se sono *Abu* Tizio-Caio?"

Ci mettemmo in coda con le ginocchia molli come il burro. Non avevo idea di come saremmo sopravvissuti. Era una marcia verso il patibolo. Il checkpoint era sorvegliato da soldati con lo sguardo torvo armati fino ai denti, e lì intorno era pieno di cecchini.

Quando arrivò il nostro turno il soldato mi chiese: "Sei Aeham Ahmad?"

Io quasi vidi nero per la paura, ma poi balbettai: "Sì, sono io".

Lui mi scrutò dalla testa ai piedi. Poi inserì qualcosa nel suo computer e senza alzare gli occhi chiese: "Aeham Ahmad, classe 1988?"

"Sì."

"Dov'è tuo fratello?" domandò per mettermi alla prova.

"Disperso." Era la risposta giusta.

"E i bambini? Vuoi portare anche loro, giusto?"

Balbettai un altro sì.

"Ce l'hanno un nome? Come si chiamano?"

I nomi dei miei figli... in quel momento feci fatica a ricordarmi perfino il nome dei miei figli! Avevo la testa vuota, per la paura e il terrore. Pregai Tahani di rispondere per me. Allora il soldato mi chiese il nome di mio padre e io non riuscii a pronunciare neanche quello.

Finalmente intervenne *Abu* Tizio-Caio, che si fece avanti e disse: "Lasciali passare, sono dei nostri".

Dei vostri? Puah, che schifo! Quindi adesso sono uno di voi? Mi scappò un "no". Come quel sabato mattina, a scuola, in cui mi ero rifiutato di cantare l'inno nazionale.

"In che senso... no?" sbottò subito il soldato minaccioso, e io subito mi corressi: "No, mio signore, volevo dire: Sì, certo!"

Mio padre, che era riuscito a rispondere perfino a quelli dell'Isis, restò ad ascoltare muto come un pesce.

Alla fine il soldato, pur malvolentieri, ci lasciò passare. Eravamo "fuori".

Ci salutammo. Mia madre pianse in silenzio. Mio padre, che teneva il piccolo Kinan in braccio, lo annusò e lo baciò dalla testa ai piedi. "Andrà tutto bene" mi disse quindi con sguardo impassibile. "Figlio mio, che Dio ti protegga." Vidi il mio riflesso nelle sue lenti scure.

"*Khallas!*" disse *Abu* Tizio-Caio. Ci allontanammo e caricammo le nostre cose nel portabagagli della macchina. Ci lasciammo alle spalle i miei genitori, Yalda, Yarmouk. Eravamo in completa balia di *Abu* Tizio-Caio, come pecore su un carro bestiame. Verso il macello o verso il pascolo, chissà.

Abu Tizio-Caio era alto e magro, portava una camicia marroncina all'ultima moda e puzzava di dopobarba. La macchina era pulitissima, nuova. Mi offrì una sigaretta.

"Grazie, ma non fumo."

"Magari un caffè?"

Santo cielo. Da quanto tempo era che non bevevo un caffè vero? Eppure rifiutai. Alla radio passarono Fairouz. Perfino la puzza di sigarette, che avevo sempre odiato con tutto me stesso, mi fece sussultare il cuore. Come se avessi appena rivisto un vecchio amico.

Viaggio in macchina, caffè, sigarette di marca, Fairouz: era come se fossimo piombati in uno dei filmati propagandistici della televisione di Stato in cui dicevano che in Siria era tutto a posto. *Abu* Tizio-Caio cantava divertito. A me girava la testa. Guardai fuori dal finestrino e vidi la Damasco che conoscevo, dove le cose avevano proseguito il loro corso normale.

Superammo il Jisr al-Ra'is, il ponte del Presidente, sul fiume Barada. Mi si ripresentarono immagini dei tempi della Scuola di musica, come brandelli di film: quando scendevo dal minibus con papà e andavamo a piedi fino alla fermata successiva; attraversavamo tutto Zuqaq al-Jinn, la "stradina dei jinn", la zona industriale, dove vendevano viti e articoli da meccanico, poi giravamo a sinistra e spettavamo il minibus successivo.

Una volta, ancora me lo ricordavo, io e mio padre avevamo fatto tutta la strada di corsa sotto una pioggia a catinelle, non avendo i soldi per il taxi. Un'altra avevamo inseguito il minibus appena partito, senza fiato, e io mi ero quasi perso le scarpe, di due numeri più grandi. Mio padre le aveva comprate usate chissà dove. Correndo la matita che avevo in tasca mi si era conficcata in una gamba e avevo iniziato a sanguinare. Ma avevo continuato a correre comunque, avevo fatto la mia lezione: solo dopo la Scuola ero andato in ospedale.

Ahmad all'improvviso scoppiò a piangere e *Abu* Tizio-Caio gli domandò se voleva una caramella. E lui, che aveva vissuto quasi tutta la sua breve vita dentro la Yarmouk assediata, mi chiese: "Papà, cos'è una caramella?"

Superammo il quartiere di Hamra'. C'era gente ben in carne che usciva da un negozio con buste traboccanti di pane. E noi avevamo rischiato di essere fucilati per un sacchetto di riso. Perché, mi chiesi, quel 17 dicembre non eravamo andati via da Yarmouk? Era stato un errore? Poi però non potei fare a meno di pensare alla prima volta in cui avevo suonato il piano con i bambini per strada, quel gruppo di marmocchi che mi veniva sempre appresso, tra risatine e mille ciance. Non riuscivo a separare le cose belle da quelle brutte.

Ci fermammo nell'elegante quartiere delle ambasciate, a un tiro di schioppo dalla mia vecchia Scuola, in una zona sorvegliata dai Servizi e dalla Guardia repubblicana fino all'ultimo tombino. Era il quartier generale dell'organizzazione di Samir. Sulla porta c'erano due agenti di guardia. Uscì Samir, congedò l'autista e ci fece entrare. Era un uomo alto e grasso, con gli occhiali e il pizzetto. "Grazie a Dio è andato tutto bene!" disse. "Cosa vi posso offrire da bere? Tè? Caffè?"

Rifiutammo. Superammo uffici lussuosi pieni di impiegati al lavoro. Quando aprì la porta del suo ufficio restai a bocca aperta: dentro c'era Niraz Saied, era proprio lui! Il fotografo che mi aveva scattato la famosa foto in maglietta verde! Santissimi numi, ma come diavolo ci era arrivato, lì? E poi vidi un altro mio conoscente: 'Omar, aveva lavorato per la Difesa antiaerea civile, aveva tirato fuori un sacco di persone da sotto le macerie.

C'era un cortile interno con un albero di arance e una piccola fontana. E una ventina di persone sedute in giro. Riconobbi altri attivisti, persone che avevano tenuto in vita Yarmouk. Uno aveva fotografato la distruzione causata dalle granate e caricato le immagini su Facebook. Erano tutti scappati dall'Isis. Yarmouk sarebbe diventata così silenziosa...

Da quanto siete qui? iniziai a chiedere in giro. Alcuni risposero venti giorni, altri erano arrivati da poco. Niraz Saied era lì da diversi mesi. La sua fidanzata era scappata in Germania e stava cercando di fare in modo che lui la raggiungesse.

Dopo circa un'ora e mezza passò mia zia, la zia che era andata a ritirare i soldi di Monika. Consegnai a Samir i 2.200 euro e salutai Tahani e i bambini. Sarebbero andati con mia zia, quello non era un buon posto per loro. E poi andai nell'ufficio di Samir: quanto poteva costare far uscire Raed da Yarmouk?

"1.000 euro" rispose Samir.

"Va bene, te li anticipo io." Annotai i dati del mio amico su un foglietto.

"E adesso per favore spiegami come proseguiremo per la Turchia."

Calò la sera, divamparono le lampade al neon. Corrente! Quasi non me la ricordavo più. Qualcuno portò la cena. Formaggio! *Labneh!* Olive! Uova strapazzate! I sapori mi esplosero nella bocca. Poi qualcuno mi mise in mano un materassino di gomma e una coperta leggera. Mi sdraiai sotto l'albero di arance e mi addormentai.

Il mattino successivo il sole di agosto mi arrivò dritto in faccia. Mi tirai su e mi guardai intorno. Gente che dormiva ovunque. Dall'interno si sentì un profumo di caffè. Mi alzai e ne presi una tazza. Il primo caffè dopo quasi tre anni. Il mio corpo vibrò.

Più tardi iniziarono le chiamate. Tutti conoscevano qualcuno in Europa. Amici o parenti scappati prima di loro. La meta era quella: riuscire ad arrivare al confine con la Turchia, poi via mare fino in Grecia, quindi attraverso i Balcani verso l'Austria e la Germania. Sì, ma come di preciso? E quanto sarebbe costato? Quali passeur erano affidabili? Arrivò la notizia dei settantuno rifugiati morti soffocati in un tir frigorifero sull'autostrada. Due di loro erano di Yarmouk.

I giorni evaporarono nella calura di agosto. Un paio di ragazzi scherzando mi dissero: "È meglio che ti procuri un pianoforte, a quanto pare qui andrà per le lunghe".

Non lo trovai affatto divertente. "In che senso per le lunghe? Samir mi ha detto due, tre giorni al massimo."

"Sì, come no. È quello che dice sempre a tutti."

Pochi giorni prima un gruppo partito precedentemente a noi era stato arrestato in Siria. L'accusa: "Emigrazione illegale". La pena ufficiale: sei mesi di prigione. Con l'occasione, però, li avrebbero senz'altro controllati a fondo. Trovando qualcosa, certamente.

Una volta i ragazzi mi chiesero a gran voce di cantar loro qualcosa. Uno di loro attaccò con *Fratello, Yarmouk sente la tua mancanza*, e gli altri gracchiarono il seguito come uno stormo di corvi. Non potei far a meno di pensare a Mahmud Tamim, l'autore del testo. In quale segreta si trovava in quel momento? Mi guardai intorno con amarezza.

Ogni giorno andavo da Samir a fare pressioni. "Allora quando proseguiamo? Hai trovato qualcosa?" A ogni ora che passava mi sentivo più insicuro. Molti ragazzi che venivano da Yarmouk dovevano presentarsi con regolarità dagli agenti dei Servizi, che li interrogavano sui ribelli. Un giorno Samir lo chiese anche a me. "Mai!" risposi io. E gli diedi 200 euro perché mi lasciasse in pace.

Finalmente capii: qualcuno ai Servizi con noi stava facendo affari d'oro. Ma sarebbe bastato che un collega invidioso di un'altra divisione facesse la spia per far saltare tutto. Potevano arrestarci da un momento all'altro.

Samir, una persona tanto buona quanto corrotta, tuttavia mantenne la parola: fece uscire anche Raed. Ci abbracciammo, eravamo al settimo cielo. Il giorno successivo andò a trovare la madre. Il suo più grande desiderio, da anni: vederla un'ultima volta.

Decisi di osare anch'io. Erano tre anni che Mohammed Munaf non mi dava sue notizie. Il mio migliore allievo, che adesso con la sua orchestra suonava in televisione. Pensai: la mia guerra è finita, è tempo di stipulare un armistizio. Per tre volte digitai il suo numero, ma lui non rispose. Solo dopo che gli mandai un messaggio dicendogli che ero a Damasco lui mi richiamò. Più per senso del dovere che per affetto, mi sembrò.

Eppure disse che sarebbe passato a trovarmi. Aveva un

aspetto fantastico, ben nutrito e fresco come una rosa, la barba curatissima secondo la nuova moda alla turca.

"Aeham, che bello vederti!" disse.

"Sì, anche per me!" Ci abbracciammo.

"Sembri sfinito" disse.

"Be', almeno sono vivo."

Gli raccontai che la sua vecchia casa era stata distrutta da una bomba. Sì, sì, lo sapeva. Come stavano i suoi genitori, che faceva Tizio. Molto da dirci non avevamo, gli argomenti da aggirare erano troppi. Per fortuna aveva con sé il suo liuto. E una mia ex allieva, che adesso abitava lì dietro l'angolo, mi aveva prestato una tastiera. Così suonammo insieme. Per l'ultima volta: lo percepimmo con chiarezza entrambi.

Finalmente, dopo undici giorni, Samir chiamò me e Raed. Chiuse la porta dell'ufficio e disse: "Dopodomani si parte. Tenetevi pronti".

Mia zia portò altri soldi: il viaggio fino al confine turco per me, Tahani e i bambini costava 2.400 euro. Raed si era fatto prestare i suoi 800 da alcuni parenti.

Chiamai Tahani. Riflettemmo su dove nascondere il resto della cassa. In una tasca segreta dei pantaloni, forse? Nel reggiseno? No, non andava bene. E poi Tahani ebbe un'idea: aprì un pannolino e infilò quaranta banconote da cento dollari tra gli strati di carta assorbente, per poi ricucire con ago e filo. Se qualcuno ci avesse perquisito i soldi non li avrebbe sentiti. Si sperava. Eravamo pronti per proseguire.

Nel carcere di Homs

La mattina del 15 agosto 2015 un fuoristrada con i finestrini oscurati si fermò davanti all'ufficio di Samir. Davanti, sul parabrezza in basso, c'era un adesivo con la faccia di Assad, un cuore sotto e lo slogan tipico dei suoi fan: "Ti amiamo!"

Scese un uomo bassino in divisa mimetica. Si presentò come *Abu* Jolan, aveva i capelli mesciati biondi e una voce baritonale, come se bevesse troppo 'araq. Samir ci chiamò nel suo ufficio uno per volta. Due ragazzi di Yarmouk si misero sull'ampio sedile di fianco al guidatore. Io e Raed ci sistemammo dietro, i due sedili extra alle nostre spalle li usammo per i bagagli. E poi ci fermammo alla Clinica pediatrica di Mezze per caricare Tahani e i bambini.

Il piano, spiegò *Abu* Jolan mentre Damasco svaniva in lontananza, era superare Homs e Hama e arrivare al confine con i territori dell'Isis. Da lì dovevamo capire da soli come proseguire fino al confine turco. Si girò e disse: "Se qualcuno ci ferma dite che stiamo andando a un matrimonio. Capito?" Poi si rimise gli occhiali da sole e affondò il piede sull'acceleratore. E da quel momento tacque.

Ci avvicinammo al primo checkpoint. Sulla corsia riservata ai mezzi militari. Io non avevo nemmeno il coraggio di guardare fuori. *Abu* Jolan abbassò solo il suo finestrino e mostrò il documento borbottando: il soldato ci fece passare. Noi a bordo ci guardammo stupiti. Così fu anche al secondo checkpoint, al terzo... fino al dodicesimo. Che documento magico possedeva *Abu* Jolan?

Andando all'università avevo percorso questo tragitto centinaia di volte. Al mattino presto in pullman, con una sacca piena di corde da oud e strumenti, e le romantiche note del Taksim Trio nelle orecchie. Allora sognavo di fondare una famiglia. Mi guardai intorno sopraffatto dall'amarezza. Eccola, la mia famiglia: Tahani, Ahmad e Kinan. Però me l'ero immaginata un po' diversa. Di certo non tutti rannicchiati sul sedile di dietro di un fuoristrada. Tremanti, in fuga dal nostro stesso paese.

Dopo cinque ore arrivammo a Homs. A un grande incrocio c'era un checkpoint dei Servizi segreti dell'Aeronautica militare, i servizi più potenti dei quattro che avevamo in Siria. *Abu* Jolan frenò di nuovo e tirò fuori il documento.

L'ufficiale non lo guardò nemmeno: infilò la testa dentro e scrutò noi, uno dopo l'altro.

"Siamo in missione militare" spiegò *Abu* Jolan.

"Una missione militare... con dei bambini?" replicò l'ufficiale.

"Di' un po', ma lo sai con chi stai parlando?" fece *Abu* Jolan passando sulle difensive.

"Eccome se lo so" rispose l'altro sprezzante. "È da stamattina che ti stiamo aspettando."

E spalancò la portiera, prese *Abu* Jolan per la collottola, lo sbatté a terra, lo calpestò con gli stivali e gridò: "Tu fai i soldi con la guerra... con la guerra, eh? Sei un figlio di puttana!" *Abu* Jolan piagnucolava sull'asfalto, mentre il soldato gli tirava calci in pancia, sul viso e sulla schiena. "Come osi fare soldi con la guerra? Bastardo!"

Tahani iniziò a piangere. Un altro soldato di colpo aprì la portiera anteriore destra, dove era seduto Raed. Lo prese per la maglietta, gli avvicinò un pugno alla faccia come se volesse picchiarlo e abbaiò: "Dove sono i vostri documenti! Forza, tutti fuori!"

Scendemmo dal fuoristrada con le braccia alzate. "Dove state andando?" ruggì il soldato. Altri cinque militari erano già pronti, anche se un po' in disparte, con il dito sul grilletto.

"A un matrimonio a Hama!" rispondemmo noi tutti insieme con voce disperata.

"Bugiardi!" gridò il soldato, e noi uomini ci beccammo un pugno in faccia ciascuno. I bambini attaccarono a piangere. "Fuori i documenti, coglioni!"

Il sodato ispezionò il fuoristrada. Abbassò il parasole del sedile di fianco al guidatore e i nostri documenti gli caddero addosso. *Abu* Jolan li aveva ritirati prima di partire. Caddero anche quattro documenti militari, anch'essi con i nostri nomi. Dicevano che eravamo volontari in viaggio verso il fronte per combattere contro l'Isis. Per questo fino a quel momento i militari ci avevano sempre fatto passare. Carne da macello per l'Isis. Per questo la corsia militare.

Abu Jolan era ancora a terra piagnucolante. Aveva il labbro rotto e uno zigomo sanguinante. "Stronzo, ti stavamo aspettando!" gli gridò contro l'ufficiale. "Sappiamo tutto!" E poi a Raed: "Tu, vieni con me!"

Tornò dieci minuti dopo con le guance rosse di botte. "Di' la verità" mi sussurrò.

Io e Tahani, con i bambini piangenti in braccio, entrammo in una stanza e ci mettemmo davanti a una parete. L'ufficiale si avvicinò. "Dove volete andare? La verità!" gridò.

Io non riuscivo a parlare. Nel cervello non mi era rimasta nemmeno una goccia di sangue. Capii che era finita. Adesso le possibilità erano due: o sarei scomparso per sempre in prigione, come mio fratello, o avrei dovuto combattere al fronte. Una sola speranza mi restava: che risparmiassero Tahani, Ahmad e Kinan.

"Veniamo da Yarmouk..." iniziò Tahani.

"Da Yarmouk?" gridò l'ufficiale. "Eravate nell'Esl?"

"No, no!" rispose lei. "Facevamo la fame, per questo siamo scappati."

"E adesso volete andare da quell'infame di Erdoğan, vero? Ammettetelo!" Gran parte dell'apparato politico dell'opposizione siriana si trova in Turchia: per questo chi voleva andarci diventava subito sospetto, un ribelle.

"Noi vogliamo solo andare da qualche parte" disse Tahani.

L'ufficiale si rivolse a me, a brutto muso: "Eri nell'Esl?"

"Io sono..." balbettai, ma mi morsi la lingua prima di poter aggiungere "pianista". "Aeham Ahmad" conclusi quindi.

"Dove volete andare?"

"A un matrimonio a Hama!" risposi.

"Bugiardo!" gridò l'ufficiale.

Cosa dovevo rispondere? Cosa aveva raccontato Raed?

Riprovai: “Quello che vi ha appena detto il mio amico... è vero!”

“Sappiamo già tutto comunque” borbottò l’ufficiale. “Fuori!”

Uscimmo e i soldati ci legarono i polsi con fascette serracavo. Salimmo di nuovo sul fuoristrada, l’ufficiale si mise al volante e ci portò al quartier generale dei Servizi segreti dell’Aeronautica, poco più avanti. Aspettammo nel cortile interno, all’ombra di un albero. Poi, insieme a Tahani e ai bambini, venni chiamato in una spoglia camera da interrogatori. C’erano due soldati.

“Fuori i soldi” disse uno guardandomi torvo. “Se avete con voi dollari o euro, meglio che ce li consegniate subito, altrimenti ve la faremo vedere noi”.

In Siria possedere soldi stranieri può costarti l’accusa di collaborare con l’opposizione: che significa molti anni di prigione.

“Se i soldi li trovo io poi siete proprio nella merda” insistette l’uomo. “Quindi forza, datemeli ora.”

Che fare? I soldi erano nascosti sufficientemente bene? Li avrebbe trovati? Di colpo decisi di non dire nulla e aspettare. Se li avesse scoperti avrei sostenuto che la borsa non era nostra. Fino allo sfinimento, anche se mi picchiavano. E se avesse scucito tutti i pannolini avrei detto che le banconote erano del guidatore. Tanto lui era già spacciato. Accusa più accusa meno...

“Allora adesso vi perquisiamo” inveì il soldato. “E se vi troviamo qualcosa addosso, porci che non siete altro, be’, preparatevi... al peggio.” E giù con un’altra pioggia di insulti.

Ci portò via tutto, a me e Tahani: fedi, orologi, cellulari. I gioielli, i due bracciali d'oro che si era comprata con la sua dote e che non aveva voluto barattare con un sacco di riso nemmeno nei giorni di fame più nera. La chiavetta USB che mi ero infilato nella tasca dei pantaloni, piena d'interviste e video. Mi maledissi per la mia leggerezza. Poi mi tastò: le tasche dei jeans, gli orli, scarpe e calzini. Tastò i bambini. Quindi ci buttò fuori. Ci risedemmo all'ombra.

"Amico mio, è finita" sussurrai a Raed.

In quel momento venne da noi un soldato con un pacchetto di pannolini. "Ehi, bastardo, le tue cose non le raccogli?"

Che pannolini erano? I nostri di sicuro no. "Mio signore, non sono mica nostri!" risposi.

"Di' un po', ci vuoi prendere per il culo?" insistette. "Certo che sono vostri."

"Ma no, mio signore, glielo assicuro. Noi non li metteremmo mai in una busta!" Cercai addirittura di imitare il suo accento alauita. Lui perse la pazienza. "Adesso basta, cornuto, riprenditi i tuoi pannolini di merda! Cosa diavolo ce ne facciamo noi?" E me li sbatté in faccia.

Finalmente capii: dovevano essere caduti dalla borsa a uno degli sventurati lì con noi. I soldati li avevano trovati e avevano pensato che fossero nostri. Sì, doveva esser andata così! Da quel momento in poi avrei giurato e spergiurato che fossero nostri... invece che quelli in cui erano nascosti i soldi. Semmai li avessero trovati.

Poco dopo io e Raed fummo condotti in una cantina, tre piani più sotto. I soldati aprirono la porta di una cella. Ci arrivò in faccia una zaffata di aria pesante, umida, puzza di muffa, sudore, urina. Era buio. Gli altri prigionieri non si vedevano, ma sentivo che erano tanti. Io e Raed ci mettemmo seduti appoggiati alla parete, vicino alla porta. Appoggiai la testa sulla sua spalla e mi assopii. Non parlammo. Nel dormiveglia pensai al nostro autista, a quanto lo avevano conciato male. A noi cosa avrebbero fatto? Tre ore dopo un soldato riaprì la porta. Grazie a uno spiraglio di luce vidi che con noi dentro quella cella c'erano almeno cinquanta uomini, in piedi o seduti. Io e Raed però uscimmo e salimmo su un minibus insieme a Tahani e ai bambini. Dentro c'erano sei uomini in divisa da combattimento, incatenati e bendati. Persi ogni speranza: mi immaginai con un'uniforme addosso, per terra, con un fucile, dentro una casa semidistrutta. Non sarei mai sopravvissuto, già lo sapevo.

Ci portarono al palazzo della Guardia repubblicana e poi in una stanza degli interrogatori, insieme ai nostri bagagli sigillati. Un uomo in abiti civili cercò di interrogarci, aveva in mano un faldone, il nostro fascicolo. Non dissi granché. Poi ci perquisirono di nuovo, mi dovetti togliere la cintura, che finì in un sacchetto, sfilarono i lacci dalle scarpe. Per qualche minuto restammo perfino senza mutande. E poi di nuovo giù, in cantina, scalinata dopo scalinata, fino al dimenticatoio.

Tahani e i bambini finirono in una cella collettiva per donne, io e Raed in quella maschile, di fianco. Puzzava, il soffitto gocciolava ininterrottamente. Era buio pesto. Ogni quarantacinque minuti, però, per pochissimo si accendeva una fortissima luce al neon. Vidi almeno cento uomini, seduti, in piedi, distesi. Dalla cella vicino sentivo gridare Ahmad e Kinan, per la fame a la paura. Mi assopii. Cercai di ritirarmi in me stesso il più possibile.

I giorni successivi caddi in una specie di coma. Spensi tutti i sensi e i bisogni. Fame, sete, toilette. Restai immobile come un'ameba. Forse fu anche la mancanza di ossigeno ad annebbiarmi la percezione. Laggiù, in una stanza non aerata tre piani sotto il livello del suolo, ce n'era pochissimo. L'aria era così rarefatta che ti girava la testa.

Sotto la porta, però, c'era uno spiraglio da cui entrava un filo d'aria. Era il posto più ambito. Le persone si stendevano per terra e aspiravano l'ossigeno con avidità.

A volte qualche detenuto veniva chiamato fuori. A volte ne arrivavano di nuovi. Alcuni sanguinanti. Molti prigionieri avevano una brutta tosse, certi erano sdraiati per terra come se fossero morti. Probabilmente lo erano.

Due volte al giorno i soldati ci portavano del pane secco, mezza focaccia a persona. Raed cercava di svegliarmi ma io sospiravo e basta. “Lasciami stare, voglio dormire”. Insieme al pane portavano una tinozza d'acqua. Alcuni bevevano sollevandola, altri dalle mani, luride e piene di croste. Solo la vista mi dava il vomito.

Ancora più vomitevole era il bagno, in un angolo buio, puzzolente e sporchissimo. Un buco nel pavimento di legno ammuffito, con intorno diverse paia di stivali militari marci. O quello che erano.

Il piccolo Kinan, di fianco, non smetteva più di piangere. Si tenne addosso per ben due giorni lo stesso pannolino, mi raccontò Tahani in seguito. Lei aveva provato a toglierglielo e lui aveva pianto per il freddo. Perché perfino in Siria ad agosto tre piani al di sotto del livello del suolo può fare un certo freddo. Anche loro ricevettero solo pane e acqua.

Dopo due giorni Tahani implorò una guardia. "Vi prego, permettetemi di cambiare il pannolino a mio figlio Kinan!"

Le altre donne della cella le diedero man forte: "Datele un pannolino!" Le guardie ebbero compassione e le concessero di metter mano al nostro bagaglio per prendere i pannolini. E degli asciugamani su cui far dormire i bambini.

Il quarto giorno ci chiamarono fuori dalla cella. Prima di tutto abbracciai Tahani e i miei piccolini, che avevano un aspetto malato e impaurito. Squadrai mia moglie: l'avevano picchiata? No, almeno questo no, per fortuna. Non parlammo, ci guardammo negli occhi, serissimi.

Salimmo sull'ennesimo minibus. Che ci portò al palazzo della Polizia criminale. Vicino al quartiere di al-Wa'er, una roccaforte dei ribelli. Il piano più alto era stato mangiato dai colpi dell'artiglieria, intorno c'era un cordone di carri armati, mitragliatrici pesanti e mortai. Quando arrivammo vidi i soldati governativi che sparavano verso al-Wa'er. Poco dopo la risposta: un'esplosione nelle vicinanze.

L'ennesima, capillare perquisizione: ci controllarono la bocca con una torcia, poi noi uomini fummo costretti a spogliarci completamente, a chinarci e tossire. Tahani e i bambini per fortuna li lasciarono in pace.

Ci portarono in una cella un piano sotto il livello del suolo. Non era né particolarmente grande né particolarmente piena. Una quarantina di persone. Ancora più sotto c'erano le camere di tortura, a volte sentivamo le grida. Lì vegetammo tre giorni e tre notti.

Ogni tanto ci portavano alla prigione centrale per un interrogatorio. Perché mentire? Tanto ormai sapevano tutto. "Ti stavamo aspettando" aveva detto l'ufficiale del checkpoint. Qualcuno ci aveva traditi, era evidente. Qualcuno era caduto in disgrazia, oppure un pezzo grosso stava cercando di rilevare il business. Non ci capivo più nulla. E così raccontai l'intera storia: da dove venivamo, dove volevamo andare, quanto avevamo pagato per il viaggio e a chi.

Il giorno successivo, al palazzo di Giustizia, ebbe luogo il vero processo. Entrammo in un'aula spoglia. Dentro c'era un solo uomo, il tipico impiegato: ingrigito, i capelli pettinati con la riga, linguaggio erudito e fluente. Doveva essere il giudice. Ci sedemmo di fronte a lui. E gli raccontammo tutto un'altra volta. Io e Raed, dalla a alla zeta.

Alla fine lui scoppiò a ridere e disse: "E davvero credevate di uscire dal paese in questo modo? Con una pista bruciata, scoperta da un pezzo?"

In che senso pista bruciata?

"Sentite, io so benissimo chi siete. Tu sei Aeham Ahmad, il famoso pianista di Yarmouk. Mezza Facebook ti sta cercando."

Rabbrividii.

"E adesso" continuò, "vorremmo rilasciarvi. Dovete firmare un documento che dice che non cercherete mai più di espatriare. Mentirete, ovvio, perché invece ci proverete di nuovo."

Entrai in crisi: perché diavolo ci stava dicendo quelle cose? Per pura noia, forse. Di storie come la nostra ne aveva già sentite a migliaia, ne aveva fin sopra le orecchie.

"Appena uscirete di qui andrete dritti dritti al quartiere palestinese di Homs. Dove passerete qualche giorno da amici o parenti. Quindi vi cercherete un nuovo passeur che vi porti a Hama e poi in Turchia..."

Era una cosa folle: un giudice ci stava consigliando di violare la legge! "Forza, adesso firmate" disse svegliandoci dalla trance, e ci porse il foglio.

Tahani iniziò a piangere. "Signor giudice, lo giuro, noi non vogliamo espatriare!"

Il giudice fece un cenno stanco e rispose: "Sì, sì, certo, però adesso firmate". E parve sincero, in pace con se stesso. Probabilmente si era stufato del circo che aveva intorno. E una vocina dentro di me mi disse che magari quello che avevo fatto a Yarmouk gli era piaciuto.

"Bene, voi potete andare" disse a me e a Tahani dopo la firma. Sul foglio del giuramento perfino Ahmad e Kinan, che non avevano fatto altro che piangere, dovettero apporre la loro minuscola impronta digitale.

E poi, con una faccia serissima, disse: "Però non vi fate beccare un'altra volta. Se vi ribeccano, di certo non sarà più una cosa di una settimana. Non uscirete più".

"Tu invece" disse girandosi verso Raed "resti qui." Gli rinfacciò di aver infranto nel 1992 le leggi sull'edilizia: aveva costruito senza autorizzazione e non aveva mai pagato la multa di 25.000 sterline siriane. In quasi venticinque anni la cifra era raddoppiata. Fino a quando non avesse pagato allo Stato 50.000 sterline (140 euro) sarebbe rimasto in carcere.

Come, scusa? Io, un disertore che aveva pure girato video irriverenti, potevo andare, mentre Raed doveva restare in carcere a causa di quella storia vecchissima? Davvero, non ci capivo più niente.

Lo abbracciai. “Amico mio, tranquillo che ti tiro fuori” gli sussurrai all’orecchio. E poi lo portarono via.

Tutt’oggi non mi è chiaro perché mi lasciarono andare. Non avevo fatto il servizio militare. Nella borsa avevo un hard disk zeppo di video in cui cantavo la miseria in cui era ridotta Yarmouk per colpa del regime. Insomma, eravamo stati beccati dalla Guardia repubblicana, la Polizia politica! Che è come uno Stato nello Stato. Con computer, fascicoli, liste nere... è lei a comandare in guerra. Perché mi avevano lasciato andare? Mio fratello ‘Ala, che aveva fatto il militare e non aveva mai combinato niente di troppo grave, non era più tornato.

Davvero, non me lo spiego. Forse è stato Dio, forse Dio non voleva arrecare altro dolore al mio vecchio padre cieco portandogli via anche il primo figlio.

Ci restituirono i nostri bagagli. Appena usciti dal palazzo di Giustizia chiamai Samir per dirgli che il nostro autista era stato scoperto. Lasciai squillare diverse volte. Rispose una voce diversa e disse che Samir non c’era.

Gli spiegai la situazione. Pochi minuti dopo mi richiamò. Dovevamo aspettare lì davanti al tribunale, sarebbe arrivato un uomo di nome Mohammad e ci avrebbe aiutato. Perché non era Samir a dirmi queste cose?

Uscimmo alla luce del giorno. Eravamo a pezzi. Dopo Yarmouk, i sette giorni di prigionia ci avevano quasi dato il colpo di grazia. Ahmad e Kinan erano sporchi e malati, Tahani era sull’orlo di una crisi di nervi.

Poco dopo spuntò un ragazzo, disse di essere Mohammad. Lo mandava Samir, potevamo stare da lui e sua madre.

Ad Aidin, il quartiere palestinese di Homs. Ci incamminammo.

Ma ci eravamo rallegrati troppo presto. All'ingresso del quartiere c'era un checkpoint.

"Documenti e libretto militare" disse il soldato in tono annoiato.

"Oh, il libretto qui con me non ce l'ho" mentii. Lui non disse nulla, mise le nostre borse su un tavolo e le perquisì. Tirò fuori tutto. Lo osservai con muta disperazione. Ovviamente trovò il libretto militare. Lo aprì. Gli bastò un'occhiata per capire che ero un disertore dal 2011.

Io e Tahani ci guardammo negli occhi per diversi secondi. Era finita. Mi avrebbero portato al fronte.

Invece il soldato richiuse il libretto e disse: "Arrivate dal tribunale, dico bene?" Tahani annuì e gli mostrò subito il certificato di rilascio.

Ci fece passare. Ancora una volta Dio aveva allungato la sua mano su di noi. L'ennesima.

Verso nord

Appena io e Tahani restammo soli in una stanza ci avventammo sul borsone. Spacchettammo i pannolini e... restammo di sasso: i soldi c'erano ancora. I soldati non li avevano scoperti. Che fortuna sfacciata. Il viaggio poteva proseguire.

Restammo da Mohammad per quasi due settimane. Più mi rilassavo, più vedevo la questione con chiarezza: Tahani e i bambini dovevano tornare a Yarmouk. Se ci fosse stata una seconda volta non ce la saremmo cavata così bene. E io non volevo che i miei figli vivessero una cosa del genere una seconda volta. Non avrei messo a rischio la loro vita con la traversata.

Mi si spezzava il cuore ma ormai la decisione era presa: quel viaggio d'inferno lo avrei affrontato da solo. Fossi riuscito a raggiungere l'Europa sano e salvo, avrei fatto di tutto perché mi raggiungessero. Mi fosse capitato qualcosa... sarei morto soltanto io.

Come potevo farlo capire a Tahani? Decisi di non dirglielo. Sapevo quanto fosse testarda, ma era una questione di vita o di morte. Non ne avremmo discusso.

Ovviamente Mohamed, il nostro padrone di casa, conosceva il passeur locale e mi portò da lui. Aveva fatto arrivare in Turchia già molte persone. Mi spiegò come funzionava: da Homs a Hama con un commerciante di pomodori, poi con i beduini fino a Idlib, che era già territorio dei ribelli. Da lì al confine turco in minibus. Fino al territorio ribelle erano centotrenta chilometri in linea d'aria. Prezzo: 1.300 dollari. Mi informai in giro se la tratta fosse sicura, e alla fine pagai.

In parallelo organizzai il ritorno di Tahani e dei bambini a Damasco. Glielo comunicai solo poche ore prima della partenza. La misi di fronte al fatto compiuto. Fu terribile, lei per poco non svenne.

"Ti prego, Aeham, facciamolo insieme!" disse piangendo a dirotto. Io non risposi.

"Che ne sarà di me se ti capita qualcosa? Preferisco morire piuttosto che vivere qui da sola." Scossi la testa.

"Provvederà a tutto Dio... basta che restiamo insieme!"

"Tahani, no." Sentii il cuore rattrappirsi in un grumo. Mi opposi ai miei sentimenti, li soppressi con violenza. "Dio può provvedere una volta, la seconda non avremo tutta questa fortuna."

Il nostro saluto mi sembrò una cosa sbagliata. Il pulmino che Mohammad aveva ordinato per il viaggio di Tahani arrivò. Lei salì, il cuore pesante come il piombo.

Baciai i bambini. E a lei promisi: "Un anno al massimo e mi raggiungete".

4 settembre 2015

Sono le cinque di mattina. Scendo in strada e arriva una station wagon stracarica di pomodori. Poco prima del checkpoint mi arrampico e mi sistemo in uno spazio vuoto tra le cassette. Passiamo. Mi risiedo davanti. Homs è già alle nostre spalle. Procediamo ondeggiando su una strada in mezzo agli oliveti.

All'ora di pranzo salgo su un taxi. Poco prima di Hama m'infilo dentro il portabagagli. Fa caldissimo, sto per soffocare. Bivio per entrare in città. La macchina frena. Sento un soldato che dice all'autista: "Cosa ci hai portato di buono oggi? Dacci una confezione di mate e un pacchetto di sigarette". E io penso: Meno male che non ho permesso a Tahani e ai bambini di partire con me.

Più tardi, in una camera, accendo il televisore. Su Al Jazeera vedo convogli di persone sfinite che oltrepassano il confine ungherese. "Un vero e proprio esodo" dice il commentatore. Poi la stazione ferroviaria di Monaco di Baviera: locali che regalano fiori ai rifugiati distrutti e applaudono. Mi vengono i primi dubbi. Ripenso alle parole di Ghatfan: "La famiglia, portatela dietro. Una volta arrivato qui è quasi impossibile fare in modo che ti raggiungano". Ho sbagliato? Dovevo portarli con me adesso che è un momento favorevole?

Un rifugiato racconta della rapina subita durante il viaggio. Cerco altri nascondigli per i soldi: 1.500 dollari nello schienale dello zaino, dopo averlo estratto piano piano; altri 500 sotto il plantare di una scarpa; gli ultimi 700 me li attacco all'avambraccio con lo scotch.

5 settembre 2015

All'ora di pranzo si prosegue, con lo stesso autista. Stavolta siamo in quattro. Dopo poche ore ci molla in un ristorante. Passo la notte in un negozio vuoto di fronte.

6 settembre 2015

La mattina arriva una station wagon nera con i vetri oscurati. I due uomini seduti davanti hanno la barba lunga e gli occhiali da sole. Vado in confusione: sono scagnozzi di Assad o ribelli? A volte nell'aspetto si assomigliano.

Dico la parola d'ordine attraverso il finestrino: "Mi manda Mahmud".

"Io sono tuo fratello Ahmad, dello Stato islamico" risponde l'autista.

Come scusa? Sono dell'Isis? Ma siamo ancora in territorio governativo! Voleva mettermi paura? Si posa un kalashnikov sulle gambe. Il barbuto di fianco incastra una pistola sotto il parasole. E questo dovrebbe tranquillizzarmi? Salgo. Partiamo.

Presto arriva la domanda: "Di' un po', ma tu preghi?"

"Ma certo, mio signore!"

"Non chiamarmi 'mio signore', sono tuo fratello."

Quando sei nel territorio dell'Isis, mi aveva consigliato qualcuno, tirati su i pantaloni fino a scoprire le caviglie, com'è scritto nella sunna del Profeta. E se ti fanno domande sull'Islam, raccontagli qualcosa della preghiera e del lavaggio rituale.

Per farmi benvolere da entrambi do una risposta piuttosto idiota. "Che Dio ti protegga, mio caro fratello. Recitiamo insieme la sura Fatiha, perché Dio ci assista in questo viaggio." Lui acconsente, visibilmente soddisfatto. Preghiamo.

Poco dopo svoltiamo in una strada non asfaltata, una di quelle strade conosciute solo dalla gente locale. Così aggiriamo il checkpoint.

Verso mezzogiorno ci fermiamo in una tenda beduina nel

bel mezzo della steppa. “Tu aspetterai qui. Domani i nostri fratelli verranno a prenderti” dice l’autista. E spariscono.

Nella tenda vive un vecchio pecoraio, la pelle conciata dal sole del deserto, i denti ridotti a un paio di monconi marroni. La tenda, però, è nuova di zecca. Piano piano capisco che il tutto è solo un camuffamento: questa è una sorta di stazione di passaggio per i viaggiatori illegali in rotta verso l’Europa.

L’anziano mi offre dell’acqua... e latte di capra fresco. Oh, Dio, da quanto non bevevo latte fresco! Da prima dell’assedio. L’uomo ha la calma e la bontà d’animo dei nomadi. “Hai voglia di pregare?” mi chiede. Sì, ho voglia. E stavolta mi viene dal cuore.

Mi sento a mio agio, protetto, lì fuori nella steppa. Gli apro il mio cuore. Gli racconto del mio vecchio padre. Di mio fratello, della prigione, dell’assedio.

“Povero ragazzo, per te è troppo” dice l’anziano. “Troppo!” E rimuginando ci perdiamo nell’universo.

7 settembre 2015

Prima di ripartire gli do le mie ultime sterline siriane, quello che mi è rimasto in tasca. “Grazie di tutto” gli dico. “Per favore, prega per me.”

“Lo farò” promette. “Che Dio sia con te.”

Rispunta la macchina del giorno prima, ma con un altro autista e un altro compagno barbuto. Quest’ultimo indossa un caftano corto secondo il look dei talebani afghani e parla un arabo perfetto. Si presenta: “Sono tuo fratello del Fronte al-Nusra”.

Isis, al-Nusra, Olp... non me ne importa niente che fratello sostieni di essere. Al giorno d'oggi perfino un burattino può dire di appartenere a una determinata milizia. Chiunque tu sia, ben arrivato. Portami con te, io sono Aeham.

Il barbuto si mette davanti, io prendo posto dietro. L'autista dà gas. L'aria è gialla, vista a meno di venti metri: una tempesta di sabbia.

Imbocchiamo una strada e superiamo un checkpoint ignorandolo. Forse la tempesta ci ha nascosto alla vista dei soldati? Oppure conoscevano la targa e ci hanno lasciato passare?

Proseguiamo verso Idlib. All'improvviso siamo travolti da una nuvola di polvere. Sollevata da un pick-up carico di tizi barbuti e superallenati, divise camouflage e innumerevoli munizioni appese al collo. Sono i Tigre, la divisione speciale di Assad, la più pericolosa.

Il "fratello del Fronte al-Nusra" spalanca la portiera con la macchina ancora in corsa e rotola giù per la scarpata. Come nei film. E io per l'ennesima volta penso: Aeham, addio.

"Ma cosa aspetti! Abbassati! Stai giù!" mi sibila l'autista.

Mi spiaccico contro la ribalta del portabagagli. Il sedile di dietro è ribaltato, i vetri oscurati. Se i soldati aprono dietro, come fanno quasi sempre, gli cadrò sui piedi.

"Stop! Fermi!" gridano i Tigre.

Il mio autista frena. Si avvicinano due uomini con le mitragliatrici in mano.

"Cosa ci fate qui?"

All'improvviso a due passi da noi esplode una granata. I soldati si gettano a terra. Sabbia e pietre che schizzano contro la carrozzeria della macchina. Colpi dappertutto. Gli uomini sul pick-up rispondono al fuoco, svuotano i caricatori anche se non si vede anima viva. Attaccano con il loro grido di battaglia: "Noi siamo i Tigre! Dio, Siria, Bashar... o niente!" Il mio autista ne approfitta e accelera. Ci lasciano andare.

Attraversiamo il deserto a tavoletta per almeno una ventina di minuti. Poi lui si ferma e indicando una casa solitaria a mezzo chilometro di distanza dice: "Quello è il checkpoint della milizia Ahrar al-Sham. È lì che devi andare, io mi fermo qui. Buona fortuna".

Cinquecento metri. Una passeggiata. Mi avvicino alla casa con le mani alzate. Sacchi di sabbia, una sbarra, diversi uomini.

Uno grida: "Chi sei?"

"Vengo in pace! Sono disarmato!"

"Allora togliti la camicia!"

Continuo a torso nudo, lo zaino nella mano destra, il braccio sinistro alzato. Conto sette uomini, tutti con il dito sul grilletto. Appena raggiungo l'ombra proiettata dalla baracca non riesco più a trattenermi: scoppio in un pianto disperato. Uno dei barbuti mi chiede che succede.

"Non ce la faccio più" rispondo singhiozzando. "Non ce la faccio più." Gli racconto tutto. Che sono stato in prigione, che ho rispedito indietro la mia famiglia, che quel giorno sono quasi morto di paura. "Vi prego, in nome di Dio, aiutatemi!" grido, "voglio solo andarmene di qui, andarmene dalla Siria!"

Il guerrigliero cerca di consolarmi. "Adesso calmati, ci vuole pazienza. Fra poco arriva fratello *Abu* Qutaiba, il nostro capo. Lui ti aiuterà, vedrai. Vieni, siediti con noi e mangia qualcosa."

Mi fanno entrare nell'unica stanza della casetta. Ci sono delle taniche di benzina vuote e una mitragliatrice enorme. Su un fornelletto a gas qualcuno cucina jazz-mazz, uova strapazzate con i pomodori. Mi spazzolo tutto. I guerriglieri si siedono un po' distanti. Dopo tutti quegli anni di assedio è normale che abbia tanta fame, commentano compassionevoli.

Tre ore dopo arriva *Abu* Qutaiba, un uomo alto e robusto che mi chiama subito "figlio mio". Gli spiego la mia situazione. Mi permette di salire sul cassone del suo pick-up. Partiamo, attraversiamo la terra di nessuno tra il territorio dell'Isis e quello dei ribelli. Per strada raccattiamo due ragazzi in giro a piedi.

Non lontano dalla strada presto s'intravedono dei tubi neri: sono conficcati nella terra bruciata come dei denti giganti e sbuffano un fumo puzzolente. Sono le raffinerie dei ribelli, mi spiegano i miei due compagni di viaggio, in cui bruciano greggio per ricavarne diesel e benzina. Greggio comprato dall'Isis.

Però, sono ben informati! Con il passare del tempo scopro che vivono vicinissimi al confine e per campare fanno i passeur. Ci scambiamo i numeri di telefono.

La sera, mentre sono dentro un negozio di cellulari, qualcuno mi dà un colpetto sulla spalla da dietro. "Ayhum?"... ovvero la forma vezzeggiativa di Aeham. Mi giro e vedo i due ragazzi di Yarmouk con cui eravamo andati a Homs. Sono raggianti. Ci abbracciamo. Li conosco pochissimo, ma è come rincontrare due amici di vecchia data. Ci raccontiamo come siamo arrivati lì. E di nuovo non riesco a trattenere le lacrime. Ho i nervi a pezzi.

"Ah, comunque *Abu* Jolan, il nostro autista, sta una meraviglia" mi racconta uno dei due. "Sono venuti a prenderlo in prigione in Mercedes."

All'improvviso si avvicina un barbuto in *jallabiya* nera, una macchia scura sulla fronte come segno delle ripetute preghiere.

"Sembri un brav'uomo" mi dice di punto in bianco in tono amichevole. "Ho voglia di farti del bene. Hai già cenato?"

Mi mette un po' a disagio, ma ho parecchia fame. "Be', in caso dovresti invitarci tutti e tre" rispondo io indicando gli altri ragazzi. È d'accordo. Lo seguiamo.

Arriviamo quasi subito. E cosa sventola sopra la sua casa nella brezza della sera? La bandiera delle brigate al-Aqsa. Santo cielo, ma non sono una brigata dell'Isis? La mia solita fortuna... In questo maledetto viaggio devo conoscere proprio tutti i baratri della guerra siriana, ogni prigione, ogni singola milizia?

Entrando in salotto non possiamo fare a meno di deglutire: è pieno zeppo di armi. Una decina di kalashnikov in un angolo, due lanciagranate appoggiate alla parete. Non è una casa, è un deposito militare!

Poi però il barbuto ci serve una cena come non ne mangiavo da tempi immemorabili. Formaggio, burro, quark, olive. Ci diamo dentro con avidità. Ogni tanto il padrone di casa ci chiede dell'assedio di Yarmouk, gli racconto che ci hanno fatto patire la fame. La storia del pianoforte preferisco ometterla.

Magari vogliamo fare una doccia? Volentieri! Per la polvere e il sudore i mie vestiti sono diventati rigidi. Dopo avermi mostrato il bagno il barbuto mi dà una tuta. Un paio di Adidas originali, merce turca. Quasi della mia misura. "Sembri un brav'uomo" continua a ripetere. Eppure pare che da me non voglia niente. È forse l'altruismo e la generosità dei veri musulmani?

Nella notte arrivano una ventina di ragazzi con kalashnikov e munizioni a tracolla. Finalmente capisco: il nostro ospite è il capo della milizia. Tiene un breve discorso: "Abbiamo messo a segno degli attentati eccezionali. Con l'aiuto di Dio, libereremo la Palestina".

Ah, ecco come stanno le cose! Forse per noi è arrivato il momento di togliere il disturbo. Ma dove possono andare a quest'ora tre forestieri in un villaggio controllato dai ribelli? Ci fa vedere la stanza in cui possiamo dormire.

Più tardi, nel cuore della notte, ci sveglia. Forse vogliamo unirci alla preghiera della notte? Non ci resta altra scelta che dire di sì. Mezzi insonnoliti raggiungiamo i guerriglieri in salotto. Dopo quindici inginocchiamenti non hanno ancora finito.

Poi leggono il Corano. Pregheranno fino all'alba, scopro: uno di loro sta per farsi saltare in aria. Non da solo, probabilmente. I compagni gli parlano delle meravigliose vergini che troverà in Paradiso, il più grande dei luoghi comuni. Poi gli mettono la cintura esplosiva e la collegano a una batteria. Il futuro kamikaze sembra calmo e in pace con se stesso. Lo hanno preparato bene.

Sale in macchina e parte. Si farà esplodere davanti a un ex ospedale in cui sono acquartierati dei Tigre.

Più tardi, mentre cerco di riaddormentarmi, aspetto il botto. Che però non arriva. Per tutto il tempo non faccio altro che chiedermi: perché il barbuto mi ha rivolto la parola? Con me è stato generosissimo, però organizza attentati kamikaze. Continuo a non capire.

8 settembre 2015

Il mattino successivo prendiamo il minibus per Kherbet al-Joz, un villaggio di montagna nella zona di confine. Chiamo i due ragazzi raccattati per strada. Ci portano in una capanna nella foresta: un tetto, dei materassi, una tanica d'acqua. E Internet turco!

Ero rimasto offline per tre settimane. Chiamo i miei familiari, tutti. Apro Facebook e trovo almeno trecento messaggi privati di persone preoccupate. "Aeham, ma dove sei?" – "Aeham, tutto bene? Siamo preoccupati!" È la stessa sensazione di allora, dopo il primissimo video, visualizzato da quarantamila persone. Ho tempo, rispondo a ogni singola persona con un breve messaggio vocale: "Sto bene! Sono in viaggio verso la Turchia!" E a quelli che mi avevano scritto in inglese aggiungo: "No English!"

Posto una foto su Facebook, che viene condivisa da trecentocinquanta persone. "Aeham sta bene!" scrivono. "Il pianista di Yarmouk è al sicuro!"

Santo cielo, quanta preoccupazione, e quanta gioia! Cosa sono diventato?

Poco dopo ho in linea giornalisti di grandi emittenti come la CNN, NBC, BBC e Al Jazeera. E anche "Huffington Post", France 24 e la "Süddeutsche Zeitung". Nelle settimane successive, appena ho il wi-fi posto su Facebook immagini della mia fuga. Un esodo nell'epoca di Internet.

9 settembre 2015

Verso le otto di sera ci mettiamo in cammino: cinque ragazzi in mezzo al bosco, in un punto imprecisato nella zona di confine tra Bab al-Hawa e Bab al-Salame. Saliamo per diverse ore, raggiungiamo una strada illuminata. Oltre la strada c'è un fossato. Ci nascondiamo nel sottobosco. Qualche centinaio di metri più avanti c'è un valico di frontiera. Al cambio di turno dobbiamo saltare oltre la strada e il fossato. Passiamo due ore immobili, senza muoverci di un millimetro. Ogni tanto passa una pattuglia.

All'improvviso vediamo un gruppo uscire dalla foresta e correre verso la strada. Una ventina di persone, quattro uomini portano un'anziana su una lettiga. Appena li vedono i soldati si mettono a gridare. Loro continuano a correre... quelli con la lettiga restano bloccati nel fossato. Due vengono feriti a una gamba. Ci mettiamo a correre anche noi. E nel tumulto generale passiamo il confine.

Al mattino raggiungiamo il primo villaggio turco. Qui le persone sbarcano il lunario aiutando i profughi. Ci danno dell'acqua e per poche lire un passaggio fino ad Antiochia.

Ad Antiochia incontro il mio carissimo zio Jalal, il fratello di mia madre. Ci abbracciamo. "Grazie, grazie zio per avermi aspettato" continuo a ripetergli. "Adesso siamo in due, insieme ce la faremo!" Nella mia vita non ero mai stato lontano dalla famiglia. Zio Jalal mi fa tornare nel petto una sorta di calma.

Lo conosco da quando sono in grado di pensare. Ci sono delle foto in cui lui mi tiene in braccio, neonato. Per alcuni anni ha lavorato in Arabia Saudita, poi ha fatto l'autista di minibus a Damasco. Due matrimoni falliti. Poi, a più di quarant'anni, ha ricevuto la chiamata alle armi. Un quarantacinquenne convocato al fronte! Così ha fatto armi e bagagli ed è scappato.

Non è l'unico ad aspettarmi ad Antiochia: c'è anche una troupe della BBC. Mi riprendono mentre passeggio di sera sul corso, quando scoppio a piangere raccontando dei miei figli, quando saliamo sul pullman notturno per Smirne, che dista mille chilometri.

12 settembre 2015

Smirne. Dobbiamo aspettare, il mare è agitato. Stiamo in dodici in una stanza, affittata per noi dal traghettatore. C'è un bagno, un angolo cucina e dei materassini per dormire. Un siriano che aiuta lo scafista turco passa a incassare i soldi: 1.200 dollari a testa.

In un angolo ci sono una borsa da uomo e un bel maglione a collo alto verde. Mio fratello un tempo ne aveva avuto uno molto simile. Di chi sono queste cose? Chiedo più volte alla gente lì nella stanza, ma nessuno mi risponde.

"Sai a chi appartengono?" insisto.

"Ma cosa ti importa?" risponde uno, "perché stai impazzendo per scoprirlo?'

Divento ancora più curioso. "Dai, dimmelo! Voglio chiedere al proprietario se mi regala il maglione."

"Va bene" dice alla fine, "sappi che quando sono arrivato anch'io ho fatto la stessa domanda. Però in barca si possono portare un massimo di sette chili a testa. Cellulare, documenti e cose del genere bisogna metterli in un borsellino impermeabile e attaccarseli al collo. Il cellulare avvolto nella carta stagnola."

"Sì, queste cose già le so, ma di chi è quella borsa?"

"Se proprio insisti... Sono di un uomo che è morto annegato! Davvero vuoi portare a bordo della nostra nave questa sfortuna?"

In Siria nessuno indosserebbe il maglione di un defunto. Porta male, dicono. Scrollo le spalle e mi prendo il maglione. E in barca lo indosserò pure. Non sono così superstizioso.

13 settembre 2015

Ci portano sulla costa con un camion aperto, settanta persone schiacciate nel cassone. Ci nascondiamo tra le colline vicino alla riva. Da lì vediamo la guardia costiera turca che pattuglia questo tratto di spiaggia. Intravediamo i contorni dell'isola greca di Lesbo, una polpetta più blu in mezzo al mare blu, a circa quindici chilometri di distanza. Nella valigia ho una videocamera impermeabile, il reporter della BBC mi ha pregato di filmare la traversata. Mi ha dato anche una cimice GPS. Averla con me mi rassicura.

Più tardi, quella notte, saliamo su un grande canotto gonfiabile e salpiamo. È pienissimo. Le donne e i bambini sono seduti al centro. C'è chi si lamenta, chi prega, io e mio zio stiamo zitti, ci teniamo per mano. Il mare è mosso. L'uomo al timone sembra agitato. Prende le onde troppo veloce. Su e giù per la cresta dei cavalloni. *Ciaff ciaff*, imbarchiamo acqua.

Dopo dieci minuti siamo in mare aperto. Le onde sono ancora più alte, la risacca più violenta. *Ciaff*, imbarchiamo altra acqua, *ciaff*, sprofondiamo, qui finisce male. Il motore si spegne. Panico. Grida. "Jalal, preparati" grido a mio zio. Il canotto affonda, ci sono già persone a mollo che sgambettano agitate nel mare nero come la notte.

Nel mondo arabo molte persone che non vivono sulla costa non sanno nuotare. A differenza della Germania, in Siria i bambini non devono fare nessun corso di nuoto obbligatorio. Mio padre, però, era stato previdente e nell'estate dopo la seconda elementare mi aveva portato a lezione. Si metteva a bordo vasca e io dall'acqua lo vedevo concentratissimo e con le orecchie tese per capire se avessi bisogno di aiuto.

Quando eravamo più grandi, ogni tanto siamo andati in vacanza al mare a Latakia. Nuotare mi piaceva. I miei genitori non avevano mai imparato ed entravano in mare solo fino al busto. Un giorno, avevo più o meno quattordici anni, all'improvviso sentii gridare mia madre. Mi guardai intorno. Mio padre era sparito. Nuotai verso di lei più veloce che potevo... e vidi mio padre che sgambettava in mare agitatissimo. Doveva essere finito in una zona più profonda e per il panico di annegare aveva perso il senso dell'orientamento.

Andai sotto, in attesa del momento giusto... e poi più forte che potevo lo spinsi con entrambe le gambe verso la riva. Lui all'improvviso sentì di nuovo la terra sotto i piedi, si rimise dritto e tossì l'acqua che aveva nei polmoni. Lo stesso giorno ripartimmo per Yarmouk.

Dopo per diversi anni raccontò più volte, pieno di orgoglio, di come gli avessi salvato la vita. Quella notte a Smirne, invece, fu lui a salvare me.

Mi allontano dal canotto più in fretta che posso. Per non finire intrappolato tra la gente che annega. Il mio cuore è calmo, ho addosso il giubbotto di salvataggio, so nuotare bene. La costa dista cinquecento metri, ce la farò.

A Smirne c'erano in vendita due tipi di giubbotti: quelli buoni costavano 160 lire turche (40 euro), quelli cattivi 80

(20 euro). I giubbotti assassini. Non sono fatti di polistirolo espanso, ma di un materiale economico che assorbe l'acqua e ti trascina giù. Avevo visto una coppia siriana con la variante economica addosso. Per la figlia di più o meno quattro anni avevano comprato il giubbotto costoso. Sento la bambina piangere.

Nuoto verso di lei. Chiamiamo i suoi genitori. Li cerco, chiedo ad altre persone... niente. Sono stati inghiottiti dal mare?

Con la mano sinistra la prendo per il giubbotto, con la destra nuoto. Me la trascino dietro. Lei piange disperata. Non le chiedo nemmeno il nome.

Al chiarore dell'alba raggiungiamo di nuovo la riva. Non posso occuparmi di lei, è fuori discussione. La mollo alla prima famiglia che incontro. E inizio a cercare mio zio. Per fortuna lo trovo quasi subito. Ci abbracciamo, siamo al settimo cielo.

14 settembre 2015

Il siriano che lavora per il traghettatore si annota con sguardo impassibile i nomi delle persone che vogliono riprovarci. Nemmeno una parola sulla sciagura. Alla prima traversata eravamo settanta, adesso sulla lista ci sono a malapena venti nomi. Gli altri che fine hanno fatto?

La notte portano un nuovo canotto gonfiabile e cinque pompe. Dobbiamo gonfiarcelo da soli, poi piano piano lo caliamo nell'acqua. Il siriano dice all'uomo al timone – un profugo come noi senza alcuna esperienza di barche – che deve puntare alle quattro lucine rosse lampeggianti. Mi siedo a prua, sul cuscinetto di sinistra. Salpiamo.

Il mare stanotte è più calmo. "*Bismillah, bismillah*", in nome di Dio, pregano le persone, altri mormorano sure del Corano. All'alba si tranquillizzano. Vicino a me è seduto un iracheno, ha la faccia gialla.

"Io non so nuotare" gracchia.

"Io so nuotare bene, ti aiuterò" lo consolo. Gli metto un braccio dietro la schiena. Mio zio, che sta filmando tutto, sposta la telecamera su di me.

La spiaggia di Lesbo è sempre più vicina. Finalmente arriviamo. Le persone si buttano in acqua, guadano fino a riva piangendo di gioia. La spiaggia si riempie di giubbotti arancione fosforescente. Anche io e mio zio ci abbracciamo. Allo stesso tempo non posso fare a meno di pensare: Come ho potuto lasciare mia moglie e i miei figli in Siria?

Il reporter della BBC che mi sta seguendo ha sparpagliato il suo team su tre spiagge. Uno di loro mi vede e chiama il resto della troupe. Mezz'ora dopo sono tutti lì.

"Cosa provi in questo momento? Di essere finalmente approdato alla terra della libertà?" domanda il giornalista.

"La terra della libertà per me è Yarmouk." Una pausa e poi aggiungo: "Adesso però non devo più avere paura di annegare. E presto arriverò in un posto, si spera, in cui sarò al sicuro e in cui la mia famiglia potrà raggiungermi. Ma moglie, Ahmad e Kinan. Perché ogni posto del mondo è bello se ci sono loro." Tiro fuori la foto del piccolo Ahmad e la mostro alla telecamera. Poi quelli della BBC ci accompagnano al traghetto per Atene.

È la mattina del 15 settembre 2015.

Proseguiamo per la Macedonia. Poi Serbia, Croazia, Ungheria, Austria.

Un prete macedone ci dà dei panini al formaggio e dell'acqua e dice: "Benvenuti!" Un tassista serbo sfreccia in autostrada a 170 all'ora, come se fosse Michael Schumacher, e noi sul sedile di dietro in sei. Poco prima del confine croato marciamo per un'intera notte su campi paludosi, in giro ci sono ancora mine della guerra contro la Bosnia, dicono. Lo zaino di mio zio lo porto io, lui ha un problema alla schiena. Per le strade ungheresi nessuno ci aiuta, vediamo solo sguardi arcigni dietro le tende alle finestre. In Austria invece la gente ci sorride. Che gentili, lungo le rotte dei profughi hanno allestito stand per rifocillarci, come se fosse una maratona.

La mattina del 23 settembre 2015, a Vienna, salgo su un treno bianco neve. Quattro ore più tardi arrivo a Monaco di Baviera. Un poliziotto gentile mi spiega a gesti dove trovare da mangiare. E le sale delle perquisizioni e della registrazione.

Sono in Germania!

Dentro di me c'è un tale rumore

Il 7 maggio 2017, poco prima di finire questo libro, ho fatto un concerto a Olpe, una piccola cittadina del Sauerland. Il direttore della scuola di musica è venuto a prendermi alla stazione di Siegburg, a circa un'ora di macchina. Era venuto da me alla fine di un'altra serata a Colonia e mi aveva chiesto se mi andasse di esibirmi insieme a lui. "Volentieri!" avevo risposto io, per poi dargli una partitura di Riad al-Sunbati che avevo con me per caso.

In macchina, attraversando le sinuose strade provinciali del Sauerland, abbiamo chiacchierato parecchio. Del mio corso di tedesco, dei miei due figli, dell'attacco chimico di Assad e della vendetta di Trump. Di questo libro, a cui sto lavorando da mesi.

La sala del Kreishaus di Olpe, la sede distrettuale, era piena come un uovo. Per il *Concerto di beneficenza con e per Aeham Ahmad* erano accorse almeno trecento persone. Anche perché alcuni giorni prima alle prove era passato un reporter del giornale locale, che mi aveva intervistato e poi pubblicato un lungo articolo. Il concerto si è svolto così: prima gli insegnanti della scuola hanno suonato musica da camera, poi io ho cantato alcune della mie canzoni di Yarmouk, quindi insieme abbiamo proposto musiche di Riad al-Sunbati, il Beethoven del mondo arabo, in un nuovo arrangiamento a opera di un docente. Alla fine il pubblico è saltato in piedi e ha applaudito a lungo.

Tantissime persone sono venute a stringermi la mano. Un'anziana mi ha regalato una rosa del suo giardino, altri mi hanno chiesto foto o autografi sul mio cd. Io ero raggiante, continuavo a ripetere "grazie, grazie". Questo concerto per me ha significato molto. È stato una sorta di riassunto del mio primo anno e mezzo in Germania.

Poi è rimasto del tempo. Allora sono uscito e mi sono comprato un kebab con salsa piccante al chiosco di fronte alla palestra del distretto. Come avevo sognato molto tempo prima. E ho pensato: adesso sono un'altra persona.

Dopo il mio arrivo in Germania, infatti, ho vissuto a Olpe per un mese. Nella palestra del distretto, appunto. Insieme ad altri centodue rifugiati. Dormivano in letti a castello – io sopra, mio zio sotto –, dentro ambienti separati da teli di plastica e pali da cantiere. E io pensavo: quindi i prossimi anni abiterò in una palestra. Alcuni rifugiati erano delusi di essere condannati a un'attesa così lunga, dopo un'accoglienza tanto calorosa. Io ero contento. Anche in Siria i profughi dall'Iraq e dal Libano erano stati alloggiati in scuole e moschee. Avevo sentito che certi giorni in Germania arrivavano anche diecimila rifugiati.

Ricevevamo tre pasti al giorno: alle otto, alle dodici e alle cinque. Il cibo non mi piaceva, quel pane scuro e le patate insipide. Dopo tutti quegli anni di fame mangiavo comunque poco. Il mio più grande desiderio era comprarmi un kebab con salsa piccante nel chiosco di fronte, ma non me lo sono mai concesso. Dalla cassa di viaggio mi erano rimasti 70 euro, le mie ultime risorse.

Sotto il materasso, in una busta, raccoglievo le mini confezioni di miele avanzate dopo i pasti. Per le emergenze. Qualora non avessi avuto più niente da mangiare. Un pensiero assurdo, me ne rendevo conto. Eppure il terrore di patire di nuovo la fame mi sarebbe rimasto nelle ossa a lungo.

Metà giornata la passavo attaccato al telefono. Chiamavo Tahani, i miei genitori, conoscenti di Yarmouk scappati in Germania come me. Per fortuna nella palestra c'era il wi-fi. Tahani mi raccontava quanto fosse diventata faticosa la sua quotidianità. Doveva pagare qualcuno perché andasse a prendere l'acqua, pedalasse sul motorino elettrico e ricaricasse le batterie. Non aveva più un soldo, avevamo speso tutto per il mio viaggio. Mi chiedeva sempre più irritata quando le avrei mandato un po' di denaro, rendendo impaziente anche me. Perché dovevo starmene con le mani in mano?

La sera, dopo essermi arrampicato sul mio letto, sul telefono guardavo i vecchi video di Yarmouk. Chissà come stavano i bambini... Mi sentivo in colpa. "Aeham, canterai con noi per sempre?" mi avevano chiesto una volta. E io avevo risposto: "Sì, per sempre". E poi me n'ero andato.

Provavo una terribile nostalgia di Tahani, Ahmad e Kinan. Ero solo. Mi sentivo perso. Le parole di Ghatfan mi perseguitavano: Una volta arrivati qui è quasi impossibile fare in modo che ti raggiungano. Perché li avevo lasciati in Siria? Perché stavo a girarmi i pollici e non facevo nulla per loro? Fin quando non mi addormentavo.

La luce veniva accesa alle sette. I bambini iniziavano a fare rumore, continuare a dormire era impensabile. Gli spazi stretti, l'incertezza, quel girare in tondo nella palestra... non ce la facevo più. Vagavo per ore in giro per Olpe. Oppure mi sedevo vicino alla diga del lago di Bigge e riflettevo. I monti, la foresta, il lago: Olpe mi piaceva, però non avevo niente da fare, non riuscivo nemmeno a leggere i cartelli, mi sentivo un alieno. Tutta la Germania era così piccola e silenziosa e ordinata?

Durante le mie passeggiate un giorno notai un palazzo antico di colore bianco. Davanti, la statua di un uomo con un flauto. Una volta sentii uscire da dentro squilli di tromba. Doveva essere la Scuola di musica! Per diversi giorni continuai ad aggirarmi intorno all'edificio. Poi presi il coraggio a due mani ed entrai. Cosa mi poteva succedere? Mica eravamo in Siria.

Dentro non trovai nessuno. Arrivai in fondo a un corridoio, ancora nessuno. Una porta con un cartello: la stanza del direttore? Bussai. Una voce femminile disse qualcosa ed entrai. Una signora bionda seduta a una scrivania mi guardò sbigottita: non doveva capitarle tutti i giorni di ritrovarsi davanti un arabo smilzo e senza un filo di barba con indosso abiti usati e la *kefiah*.

"*Salam 'aleikum*" dissi nel tono più gentile possibile. "*Piano? Play?*"

La signora mi guardò ancora più sbigottita. Ripetei la domanda: "*Piano? Play?*"

Finalmente reagì. "*From where?*" mi domandò.

"*Sporthalle*" risposi io. Palestra. Una delle poche parole

tedesche che avevo imparato. Insieme a *Polizei*, *Apfel* e *Guten Tag*. Polizia, mela, buongiorno.

"*From where?*" insistette la signora, d'un tratto un po' irritata.

"*Sporthalle*" ripetei io indicando in direzione della palestra. Perlomeno secondo me.

"*From where, where?*" chiese lei di nuovo facendo il gesto di un ampio cerchio.

"Aaaaah!" Finalmente capii. "Siria! Siria, Damasco!"

Si alzò e mi fece cenno di seguirla. Salimmo al primo piano e aprì una porta. Dentro c'era... un pianoforte a coda! M'illuminai. "*Shukran! Shukran!*" ripetei un miliardo di volte. Grazie! E poi, ancora in piedi, provai un arpeggio, su e giù per l'intera tastiera. Ah, amico mio, era come pensavo... adesso tu appartieni a me!

Mentre ero in giro due volte – una a Vienna e una a Monaco – mi era capitato di fermarmi davanti a un negozio di musica e poi, guardato a vista dal proprietario, di suonare per qualche minuto. Quel giorno fu diverso. Mi tolsi la giacca e mi sedetti. Ero assetato di musica, assetatissimo. E finalmente bevvi. Suonai pezzi classici, poi chiusi gli occhi e cantai *Ho dimenticato il mio nome*, *L'acqua non c'è mai* e *Menta verde*. All'improvviso mi ritrovai di nuovo a Yarmouk: spingevo il pianoforte per le strade deserte insieme a Marwan, vedevo lo sguardo vuoto di Zeinab, sentivo le voci squillanti dei bambini e la puzza della benzina plasticosa. Tutto sgorgò fuori come un torrente, viaggiai nel tempo, a cavallo di altri mondi, con gli occhi chiusi...

... e d'un tratto mi ricordai dove fossi. Di colpo mi alzai e mi girai verso la signora. Le sorrisi e dissi: "*Oh. I am very sorry! Shukran, Shukran, thank you!*" Mi scusi. Grazie, mille grazie!

Era tutto a posto. Doveva aver visto la passione con cui avevo suonato, percepito la mia sete. Mi aveva dato da bere volentieri. Sorrise anche lei e disse solo: "*Enough?*"

Pochi giorni dopo mi chiamò un uomo di nome Karim, un interprete. Avevo tempo il giorno successivo di esibirmi a Monaco di Baviera? Era in programma un grande concerto per i profughi e la gente che li stava aiutando.

"Volentieri" risposi io, "ma come ci arrivo? E poi non sono autorizzato a lasciare Olpe."

"Non ti preoccupare" rispose Karim, "pensiamo a tutto noi. Io e David. David lo conosci, avete fatto musica insieme a Monaco. È qui di fianco a me."

Certo che mi ricordavo di David: il ragazzo rasato con gli occhiali che suonava la chitarra per i bambini arrivati a Monaco dopo settimane di fuga. Avevamo cantato insieme e ci eravamo scambiati i numeri.

Di fatto il giorno dopo Karim e David spuntarono nella palestra. Pochi minuti più tardi eravamo già in autostrada in direzione sud. Mio zio venne con me, felice di quella gita come un bambino. Karim e David mi spiegarono che gli Sportfreunde Stiller, un gruppo tedesco, avevano organizzato un grande concerto. *Freunde?* Che amici? pensai. Dovevo suonare in un duetto con Judith Holofernes. Anche questo nome non mi diceva nulla, ovvio. Karim e David avevano con loro dei panini squisiti. Mi addormentai. Quando mi svegliai fuori dal finestrino vidi sfrecciare via un grande ovale luccicante. Uno stadio. Lo avevo già visto in televisione.

David ci portò in un hotel, salimmo di sopra. In una camera trovammo una ragazza bionda che si presentò come Judith Holofernes, appunto. C'era anche una troupe televisiva, ZDF voleva girare un documentario su di me. Judith iniziò a cantare e io la accompagnai con una tastiera posata sulle ginocchia. Fu un momento bellissimo. La sua voce da bambina e allo stesso tempo profonda mi piaceva. Non avevamo molto tempo e quei ritmi pop mi erano del tutto estranei. Pazienza, pensai, in un modo o nell'altro me la caverò. Karim faceva da interprete, ma io e Judith ci capivamo anche senza bisogno di parole.

Quando mi salutò capii che voleva chiedermi una cosa. Poteva abbracciarmi? Scrollai le spalle confuso e poi... ci abbracciammo come due amici. In Germania si fa spesso, a quanto pare, ma per me era una cosa completamente nuova. Non avevo mai abbracciato una donna diversa da Tahani. Un'altra cosa da imparare in quel paese nuovo.

Il palco montato in Königsplatz era enorme. Qualcuno mi disse che quella sera al concerto *Stars sagen Danke* (Le star ringraziano) erano attese venticinquemila persone. Allora i musicisti che continuavano ad affollare il tendone del backstage riscaldato dovevano essere molto, molto famosi.

Karim mi presentò Rüdiger, il bassista degli Sportfreunde Stiller. Aveva letto l'articolo su di me della "Süddeutsche Zeitung". Con garbo mi chiese come stessi. Lì nel backstage sembravano conoscersi tutti, si salutavano abbracciandosi. Piano piano in base alle reazioni fui in grado di capire il livello di celebrità dei singoli personaggi. Entrò un signore dai capelli biondi e tutti andarono a salutarlo con entusiasmo e rispetto. Quello dev'essere il boss, pensai.

Lo vidi parlare con Rüdiger. Si girarono verso di me. Il signore biondo mi raggiunse a un tavolo, mi porse la mano e si sedette. Karim tradusse e me lo presentò come Herbert Grönemeyer. Parlammo un po', poi lui mi chiese: "Di' un po', ma lì da voi al centro c'è una pianola elettrica con cui puoi esercitarti?" Scossi la testa.

Iniziò il concerto. Il sindaco di Monaco tenne un discorso e suonò la chitarra insieme a una band. A un certo punto toccò a me e Judith. Ci sorridemmo e poi uscimmo. Prima cantai *Menta verde* e *Ho dimenticato il mio nome*. Poi accompagnai Judith, alla fine ci esibimmo nel duetto. La canzone si chiamava *Das Herz der Welt*, "Il cuore del mondo", l'aveva scritta apposta per questa serata. Lei cantò in tedesco, io in arabo.

Quando non sopporti più consigli
puoi solo aspettare in silenzio,
e alle domande silenziose
la risposta canteranno
gli uccelli.

E il cuore del mondo sosterrà il tuo cuore,
il cuore del mondo sosterrà il tuo cuore,
il cuore del mondo sosterrà il tuo cuore,
fin quando non riceverai aiuto.

Dopo molti dissero che questo duetto era stato il momento più toccante del concerto. Perché dava un'idea di quello che stesse vivendo la gente in quei giorni, tanti tedeschi e tanti profughi: che può esserci un insieme.

Suonai con il sorriso stampato in faccia. Non riuscivo a vedere la fine della folla. La prigione, il portabagagli, il canotto... e adesso quel palco immenso. Era un sogno?

Feci cenno a Karim di raggiungerci sul palco, ma lui è timido e non se l'è sentita. Allora ho preso il microfono e in arabo ho detto: "Grazie per l'aiuto che date ai profughi! Pace per la Siria! Pace per i bambini siriani! Yarmouk è qui!" La gente del pubblico non ha capito niente, ma ha esultato lo stesso. Era questa l'atmosfera, quella sera.

Alla fine dell'esibizione ho abbracciato Judith, siamo usciti così. Nella tenda del backstage sono venuti tutti a darmi pacche sulla spalla, compreso Herbert Grönemeyer. "Ehi, Aeham, sei andato forte! Lasciami il tuo indirizzo, ti voglio regalare una pianola" mi ha detto.

Come scusa? Ero ancora più confuso: perché quel signore famoso voleva regalarmi una cosa così costosa? Tra i musicisti siriani valeva la regola: più famosi sono, più hanno la puzza sotto il naso. In Germania era diverso, incredibile. Lo ringraziai di cuore.

Poi Grönemeyer è salito sul palco e ha suonato con la sua band, quindi ha chiamato tutti per il gran finale. Hanno cantato *Mensch*, "Essere umano", la sua canzone più celebre. Alla fine Grönemeyer girava con il microfono e ognuno diceva "tada-dadà", e il pubblico rispondeva "tada-dadà". Lo ha passato anche a me. E migliaia di persone mi hanno fatto eco.

Ho alzato il braccio con il pugno chiuso, al settimo cielo. Ero arrivato!

Più tardi caricai un video dell'esibizione sulla mia pagina Facebook. Pochi minuti e Tahani mi chiamò arrabbiata nera. "Chi diavolo è quella bionda?" sbraitò.

Qualche settimana dopo mi arrivò un pacco: Herbert Grönemeyer mi aveva davvero spedito una pianola elettrica! Potevo riprendere a suonare con i bambini! Dettai a Karim una lettera di ringraziamento. Nel frattempo ero stato spostato in un altro centro, a Kirchheim, nello Stato dell'Assia. Portai la pianola anche all'udienza per la richiesta di asilo a Gießen. Sapevo che avremmo aspettato per ore e suonai per la gente in attesa, preoccupata e nervosa, sotto gli sguardi diffidenti delle guardie.

La disponibilità all'aiuto dei tedeschi ha continuato a sorprendermi, ancora e ancora. In Siria chi aiuta una persona si aspetta quasi sempre qualcosa in cambio. La sera, quando raccontavo al telefono a Tahani cosa aveva fatto Tizio per me, lei diceva: "Sta' attento, di certo vuole qualcosa". Non è mai successo.

All'inizio del dicembre 2015 incontrai Elke Gruhn, la direttrice dell'NKV – Nassauisches Kunstverein Wiesbaden –, un'importante associazione culturale di Wiesbaden. Mi aveva invitato a suonare al vernissage di una mostra. Mi piacque all'istante, per la sua sincerità e il calore della sua voce. Poche settimane dopo – che coincidenza! – mi spostarono in un centro rifugiati di Wiesbaden, l'ultima tappa della mia odissea attraverso la burocrazia dei richiedenti asilo in Germania. Un'odissea che mi aveva portato da Monaco a Stoccarda, poi a Bochum, Olpe, Münster, Gießen, Kirchheim e infine a Wiesbaden.

In una fredda giornata del gennaio 2016 passai all'NKV per provare il pianoforte ordinato per la mia esibizione. E perché dentro allo squallido centro rifugiati non resistevo più. Eravamo in cinque in una stanza minuscola. Quando dissi a Else quanto mi pesasse la situazione lei rispose che da quel momento in poi potevo entrare e uscire dalla sede della sua associazione quando volevo, usufruendo del wi-fi e del caffè gratis. Capiva benissimo di cosa avesse bisogno un profugo. Io desideravo parlare con lei, per esempio dirle quanto mi mancasse la mia famiglia, così iniziai a imparare l'inglese. Da solo, grazie a una app che mi ripeteva le parole all'infinito fino a quando non mi restavano in testa. L'NKV diventò la mia oasi di pace in Germania.

Una pace di cui avevo urgente bisogno. Da molto tempo, infatti, non facevo altro che correre da un concerto all'altro, di città in città. Per queste esibizioni non mi davano nemmeno un soldo, perché i richiedenti asilo non possono guadagnare. A motivarmi, tuttavia, era la paura per la mia famiglia. A ogni concerto mi lamentavo per la mia situazione e ripetevo: "Non mi servono né cibo, né letti, né scarpe. L'unica cosa di cui ho bisogno è la mia famiglia. Mia moglie Tahani e i miei due figli Ahmad e Kinan."

Ma c'era anche dell'altro: volevo continuare a cantare per Yarmouk, riprendere ciò che avevo iniziato in Siria. La musica unisce le persone, lo sapevo da un pezzo, e sentivo che le mie canzoni potevano gettare ponti tra i profughi e i tedeschi. Volevo cantare per la pace e per i bambini siriani. Ringraziare i tedeschi per la loro ospitalità a nome di tutti i siriani, i palestinesi, gli iracheni, gli afghani. Liberarmi di un briciolo della colpa che mi schiacciava ogni notte.

Non fu un bel periodo. Ero spesso arrabbiato. E scorretto. Stringevo amicizie che duravano pochissimo, spesso per questioni di soldi. Avevo urgente bisogno di denaro per Tahani, i miei genitori e vari parenti, per aiutarli a cavarsela nonostante la guerra. Ufficialmente, però, non potevo ancora guadagnare.

Vagavo per la Germania senza trovare pace, di palco in palco, da un'intervista all'altra. Mangiavo cibo scadente, da fast-food, e quando dopo giorni tornavo al centro di Wiesbaden, in quelle stanze sovraffollate e piene di fumo, non riuscivo a chiudere occhio.

All'inizio di marzo crollai. Malato, sfinito, con i nervi a pezzi. E nella mia disperazione chiamai Elke. Lei mi offrì di abitare per alcuni giorni nell'appartamento degli ospiti dell'associazione, insieme a mio zio. Perché riacquistassi le forze. Mi portava le medicine, cucinava, poi ci trovò un appartamentino presso un'amica.

Poco dopo la mia richiesta di asilo venne accettata. Feci subito domanda per il ricongiungimento familiare, e capii di non avere speranze. Incontrai un uomo di Aleppo che tentava di far venire in Germania la sua famiglia da mesi e un giorno ricevette la notizia che sua moglie e i loro sei figli erano stati uccisi da una bomba. Sette in un colpo solo. Il pensiero che a Tahani, Ahmad e Kinan potesse succedere qualcosa mi faceva impazzire.

Alla fine Elke ebbe un'idea. Mia moglie era un'artista, giusto? E se l'associazione l'avesse invitata a Wiesbaden per una mostra? Da Wiesbaden potevamo rivolgerci direttamente all'ambasciata tedesca di Beirut, il *non plus ultra*, si diceva, nelle procedure di ricongiungimento delle famiglie palestinesi.

Ero fuori di me dalla gioia. "Che idea fantastica!" esclamai. "*Shukran! Shukran! Thank you!*"

Tahani, a Damasco, preparò le foto e i documenti necessari, Elke scrisse la complicata domanda... e prese contatto con la famosa ambasciata di Beirut. Una mattina di luglio, mentre ero in treno per andare a chissà quale concerto, Elke mi chiamò. "Abbiamo un appuntamento all'ambasciata di Beirut!" mi disse esultante. "E adesso tieniti forte... non solo per l'invito di Tahani, ma per un ricongiungimento familiare! La tua famiglia potrà venire qui!"

Scoppiai a piangere. Iniziai a singhiozzare così forte che gli altri viaggiatori si avvicinarono preoccupati. Tutto bene, risposi, sono solo felicissimo!

Preparammo l'arrivo della mia famiglia. Elke e molte sue amiche mi aiutarono a trovare una casa, i mobili e tutto il necessario per gli inizi.

Nemmeno un mese dopo, il 4 agosto 2016, Elke e suo marito mi passarono a prendere per andare all'aeroporto di Francoforte. Io stringevo tra le mani un mazzo di rose rosa. Ancora dieci minuti, tre... atterrati.

Tahani la vedo da lontano. Scatto in avanti, parte un allarme, me ne frego. Corro verso di lei, la abbraccio, la bacio, prendo in braccio i miei due giovanotti. Finalmente sono di nuovo intero.

Ahmad, che ormai ha quasi quattro anni, mi riconosce. "Ciao, zio" dice sorridendo. Io lo bacio e dico: "*Baba*! Io sono il tuo papà!" Kinan, di quasi due anni, è scioccato: non ha la più pallida idea di chi sia. Stringo Tahani, ancora e ancora. Profuma di gelsomino, come il primo giorno.

Il 4 agosto 2016 è stato il giorno più bello della mia vita. Io e Tahani ci eravamo separati a Homs nell'agosto del 2015 e le avevo promesso: "Un anno al massimo e mi raggiungerete". L'avevo delusa così tante volte, le avevo promesso una marea di cose che poi non avevo fatto. La promessa di Homs invece l'avevo mantenuta.

Finalmente potevo arrivare davvero in Germania. Con l'aiuto di Elke trovai un agente, incisi un cd. Finalmente guadagnavo soldi per dar da mangiare alla mia famiglia e aiutare i miei parenti in Siria. Per me significava tanto: era la fine della dipendenza, delle file negli uffici come il Jobcenter, finalmente camminavo sulle mie gambe, potevo decidere da solo. Sentirsi in debito con la gente alle lunghe può diventare molto faticoso.

Da allora abito a Wiesbaden, in un bell'appartamento di due stanze. Ogni volta che vedo come sono in salute e spensierati i nostri due figli qui, ogni volta che li sento ciarlare in tedesco di ritorno dall'asilo, il mio cuore fa i salti di gioia. Quanto era pallido Ahmad quando facevamo la fame a Yarmouk e gli davamo da mangiare riso e foglie di loto. Il piccolo Kinan quando mi vuole mostrare una cosa mi prende il dito e ce lo mette sopra. Come faceva con il mio vecchio padre cieco. Spero tanto che gli orrori della guerra e della fuga nei loro animi abbiano lasciato tracce minuscole.

Bevo un caffè con mia moglie, è primavera, sono sbocciati i narcisi, il cielo è azzurro, siamo al sicuro. Tahani va al suo corso di tedesco, io prendo la bici per andare in stazione e partire su un treno bianco neve alla volta del mio prossimo concerto. Vengo accolto da gente fantastica, contenta che sia andato lì a suonare; un soundcheck, un'intervista, poi la sera prendo posto su un palco enorme e suono le mie canzoni di Yarmouk, pieno di dolore e speranza, le persone ascoltano, percepiscono la mia sofferenza di allora.

Nei giorni buoni sono molto felice. Sento i nostri cuori battere in sincronia, sento che insieme possiamo superare ogni confine e diventare tutti un po' più grandi, più liberi e fiduciosi.

Ci sono però anche giorni cattivi. In cui è tutto diverso, in cui mi odio per il fatto di star seduto così in alto, su un palco. Ma come ti viene in mente, mi dico, buono a nulla che non sei altro, di abbronzarti sotto la luce dei riflettori? È un bluff. Sono crepate così tante persone, perché tu sei sopravvissuto? Perché proprio tu stai raccogliendo i frutti della celebrità, traendo vantaggio dal dolore generale? Cosa hai fatto per guadagnartelo? Perché non sei morto come tutti gli altri? Quassù su questo palco, mi dico infine, sono seduto su una montagna di cadaveri.

Stare quassù è sbagliato, penso. Il tizio seduto lassù sul palco, il pianista delle macerie però non è solo. Non è un solista. È l'opera di molti: di chi gli ha passato poesie, di chi ha spinto il pianoforte con lui, ha pedalato sul motorino, lo ha incoraggiato, di chi si è fatto torturare al posto suo. Eppure loro non vengono mai menzionati. È sempre e solo Aeham Ahmad, il pianista delle macerie.

In questi giorni cattivi, quando torno a casa in treno la mia anima si rabbuia e i sensi di colpa mi soffocano. Penso a Zeinab, fucilata a due passi da me; a mio padre, che adesso deve brancolare per le strade distrutte senza una guida; a Marwan, che ogni mattina deve andare a prendere l'acqua da solo; alle ragazzine con cui cantavo *Fratello, Yarmouk sente la tua mancanza*. Che fine avranno fatto?

In pratica ho un concerto al giorno. Oggi Dortmund, domani Carrara, poi Novi Ligure, Arnsberg, Meschede, Iserlohn, Bad Homburg, Melsungen, Palma di Maiorca, Monaco, Kassel. Aeham, riposati un po', penso, rallenta, respira, prenditi il tuo tempo, stai di più con i tuoi figli, prenditi cura di Tahani, ti ha aspettato per un anno. Poi a casa me ne sto seduto con le mani in mano e... non lo sopporto. Le stanze silenziose mi mettono paura.

Appena mi fermo, nella mia testa inizia a girare una specie di carosello. Tutto torna. La paura di morire di fame. La paura di non poter più suonare il pianoforte. La paura di restare intrappolato per sempre. La paura che possano fare qualcosa ai miei bambini. Perché proprio mio fratello? Perché la Siria? Perché Zeinab? Non trovando risposte, mi dispero al punto che quasi vorrei smettere di vivere. Devo uscire, fare qualcosa, un altro concerto, un'altra intervista, essere in continuo movimento. E quando alle due di notte crollo sul letto, affamato e allo stremo delle forze, è una benedizione. Perché i miei sensi di colpa sono più leggeri.

Le conversazioni con Sandra e Ariel che hanno portato a questo libro mi servivano. Io voglio parlare. Voglio cancellare il nero che mi porto dentro. Bere il bicchiere fino in fondo per riempirlo di succhi completamente nuovi. Svuotare i polmoni e respirare aria pura.

Allora, quando la mia vita era pesantissima, il mio cuore era pieno di musica. Mi passavano una poesia, io la leggevo, la canticchiavo, nell'aria aleggiava già una melodia, un ritmo brioso e incisivo. Da dove veniva questa musica? Era un dono di Dio? Oggi quando mi siedo al mio fantastico pianoforte Schimmel, nel mio splendido appartamento di Wiesbaden, e cerco di comporre non esce niente. Nessuno mi regala poesie. Contro cosa devo combattere? Attacco a gorgogliare eleganti accordi in minore. Per carità, suonano bene, ma non si condensano mai in una melodia. Suonicchio all'infinito: chiudo gli occhi e comincia il film...

... sento l'odore del gelsomino davanti alla finestra, il pallone da calcio che sbatte contro il muro di casa nostra, mangio il gelato allo yogurt salato del chiosco Onestà, finalmente è estate, le giornate sono pigre. Va via la corrente, ci sediamo sui gradini freddi del negozio e cantiamo insieme, la vita è facile e dolce. È già inverno, siamo dentro al negozio e aggiungiamo un ciocco alla stufa, arrostiamo le castagne e cantiamo di nuovo insieme, ognuno s'inventa una strofa. La gente che passa ci vede da fuori ed entra, si unisce al coro, balliamo con le mani...

... poi sbatto le palpebre e sono di nuovo a Wiesbaden, la mia patria mi manca terribilmente. E penso: perché adesso riesco a comporre solo musiche per film? Dove sono finite le mie canzoni?

Sì, certi giorni mi faccio prendere dalla malinconia. E dalla rabbia. Altri però mi sento felice. A volte ho l'impressione che le giornate buie stiano diventando meno. Che la mia vita in Germania s'illumini sempre di più. E poi ci sono giorni così luminosi che mi sento quasi libero da ogni senso di colpa. Quando un concerto riesce particolarmente bene; quando penso di aver raggiunto qualcosa, di aver davvero reso il mondo un po' migliore. Allora mi appoggio allo schienale della sedia e canto con il massimo della passione e del trasporto. Le mie canzoni commuovono, consolano, ci fanno credere a un domani comune.

C'è speranza. C'è sempre speranza.

Questa è la mia storia. La storia dietro alla foto che ha fatto il giro del mondo. La foto in cui suono il piano in mezzo alle macerie e canto con la maglietta verde addosso. D'ora in poi chiunque la vedrà saprà che le immagini non raccontano mai l'inizio delle storie. E su quello che viene dopo tacciono.

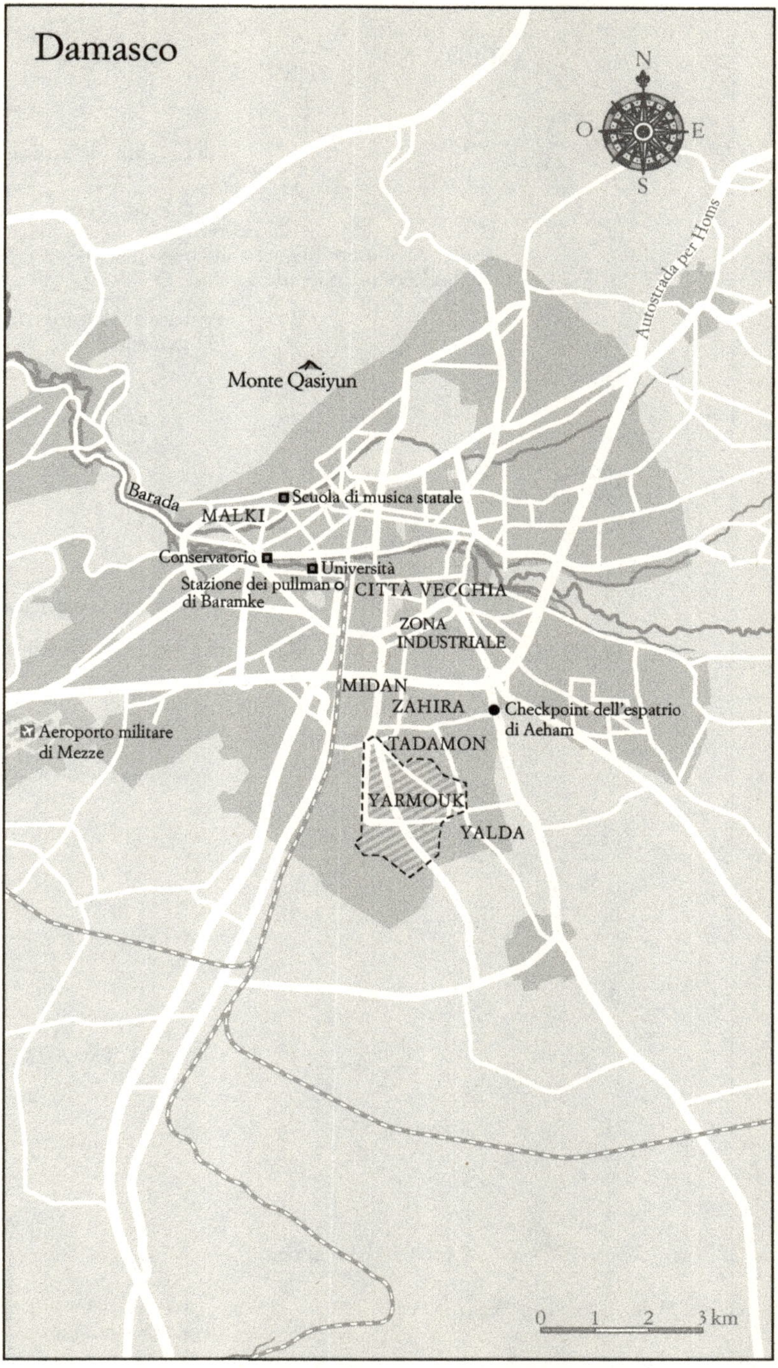
Damasco
N
O
E
S
Autostrada per Homs
Monte Qasiyun
Barada
Scuola di musica statale
MALKI
Conservatorio
Università
Stazione dei pullman
di Baramke
CITTÀ VECCHIA
ZONA
INDUSTRIALE
MIDAN
ZAHIRA
Checkpoint dell'espatrio
di Aeham
Aeroporto militare
di Mezze
TADAMON
YARMOUK
YALDA
0 1 2 3 km

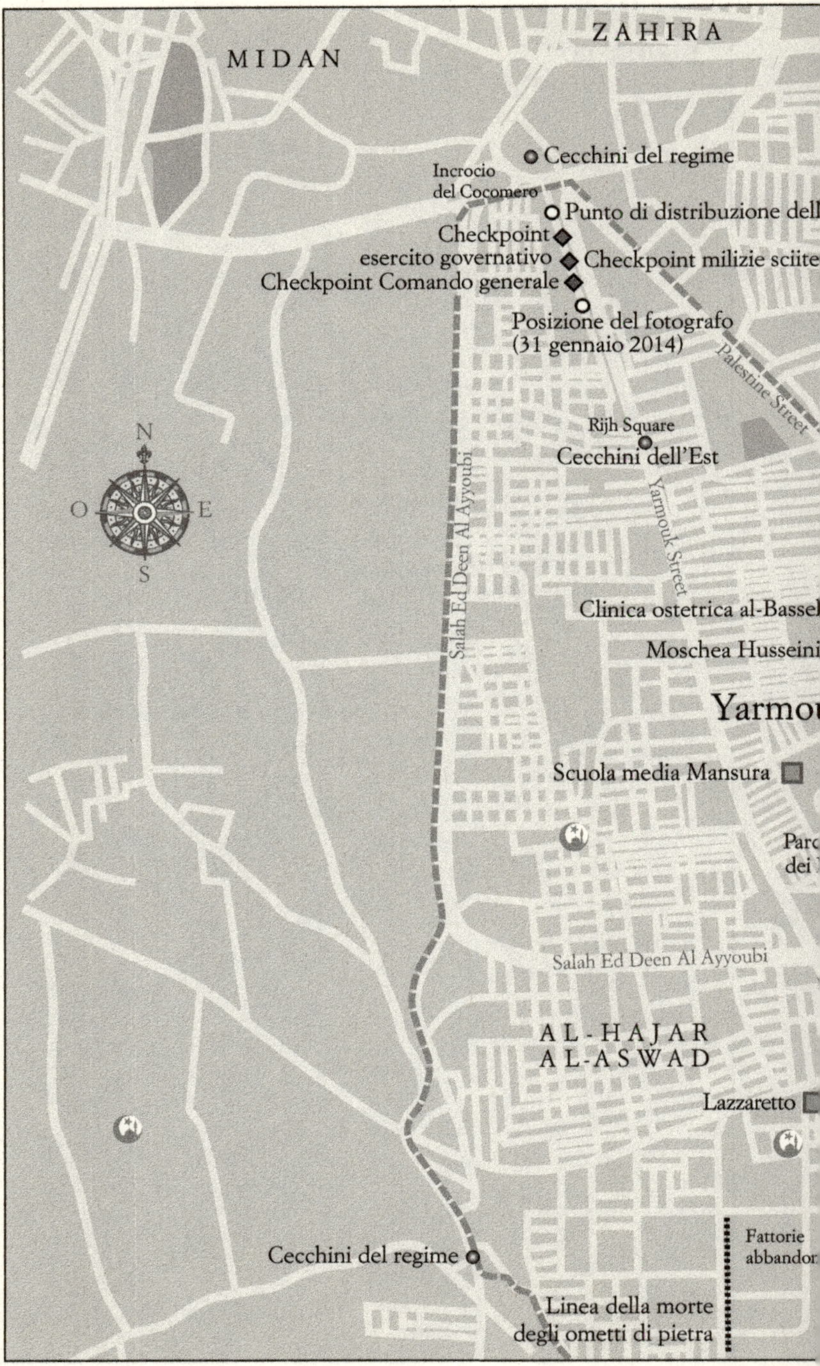

MIDAN
ZAHIRA
Cecchini del regime
Incrocio
del Cocomero
Punto di distribuzione dell
Checkpoint
esercito governativo
Checkpoint milizie sciite
Checkpoint Comando generale
Posizione del fotografo
(31 gennaio 2014)
Palestine Street
Rijh Square
Cecchini dell'Est
N
O
E
S
Salah Ed Deen Al Ayyoubi
Yarmouk Street
Clinica ostetrica al-Bassel
Moschea Husseini
Yarmo
Scuola media Mansura
Parc
dei
Salah Ed Deen Al Ayyoubi
AL-HAJAR
AL-ASWAD
Lazzaretto
Fattorie
abbandon
Cecchini del regime
Linea della morte
degli ometti di pietra

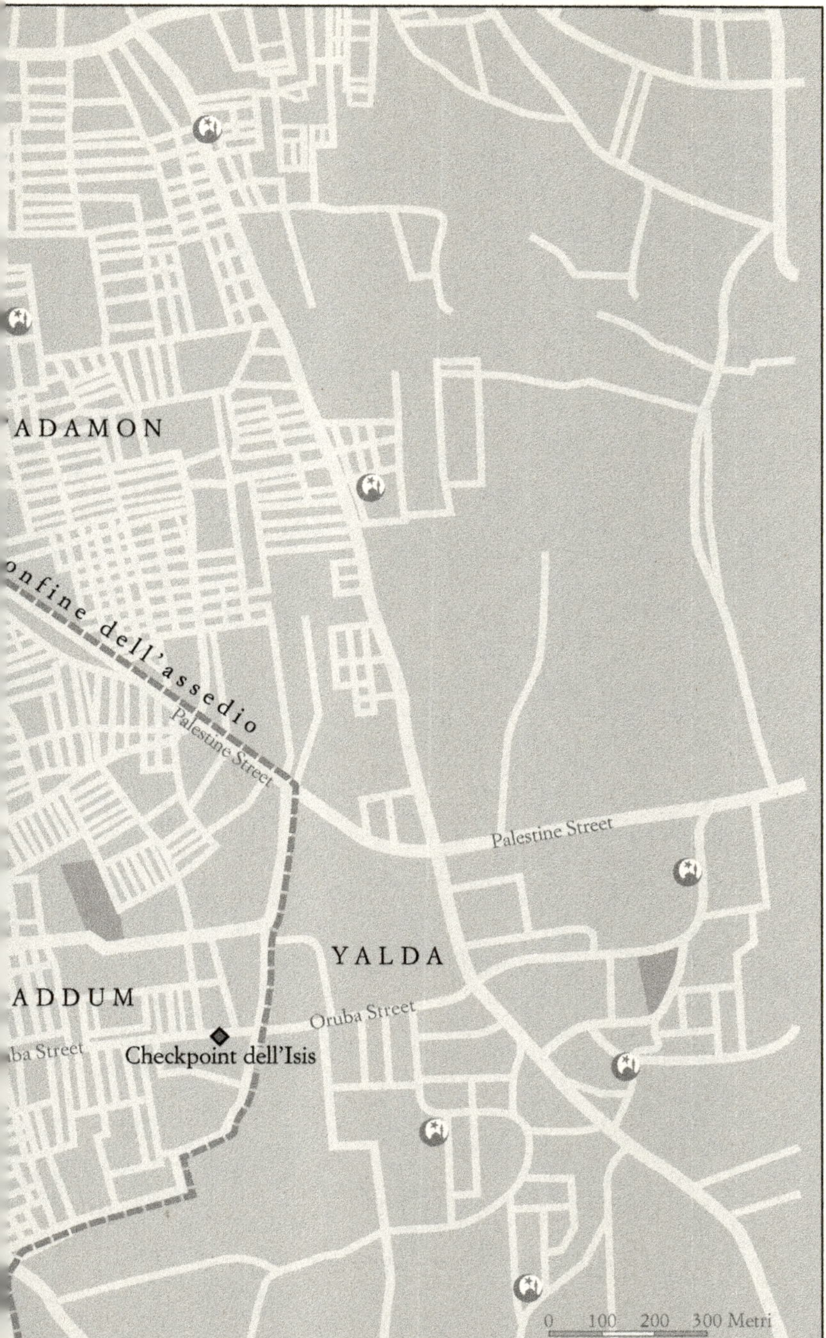

ADAMON
onfine dell'assedio
Palestine Street
Palestine Street
YALDA
ADDUM
Oruba Street
ıba Street
Checkpoint dell'Isis
0 100 200 300 Metri

Ringraziamenti

Per concludere, desidero ringraziare dal profondo del cuore tutte le persone che mi sono state vicino, che mi hanno sostenuto, aiutato, fatto coraggio e a volte anche sopportato.

Grazie a Carmen Elena Belaschk, Suraya Hoffmann, Rein Wolfs, Monika Fabricius, Rita Akkawi Hazboun e Michael Stein. Grazie a Luisa Imorde, Stephan Zind, Marianne Hoffmann, Katharina Deserno; a Hendrik Denker, Kai Schumacher, Fadi Jebaily, Ayham Nabuti. Grazie anche a Athil Hamdan, Samir Nashat Sido, Verena Rajab e Montserrat Cabero Pueyo. A Don Horenhof, Lukas Narojek, Sakher Al-Mohamad e Roswitha Kacmaczyk. A Sonja Arnold, Leyla Lavandula, Steve Schofield, Lothar Pohl, Hans Joachim Hecek, Remon Azar, Jürgen Ney. A Sabee Ottima, Ahmad Almasri, Bernhard Felix von Gruenberg, Birgit Apfelbaum e Moira Wachendorff. Grazie a Susanne Gundelach, Birgit Kiel, Britta Fischer, Elke Gruhn, Hiltrud Fuchs, Torsten Schreiber, Thilo von Debschitz, Mechthild e Hans Karl Henne, Teresita Cannella, Edgar Knecht, Vanessa Ess e Vanessa

Schmitt, Nail Odeh, Walter Schumacher, Karim Hamed ed Ernesto Briceño.

Se ho dimenticato qualcuno, perdonatemi! Grazie a tutti! Senza di voi non sarei mai dove sono oggi.

Veniamo dall'inferno e desideriamo soltanto una cosa:
la pace sulla terra. La pace nel nostro paese. Con la sola forza della musica si può cambiare il mondo.

نأتي من الجحيم ولا نتمنّى شيئا أكثر من السلام في العالم. السلام في بلدنا.
يمكننا تغيير العالم من خلال قوة الموسيقى.

Libertà per il fotografo Niraz Saied.

الحرية لنيراز سعيد، المصور الفوتوغرافي.

E il sogno continua...
Niraz Saied

وللحلم بقية...
نيراس سعيد

Finito di stampare
nel mese di settembre 2018
presso
Grafica Veneta S.p.A.
Via Malcanton 2 – Trebaseleghe (PD)

Printed in Italy